AF220783

Konrad Raiser

Von der politischen Verantwortung des Nichtpolitikers

Ein Lebensbild meines Vaters
Ludwig Raiser

Bibliografische Information der Deutschen Nationalbibliothek:
Die Deutsche Nationalbibliothek verzeichnet diese Publikation in der
Deutschen Nationalbibliografie; detaillierte bibliografische Daten sind
im Internet über http://dnb.dnb.de abrufbar.

© 2020 Konrad Raiser

Herstellung und Verlag: BoD – Books on Demand, Norderstedt

ISBN: 978-3-7526-0440-5

Das Werk, einschließlich seiner Teile, ist urheberrechtlich geschützt.
Jede Verwertung ist ohne Zustimmung des Verlages und des Autors
unzulässig. Dies gilt insbesondere für die elektronische oder sonstige
Vervielfältigung, Übersetzung, Verbreitung und öffentliche Zugäng-
lichmachung.

Inhaltsverzeichnis

Einführung

Ludwig Raiser hat keine eigenen, autobiographischen Erinnerungen aufgeschrieben. Nur zweimal hat er gegen Ende seines Lebens kurze Rückblicke vorgetragen. Der erste findet sich in seiner Abschiedsvorlesung aus Anlass seiner Emeritierung als Professor in Tübingen 1973. Diese ist unter dem Titel „Fünfzig Jahre Juristenleben" in dem Sammelband „Vom rechten Gebrauch der Freiheit" mit Aufsätzen zu Politik, Recht, Wissenschaftspolitik und Kirche veröffentlicht worden.[1] Der zweite Rückblick entstand im Rahmen einer Gesprächsreihe der Stuttgarter Privatstudiengesellschaft mit Lebensberichten über „Alltag im Dritten Reich". Sein Bericht, den er kurz vor seinem Tod vorgetragen hat, findet sich abgedruckt in dem Band unter dem gleichen Titel, herausgegeben von Wiltrud Bälz.[2] Die beiden Rückblicke werden in diesem Lebensbild mehrfach herangezogen und zitiert. Eine kurze, zusammenfassende Darstellung seines Lebens und Wirkens durch seinen Sohn, Konrad Raiser, findet sich in der Einführung zu dem erstgenannten Sammelband.[3]

Für die ersten vierzig Jahre des Lebens von Ludwig Raiser greift dieses Lebensbild vor allem auf Briefe und andere Unterlagen aus dem Privatarchiv der Familie zurück. Das gilt vor allem für die Briefe, die er zwischen 1923 und 1945 an seine Eltern geschrieben hat, sowie für die Briefe ab 1933 an Renate Haack, seine spätere Frau. Diese Briefe zeichnen nicht nur ein lebendiges Bild seiner Lebens- und Arbeitssituation in diesen bewegten Jahren, sondern sie geben sehr persönliche Einblicke in sein Denken und die Herausbildung der geistig-intellektuellen, politischen und religiösen Überzeugungen, von denen sein späteres öffentliches Wirken getragen war.

Für Zeit vom Anfang seiner Lehrtätigkeit an der Universität Göttingen bis zu seinem Tod am 13.6.1980 stützt sich dieses Lebensbild neben dem Rückblick auf „Fünfzig Jahre Juristenleben" vor allem auf seine zahlreichen, weit verstreuten Veröffentlichungen. Eine Auswahl ist zusammengestellt worden in dem bereits erwähnten Band „Vom rechten Gebrauch der Freiheit". Eine weitere Auswahl von juristischen Aufsätzen liegt vor in dem von ihm selbst herausgegebenen Band „Die Aufgabe des Privatrechts. Aufsätze zum Privat- und Wirtschaftsrecht aus drei Jahrzehnten".[4] Eine Würdigung seines Wirkens als Lehrer und Forscher der Rechtswissenschaft hat nach seinem Tod sein langjähriger Assistent und späterer Kollege Friedrich Kübler bei einer akademischen Gedenkveranstaltung in Tübingen am 20. November 1980 vorgetragen.[5]

Da dieses Lebensbild vor allem für seine unmittelbare Familie und nicht für eine weitere Veröffentlichung zusammengestellt worden ist, wird im Folgenden von Ludwig Raiser und seiner Frau Renate als von (unserem) Vater und (unserer) Mutter die Rede sein. Für wichtige Hinweise und Hilfestellung danke ich meinen Schwestern Christine Raiser-Süchting und Almut Kirstein sowie meiner Frau Elisabeth. Außerdem danke ich meinem Neffen Nikolaus Kirstein für die Gestaltung und Vorbereitung des Buches für den Druck.

Herkunft, Kindheit und Schulzeit

Unser Vater war Schwabe. Auch wenn er entscheidende Jahre seiner Ausbildung und anfänglichen beruflichen Tätigkeit im Norden Deutschlands verbracht hat, blieb seine schwäbische Abstammung immer erkennbar. Wenn wir mit ihm in den ersten Jahren als Familie aus Göttingen oder Bad Godesberg in die Freien fuhren, fiel er nach Überquerung der Mainlinie in seinen unverwechselbar schwäbischen Sprachklang zurück. Erst in den letzten 25 Jahren seines Lebens kehrte er in die schwäbische Heimat nach Tübingen zurück. Die schwäbische Landschaft, vor allem die Schwäbische Alb, war die Umgebung, in der er sich zu Hause fühlte und in die er immer wieder gern zurückkehrte. Auch das nüchterne Arbeitsethos und Pflichtbewusstsein, die liberale Grundhaltung und die Skepsis gegenüber jeder persönlichen Eitelkeit waren Prägungen, die ihm durch seine Eltern und die Traditionen der Familie vermittelt wurden.

Er wurde am 27. Oktober 1904 in Stuttgart geboren und auf den Namen Ludwig Carl Gustav getauft. Die Familie Raiser war und ist bis heute in Württemberg und besonders in Stuttgart verwurzelt und gehört zum schwäbischen, protestantisch und liberal geprägten Bildungsbürgertum. Sein Vater *Carl* Friedrich Raiser (1872-1954) stammte aus einer Kaufmannsfamilie, deren Wurzeln im altschwäbischen Bauerntum und Kleinhandwerk im Albvorland zwischen Reutlingen und Tübingen lagen. Carls Vater Carl *Friedrich* Raiser (1840-1897) hatte in das Handelshaus August Hedinger in Stuttgart eingeheiratet und hatte es zu einem bescheidenen Wohlstand gebracht. Carl Raiser repräsentierte zusammen mit seinem Bruder August die erste Generation von studierten Mitgliedern der Familie, während der dritte Bruder Louis mit dem jüngsten Bruder Hermann das Hedinger'sche Geschäft weiterführte. Nach dem Studium der Rechtswissenschaften hatte sich Carl im Jahr 1900 als Rechtsanwalt in Stuttgart niedergelassen. Er zog die Frei-

3

heit dieses Berufs einer ihm offenstehenden Tätigkeit im Staatsdienst vor und wurde durch große Arbeitsdisziplin sehr erfolgreich in seinem Beruf. In Anerkennung seiner Kompetenz als Anwalt wurde er bereits 1904 in den Aufsichtsrat der Württembergischen Privatversicherungsgesellschaft auf Gegenseitigkeit berufen und wurde 1910 Justitiar der Gesellschaft. Im Jahr 1912 wechselte er dann als zweiter Direktor ganz in den Dienst der Württembergischen Versicherung, deren Generaldirektor er 10 Jahre später wurde.

Carl Raiser war noch verwurzelt in der Ordnung der Monarchie in Württemberg und fühlte sich zugleich als Verehrer Bismarcks patriotisch dem Deutschen Reich verbunden. Dem entsprach seine Stellung als Reserveoffizier. Nach Ausbruch des Ersten Weltkriegs wurde er im Oktober 1914 als Hauptmann der Landwehr und Kompanieführer im Reserveregiment 246 an der Front in Flandern eingesetzt. Doch schon im Dezember 1914 kehrte er mit einer Lungenentzündung nach Stuttgart zurück und erlebte nach Überwindung der langwierigen Krankheit den weiteren Verlauf des Krieges als Referent im Generalkommando in Stuttgart. Der Ausgang des Krieges traf ihn tief. Mit der militärischen Niederlage und der Revolution im November 1918 brach für ihn die ganze politische und gesellschaftliche Ordnung zusammen. Die neuen politischen Verhältnisse der Weimarer Republik blieben ihm fremd. Noch stärker war später seine in der liberalen, bürgerlichen Tradition Württembergs begründete Ablehnung des nationalsozialistischen Systems. Er war daher froh, nicht als Beamter dem ungeliebten Staat dienen zu müssen, sondern als Unternehmer seine Begabung und seinen Tatendrang einsetzen zu können. Er hatte die Leitung der Württembergischen Feuerversicherung 1922 zu einem Zeitpunkt übernommen, als durch die Inflation die finanzielle Basis der Gesellschaft aufs äußerste gefährdet war. Nach der von ihm eingeleiteten Umwandlung in eine Aktiengesellschaft führte er diese auch durch die Weltwirtschaftskrise hindurch und machte sie zu einem erfolgreichen und in ganz Deutschland angesehenen Unternehmen. Erst 1940 trat er in den Ruhestand, der dann freilich schnell von der teilweisen Zerstörung seines Hauses in Stuttgart und dem unerwartet frühen Tod seiner geliebten Frau überschattet wurde. Er selbst starb im Jahr 1954.

Im Jahr 1902 hatte Carl Raiser die elf Jahre jüngere, damals erst 19-jährige Gertrud Hauber (1883-1944) geheiratet, nachdem diese das Lehrerinnenseminar, die damals höchste Ausbildungsform für junge Frauen, absolviert hatte. Gertrud stammte aus einer alteingesessenen Familie des württembergischen Bildungsbürgertums. Ihr Vater Gustav Carl Hauber (1851-1910) war Gymnasialprofessor in Stuttgart und seine Vorfahren waren schon durch viele Generationen hindurch studierte Leute gewesen. Ihre Mutter, Anna Hauber, geb. Faber (1860-1941), die nach dem frühen Tod ihres Mannes lange Zeit in der Familie ihrer Tochter lebte – die geliebte „Urmutter" – entstammte einer der angesehensten Familien in Württemberg. Ihr Vater war im alten Königreich Justizminister gewesen und unter den männlichen Vorfahren gibt es eine lange Linie von Pfarrern und Prälaten. Die Großmutter Gertrud war in Stuttgart die Seele ihrer großen Familie und ihr früher Tod kurz nach dem verheerenden Luftangriff auf Stuttgart im September 1944, bei dem auch die oberen beiden Stockwerke des Hauses in der Robert-Bosch-Straße ausbrannten, war für die ganze Familie ein tiefer Einschnitt.

In dieser von den beiden Eltern geprägten Familie wuchs Ludwig auf. Er war der zweite Sohn, nachdem 1903 sein älterer Bruder Rolf geboren worden war. Die ersten Kinderjahre bis zur Geburt des dritten Sohnes Dietrich erlebten die beiden ungleichen Brüder in lebhaftem und zeitweise stürmischem Austausch. Rolf war ein sehr aufgeweckter und vielfältig interessierter Junge, während Ludwig, den sie den „Bud" nannten, zwar körperlich kräftig und seinem Bruder überlegen, aber langsamer in seiner geistigen Entwicklung war. Auf Kinderbildern blickt er fröhlich aber auch ein wenig verwundert in die Welt. Der 1909 geborene Dieter sah als Kind und Jugendlicher immer zu den beiden großen Brüdern auf. Erst spät, im Jahr 1916, kam die Schwester Annemarie hinzu, als die großen Brüder schon im Gymnasium waren und begonnen hatten, die Welt außerhalb der Familie zu erkunden.

Die ersten 10 Jahre seiner Kindheit beschrieb Vater selbst als eine heile und helle Welt. Sein Vater war zwar durch seine Arbeit voll beansprucht und führte auch zu Hause ein straffes Regiment. Aber er nahm regen Anteil am Leben und Ergehen der Kinder und war immer bereit, sie bei schwierigen Schulaufgaben zu unterstützen. Die Mutter hat durch ihre nüchterne Klugheit und liebevolle Zuwendung den Geist der Familie geprägt und die sehr unterschiedlichen Temperamente und Begabungen ihrer Kinder und ihres Mannes ausgeglichen. Die Familie lebte zunächst in der Kanzleistraße und ab 1919 in einer Dienstwohnung der Feuerversicherung in der Johannesstraße am Feuersee. Beide Wohnungen in der Innenstadt Stuttgarts lagen in unmittelbarer Nähe der nächsten Verwandtschaft, sodass sich ein reger Austausch innerhalb der Großfamilie ergab. Im Jahr 1934 wurde das Haus in der Robert-Bosch-Straße gebaut, das bis zu seiner teilweisen Zerstörung 1944 der Mittelpunkt der großen Familie war.

Dem liberalen Geist der Familie entsprach eine eher distanzierte Beziehung zur religiösen Praxis und zur Institution der Kirche. Als die Söhne herangewachsen waren, spielte im Familienleben die Hausmusik eine große Rolle. Rolf wurde zu einem anspruchsvollen und sehr versierten Pianisten, während Ludwig sich als Cellist bewährte. Dieter komplettierte später mit der Geige das familiäre Klaviertrio. Auch nachdem alle drei das Haus verlassen hatten, sind sie immer wieder zum gemeinsamen Musizieren in Stuttgart zusammengetroffen. Ein anderer familiärer Mittelpunkt waren die Sommerferien mit den Eltern, die meist in den Bergen verbracht wurden. Hier erwies sich der Großvater Carl als kraftvoller und ausdauernder Bergwanderer, eine Leidenschaft, die er seinem Sohn Ludwig weitervermittelt hat.

Es muss daher für den Vater und seine Geschwister eine behütete und unbeschwerte Jugend in geordneten bürgerlichen Verhältnissen wesen sein. Bis zum Beginn des Krieges lebten sie in der Residenzstadt der aufgeklärt-liberalen Monarchie unter dem vom Volk sehr geschätzten König Wilhelm II. Hin und wieder erzählte Vater die Geschichte, wie sie als Schulbuben über den Schlossplatz nach Hause gingen und dann manchmal dem König begegneten, der dort seine kleinen Spitzer Hunde ausführte – natürlich ohne Personenschützer oder andere Begleitung. Für die Schulbuben in ihren Matrosenanzügen gehörte es sich dann, die Mütze zu ziehen und „Grüß Gott, Herr König!" zu rufen, worauf dieser freundlich zurückgrüßte. Das charakterisiert anschaulich die Zeit und Umgebung, aus der Vater stammte.

Nach dem Abschluss der Primarschulzeit bezog Vater, wie schon sein Bruder Rolf vor ihm, das im Bildungsbürgertum angesehene Eberhard-Ludwigs-Gymnasium in Stuttgart. Seine Gymnasiasten-Jahre fielen schon in die Zeit des Krieges. Nach seiner Konfirmation hat Vater eine sorgfältige Liste der erhaltenen Konfirmationsgeschenke aufgeschrieben. Dabei fallen neben vielen gewichtigen Geschenken wie einer goldenen Uhr, einem „Photographenapparat", einer Schreibtischlampe etc. auch zwei rührende Geschenke auf: „eine Säcklein Mehl von Marie Volle" und „sechs Eier von Anna Fritz", die auf die besonderen Umstände der Kriegszeit hindeuten. Das gilt auch für die Themen in seinen Aufsatzheften aus den Jahren 1916-18. Am 5. Oktober 1916 hatte er einen Klassenaufsatz zu schreiben zum Thema: „Was bin ich dem Vaterland schuldig in und nach dem Krieg?" Im Jahr 1917 findet sich im Heft das Thema: „Warum verdienen unsere Helden in Luft- und Seekrieg den besonderen Dank des deutschen Volkes?" Im Dezember 1918 schließlich hatte er das Thema zu behandeln: „Mit welchen Empfindungen begrüßen wir die heimkehrenden Truppen?" Aber in den folgenden Jahren treten klassische Themen der humanistischen Bildung in den Vordergrund, und im Jahr 1920 schrieb er als 16-Jähriger seiner Großmutter Hauber zu ihrem 60. Geburtstag eine größere Abhandlung über „Die Entstehung der Welt im Lichte der Wissenschaft".

Vater war wohl ein fleißiger und aufgeschlossener Schüler. Er lernte Latein und Griechisch, aber auch die Grundlagen der modernen Fremdsprachen Englisch und Französisch. Sein besonderes Interesse galt schon als Schüler der Geschichte. Er schloss seine Schulzeit 17-jährig im März 1922 mit einem guten, wenn auch nicht so brillanten Zeugnis wie sein Bruder Rolf ab. Probleme hatte er im Urteil seiner Lehrer mit der Handschrift; als Linkshänder war er genötigt worden, mit der rechten Hand zu schreiben, was ihm Mühe machte und später zu seiner sehr besonderen Handschrift führte.

Studienzeit bis zur Habilitation 1923-1934

Am 6. März 1922 erhielt Vater am Eberhard-Ludwigs-Gymnasium in Stuttgart sein Reifezeugnis mit der Gesamtnote „gut". Das Zeugnis vermerkt, dass er beabsichtige, sich dem Studium der Staats- und Rechtswissenschaften zu widmen.

Sein Abitur fiel in die Zeit der beginnenden Hyperinflation nach dem verlorenen Krieg. Schon die Finanzierung des Krieges durch Kriegsanleihen hatte am Ende zu einem Schuldenstand in Höhe von 150 Milliarden Reichsmark geführt, der höher war als das Volkseinkommen. Der Versailler Vertrag verpflichtete Deutschland dann zu Reparationsleistungen (vor allem an Frankreich) in Gestalt von Gold, Devisen und Sachleistungen. Im Oktober 1922 hatte die Reichsmark nur noch ein Tausendstel ihres Wertes vom August 1914. Als die Reichsregierung mit den Reparationsleistungen in Verzug geriet, besetzten französische und belgische Truppen im Januar 1923 das Ruhrgebiet. Die deutsche Regierung rief zum Widerstand durch Streik auf. Die Streikenden erhielten finanzielle Unterstützung durch die Ausgabe von neuen Banknoten, mit der Folge, dass die Reichsmark sich durch diese von der Regierung betriebene Geldvermehrung immer rascher entwertete. Die Monate des Hyperinflation, als z.B. ein Laib Brot viele Milliarden Mark kostete, endeten im Oktober 1923 durch die Währungsreform, mit der die „Rentenmark" eingeführt wurde.

Da Vaters ein Jahr älterer Bruder Rolf bereits mit dem Studium begonnen hatte, fehlten seinem Vater Carl die finanziellen Möglichkeiten, auch dem zweiten Sohn die sofortige Aufnahme eines Studiums zu ermöglichen. Es wurde beschlossen, dass Vater zunächst eine kaufmännische Versicherungslehre absolvieren solle, um danach sein Studium zu beginnen mit der Erwartung, dass er nach dessen zügigem Abschluss in die Versicherungswirtschaft zurückkehren werde. So ist Vater gleich nach dem Abitur am 18. April 1922 als Volontär bei der Generalagentur für Württemberg und Hohenzollern der Schweizerischen Feuerversicherungsgesellschaft Helvetia eingetreten. Nach Abschluss des einjährigen Volontariats wurde ihm bescheinigt, dass er sich in alle bei einer Feuerversicherung vorkommenden Aufgaben rasch und in „anerkennenswerter Weise" eingearbeitet habe. Insbesondere habe er sich mit dem Industriegeschäft befasst und gezeigt, dass er die erworbenen Kenntnisse durch selbständiges Handeln zu verwerten wisse.

Anschließend war Vater noch vom 1. Mai bis zum 13. Oktober 1923 als Volontär in der technischen Zentralabteilung der Direktion der Württembergischen Feuerversicherung in Stuttgart eingesetzt. Es war die Zeit, in der sein Vater an der Umwandlung des Unternehmens in eine Aktiengesellschaft arbeitete. Ludwig arbeitete sich in diesen Monaten in die vielgestaltige Materie des Direktionsdienstes ein. Sein Zeugnis bescheinigt ihm, dass ihm „bei längerem Verweilen in unseren Diensten … ein rasches Vorankommen beschieden gewesen" wäre.

Da ihm sein Lohn während der Zeit des Volontariats wöchentlich ausgezahlt wurde, konnte Ludwig angesichts der galoppierenden Inflation in den Jahren 1922/3 einen wichtigen Beitrag zum Familieneinkommen leisten. Denn das Gehalt seines Vaters als Generaldirektor wurde monatlich ausgezahlt und verlor danach schnell seinen Wert, sodass der wöchentliche Lohn des Sohnes die Lücke jedenfalls teilweise ausfüllen konnte.

Im Oktober 1923 stand dann nach der Währungsreform auch für Vater der Weg zum Studium offen. So nahm er zum Wintersemester 1923 sein juristisches Studium auf, und zwar auf Vorschlag seines Bruder Rolf in München. In seinem persönlichen Rückblick sagt er, dass er nach diesen eineinhalb Jahren der kaufmännischen Lehre in Stuttgart keine Neigung gehabt habe, an die Landesuniversität nach Tübingen zu gehen. Er wollte Distanz zum Elternhaus gewinnen und vor allem „in keiner Korporation [Studentenverbindung] aktiv werden". Das „widerstand mir, und das hätte mir unvermeidlich geblüht, wenn ich in Tübingen begonnen hätte."[6] Sein Vater, sein Bruder Rolf und später auch alle seine Neffen gehörten zu den Tübinger Studentenverbindungen der „Stuttgardia" oder dem „Igel".

Über sein erstes Semester in München berichtet er in seinem Rückblick auf „Fünfzig Jahre Juristenleben": „Es war ein seltsames Semester, hungrig und kalt, in einer politisch sehr aufgeregten Atmosphäre zwischen dem Putsch Hitlers und Ludendorffs vor der Feldherrnhalle und dem Prozess, der Hitler nach Landsberg brachte. Die Universität war voll von alten Soldaten und Freikorpsmännern: hitzige Diskussionen mit Sozialisten und Kommunisten und allerlei Sektierern gingen um. Max Weber war schon tot, aber seine Wirkung noch spürbar. Dazu ein Studium, das mein Bruder programmiert hatte."[7] Demnach sollte er die sonst an den Anfang des Studiums gestellte Rechtsgeschichte beiseitelassen mit dem Erfolg, dass er in seinem Studium nie ein rechtsgeschichtliches Kolleg gehört hat. Wichtiger waren ihm schon damals volkswirtschaftliche Vorlesungen und Übungen. Außerdem lernte er in München vor allem Schuldrecht und etwas Strafrecht, wobei der wenig überzeugende Dozent ihm das Strafrecht für den Rest seines Lebens verleidete.

In seinem anderen persönlichen Rückblick erzählt er: „Nach diesem Münchner Semester habe ich, wiederum auf Rat meines Vaters, ein Semester in Genf studiert [wo es eine deutschsprachige Sektion in der juristischen Fakultät gab]; es war das erste Mal im Sommer 1924, dass deutsche Studenten wieder ins Ausland konnten; davon habe ich Gebrauch gemacht, und es war eine wunderschöne Erfahrung für mich, herauszukommen aus dem so lange eingeschlossenen eigenen Land."[8]

In einem Brief an seine Mutter vom 1. Mai 1924 schildert er seine Lebenssituation in Genf: „Den Tröstungen abendlicher Vergnügen bin ich bekanntermaßen wenig zugänglich; ich finde auch den ganzen Rummel nicht so unerhört anders als bei uns, man wird hier wie dort sein Geld los. Die einzige mir bedeutend erscheinende Neuerung ist die, dass man in den Cafés den Hut aufbehält, was mir wenig einleuchten will. Immerhin soll man das Kind nicht mit dem Bade ausschütten. … Nun wäre noch von meinem häuslichen Leben zu handeln, das so behaglich, friedlich und in jeder Hinsicht zivilisiert aussieht, wie ichs noch nie gehabt habe und auf lange Zeit hinaus nicht mehr haben werde. Das Zimmer ist etwas klein aber sehr hübsch mit Prachtsblick; meine Sachen sind alle gut verstaut. Des Nachts schläft man herrlich in gutem Bett, das levée ist keine Hatz wie in München, man lässt sich Zeit, die Krawatte zu binden und den Scheitel zu ziehen. Dann folgt ein exquisites petit déjeuner, bestehend aus Kaffee, Weißbrot mit Butter (hübsch gerollt zu Bällchen) und confiture, das mir so gut mundet, dass ich mir ganz gegen meine Gewohnheit eine halbe Stunde Zeit dazu lasse. Morgens bin ich allein, mittags und abends sitze ich Madame gegenüber und raffe in meinem Benehmen alles zusammen, was ich an ‚Kinderstube' noch über Studentenküchen- und Militärzeit hinübergerettet habe (übrigens ziemlich viel, keine Angst!). Und da bringt dann die gute Bertha … herrliche Sachen herein, würzige Süppchen, Braten, fabelhafte Gemüse (Artischocken hat noch keiner meiner Brüder gegessen), Eierkuchen, zum Nachtisch mittags meist Südfrüchte, abends überraschende Erfindungen weiblichen Geistes: alles Dinge, wie sie Euch meine (in dieser Hinsicht) verdorrte Phantasie nicht schildern kann, … nur kleine Mengen, versteht sich, aber mehr hat man gar nicht nötig. Nur will meinem barbarischen Magen nicht einleuchten, warum man jedes Plättchen für sich serviert; erst den Braten, dann die Kartoffeln, dann das Gemüse. Es fehlte nur noch, dass man auch Braten und Sauce trennte. Und zu diesen Genüssen der Tafel führen wir dann abwechslungsreiche Gespräche – das heißt, Madame führt sie und ich beginne allmählich aus verständnislosem Glotzen zu reger Teilnahme zu erwachen."

Juristisch hat er offenbar in Genf nicht viel gelernt, aber dafür weitete er seinen geistigen und politischen Horizont und genoss die Freiheit. Uns hat er erzählt, dass er nach dem Ende des Genfer Semesters zu Fuß durch das ganze Rhonetal aufwärts und dann über den Grimselpass hinunter nach Meiringen und weiter bis nach Luzern gelaufen sei. Solche ausgedehnten Fußmärsche blieben auch später eine wichtige Quelle für die Stärkung seines Lebensgefühls.

Zwischen diesen beiden Semestern in München und Genf leistete er einen zweimonatigen Dienst als Zeitfreiwilliger in der 5. Kompanie des 13. Württembergischen Infanterie-Regiments ab. Fünfzehn Jahre später, im April und Mai 1938, musste er noch einmal vier Wochen Reservistendienst in der 1. Kompanie aus Magdeburg leisten.

Zum Wintersemester 1924/5 ging Vater nach Berlin, um dort sein Studium fortzusetzen, nicht ahnend, dass er dort Wurzeln schlagen würde. Auch sein Vater und sein Bruder Rolf hatten in Berlin studiert. Aber für ihn hatte Berlin als politisches Zentrum der Weimarer Republik eine besondere Anziehungskraft. Im Unterschied zu seinem Vater war er ein entschiedener Anhänger und Unterstützer der demokratischen Ordnung der Weimarer Republik und der Politik Stresemanns als Reichskanzler und Außenminister. Der Abschnitt in seinem Rückblick auf „Fünfzig Jahre Juristenleben", in dem er die Berliner Studienzeit beschreibt, verdient es ausführlicher zitiert zu werden: „Das Berlin dieser zwanziger Jahre war eine faszinierende Stadt, kulturell, politisch und wirtschaftlich gleich lebendig und spannungsreich, die Universität und auch ihre juristische Fakultät mit bedeutenden Gelehrten in voller Blüte. Für mich wurde es nun ernst mit der Juristerei – neben Musik und Theater und neben mancherlei Anregungen aus der philosophischen Fakultät und von Nationalökonomen wie Sombart, Schumacher und Sering."[9]

Zum Stichwort „Musik" sei hier eingefügt, dass Vater in seiner Berliner Zeit gelegentlich mit seinem Cello zu gemeinsamem Musizieren in das Haus von Ernst von Weizsäcker und seiner Frau Marianne eingeladen war. Es gab eine in seine Stuttgarter Schulzeit zurückgehende Bekanntschaft mit Marianne von Weizsäcker, da Vater mit ihrer viel jüngeren und leider früh verstorbenen Schwester Elisabeth in der Tanzstunde zusammen gewesen war. Die große Schwester Marianne, die bei diesen Anlässen die leidende und früh gestorbene Mutter auf dem „Drachenfels" vertrat, hat offenbar die sich anbahnende, wohl sehr verhaltene Beziehung zwischen den beiden mit Wohlwollen verfolgt. Als sie viel später von meiner Verlobung mit ihrer Enkelin Elisabeth erfuhr, soll sie gesagt haben: „Endlich werden wir mit dem Ludwig Raiser verwandt." Die freundschaftliche Zuneigung zur Großmama auf der Halde hat sich dann auch auf unsere Mutter übertragen und beide Eltern sind sehr gern bei ihr auf der Halde gewesen.

Zurück zu Vaters Bericht über seine Berliner Studienzeit: „Viktor Bruns, bei dem ich in diesem Wintersemester Anfängerübungen im BGB machte, verschaffte mir für das folgende Sommersemester eine Zulassung zu den Vorgerücktenübungen von Martin Wolff; zur Vorbereitung darauf arbeitete in den Ferien das Wolff'sche Sachenrecht durch, und daran bin ich Jurist geworden. Bald hockte ich von früh bis spät im Juristischen Seminar, in der ‚Kommode', dem Barockbau gegenüber der Universität, einer großartigen Bücherhöhle, und las und las."[10] Er nennt dann die Namen seiner wichtigsten Lehrer in diesen Semestern und schließt damit, dass er sich schon im Wintersemester 1926/7, also nach nur sieben Studiensemestern, zum Referendarexamen beim Berliner Kammergericht gemeldet habe. „Ich schrieb meine 6-Wochen-Hausarbeit; im Mai 1927 war ich mit dem Examen fertig. Einen Repetitor habe ich nie besucht und nie vermisst."[11]

Der Bericht fährt fort: „Noch im Sommer begann der Referendardienst bei den Berliner Gerichten, in dem ich bei einzelnen Stationen mit guten Richtern viel gelernt habe, aber nur zu einem Bruchteil meiner Arbeitskraft ausgelastet war. Mein eigener Schwerpunkt lag bei der weiteren wissenschaftlichen Ausbildung. Im Winter 1927/28 wurde ich Korrekturassistent bei Martin Wolff und hielt auch eine Arbeitsgemeinschaft im Handelsrecht; zugleich stellte mich auf Wolffs Fürsprache Ernst Rabel in seinem neu gegründeten Institut [der Kaiser-Wilhelm-Gesellschaft] für ausländisches und internationales Privatrecht, dem jetzigen Hamburger Max-Planck-Institut, als Assistent an. Die damit begonnenen Jahre meiner Mitarbeit in diesem Institut sind die wichtigsten meiner Lehrzeit geworden. ... Ich hatte bis dahin fleißig allerlei Wissen und einiges Können gesammelt, aber – wie mir jetzt schien – noch wenig verstanden; nun kam der Most zum Gären und Reifen. Dass in diese Zeit meine ersten Veröffentlichungen in der Institutszeitschrift und im Rechtsvergleichenden Handwörterbuch fielen [ein Artikel zum Stichwort ‚Eigentum'], stärkte mein Selbstvertrauen. Freilich hatte ich Mühe, neben den Referendar- und Institutspflichten auch noch zu promovieren; erst ein Institutsurlaub im Herbst 1930 und die Versetzung zur Anwaltsstation nach Stuttgart ermöglichten es mir, die begonnene Arbeit über ‚Die Wirkungen der Wechselerklärungen im Internationalen Privatrecht' zuende zu führen. Martin Wolff akzeptierte sie; im Januar 1931 war das Rigorosum und danach die Zeremonie der Disputation über selbstgewählte Thesen … Ein halbes Jahr später schloss ich, lustlos und ohne Glanz, auch die preußische Justizausbildung mit dem Assessorexamen ab.“[12]

Vaters Dissertation ist 1931 in den von seinem Institut herausgegebenen Beiträgen zum ausländischen und internationalen Privatrecht veröffentlicht worden.[13] Zu den Opponenten der fünf juristischen Thesen, die er für die Disputation am 17. Januar 1931 vorgelegt hatte, gehörte auch sein Freund Georg Maier. Vater erzählte uns, dass es damals noch zur Zeremonie der Disputation gehörte, dass der Dekan der Fakultät den Kandidaten nach erfolgreicher Disputation aufforderte: „Ascende in cathedram superiorem“ („Komm herauf auf das den promovierten Doktoren vorbehaltene Podium“), um so die erworbene akademische Würde sichtbar zu unterstreichen.

Kurz nach seiner Promotion hatte Vater auch am 18. Juni 1931 die große Staatsprüfung abgelegt und war zum Gerichtsassessor, und d.h. zum Beamten auf Widerruf, ernannt worden. Sein Assessorexamen war freilich mit der Note „voll befriedigend“ nicht ganz so gut ausgefallen, wie er gehofft hatte. Er stand nun vor der Frage, wie es weitergehen solle. Es gibt einen Brief an seinen Bruder Rolf vom 22. Juni 1931, in dem er seine widersprüchlichen Gefühle ausdrückt: „Wohin nun mit meinen halb erprobten und obendrein soeben mäßig attestierten Kräften und Fähigkeiten? Warum fällt es unserer ganzen Generation so schwer, einen Beruf zu ergreifen? Dabei steht fest, was ich nicht will. Richter zu sein, wäre verlockend. Aber Amtsrichter in Berlin, oder ein Leben lang Beisitzer in einer Kammer? Schwer auszudenken. Aber alles Übrige ist in Preußen politisch. Und zum Amtsrichter auf dem Land fehlt mir ein Stück Beschaulichkeit. Dazu das Finanzelend aller dieser Stellen. Die Ministerien sind durch das schlechte Examensergebnis verschlossen. Zum Anwalt tauge ich schlecht."

Er fährt dann fort: „Offen steht nur die Tür zur Wissenschaft. Ich zögere noch immer einzutreten. Warum eigentlich? Wolff drängt heftig, und auch Rabel gibt mir Chancen. Das Examensprädikat kann hinderlich sein, muss sich aber ausgleichen lassen durch andere Leistungen. Die Konkurrenz wächst, aber ich habe davor keine Angst. Was die können, kann ich auch noch. Trotz alledem: Verlangt dieser Beruf nicht in besonderem Sinn eine innere Berufung? Fordert er nicht mehr und anderes als Kenntnisse, solide Technik, gesundes Urteil und Arbeitswilligkeit, nämlich Phantasie, Ideen, Weite des Blicks und umfassende Bildung im humanistischen Sinn? Bestehe ich vor diesen Forderungen? Bin ich nicht vielmehr ein brauchbarer Handwerker, allenfalls noch angemessen erfüllt von einem Glauben an absolute Werte, an sittliche Pflichten, Ziele, Aufgaben, die über den Einzelnen hinausreichen, an die Idee der Gerechtigkeit, um mit Herz und Verstand einen brauchbaren Richter abzugeben? Und ist nicht schon der Zweifel an der Berufung Warnung genug vor einem Beruf, der den, der ihn ernst nimmt, verbrennt, wenn er ihn nicht erfüllt?

Vielleicht derselbe Zweifel, nur objektiv gewendet, zerrt am Wert dieser Wissenschaft. Vor vier Jahren habe ich die Universität verlassen. Seitdem habe ich gelernt, dass die Wissenschaft nur eine der Dimensionen des Rechts ist und nicht die wichtigste. Den lebendigen Einzelfall aus seinen tausend Schattierungen und Verästelungen herauszuheben und unter die Norm zu stellen, ist größer, als Normen zu schematisieren und zu kritisieren. Schon weil nicht bloß Scharfsinn und Phantasie, sondern Wille und Mitgefühl dabei beteiligt sind, ist Richten befriedigender als Forschen."

Diese ziemlich schonungslose Selbstrechenschaft verrät viel über Vaters Ansprüche an ein der Juristerei gewidmetes Leben. Trotz des in diesem Brief ausgesprochenen Zweifels an der Rolle der Wissenschaft für die gesellschaftliche Bedeutung des Rechts hat er schließlich die wissenschaftliche Arbeit als persönliche Berufung aufgenommen und sich den von ihm selbst formulierten Forderungen gestellt. So entschloss er sich im weiteren Verlauf des Jahres 1931, seine Zeit als Assessor am Amtsgericht Berlin Charlottenburg für die Ausarbeitung einer Habilitationsschrift zu nutzen. Es gelang ihm auch ohne allzu große Schwierigkeit, seinem Vater verständlich zu machen, dass er in die akademische Laufbahn strebe und nicht, wie ursprünglich vorgesehen, in die Versicherungswirtschaft zurückkehren werde.

Aber das Berlin der frühen dreißiger Jahre bot kein für die ruhige wissenschaftliche Arbeit günstiges Klima. Es war die Zeit der Wirtschaftskrise und ständig zunehmender Arbeitslosigkeit. Die politische Situation war stark polarisiert mit Aufmärschen der SA einerseits und von Kommunisten andererseits, und dazu Gruppen des „Reichsbanner Schwarz-Rot-Gold", die versuchten, mit einer Massenorganisation die Weimarer Republik zu retten. Die Regierung unter Reichskanzler Brüning nahm zu Notverordnungen ihre Zuflucht und der Reichstag war weitgehend gelähmt. Vater selbst empfand keinerlei Neigung, sich einer dieser Organisationen anzuschließen, und blieb lebenslang allergisch gegen Massenveranstaltungen.

In seinem persönlichen Rückblick berichtet er, dass er sich stattdessen auf Empfehlung eines Freundes einem der damals in Berlin bestehenden politischen Clubs angeschlossen habe, in dem diskutiert wurde. „Die Ironie des Schicksals wollte es, dass der Gründer und Leiter dieses Clubs niemand anderes war als Theodor Eschenburg, den ich auf diese Weise zum ersten Mal kennengelernt habe." (Eschenburg war später als einer der führenden Politologen und Staatsrechtler der frühen Bundesrepublik Vaters Kollege in Tübingen. Neuere Untersuchungen werfen ein kritisches Licht auf seine Rolle in der Zeit des NS-Regimes.) In diesem Club wurde anhand von Referaten eines der Mitglieder oder eines Gastes diskutiert. „Unser Gedanke war, dass wir auf diese Weise die Mitte, die ja immer mehr ausgehöhlt wurde von den radikalen Gruppen rechts und links, stärken könnten. Aber ich habe schon damals und spätestens dann im Jahr 1933 gelernt, dass Diskutieren allein, auch wenn es gescheit ist, gar nichts nützt, wenn nicht eine Portion Macht dahintersteht, und dass Politik im Grund eben doch mit Macht zu tun hat. Das heißt: ich habe vielleicht zu spät bemerkt, dass ich mich als machtloser Intellektueller verhalten und nicht mehr getan habe, um retten zu helfen. Obwohl schwer zu sagen ist, was ich hätte tun können."[14]

Um der unerfreulichen und unbefriedigenden Situation in Berlin zu entfliehen, ließ Vater sich als Assessor für ein Jahr beurlauben und ging mit finanzieller Unterstützung seines Vaters von Herbst 1931 bis Herbst 1932 nach Heidelberg, um in Ruhe an seiner geplanten Habilitationsschrift arbeiten zu können. Durch die Teilnahme an Seminaren des Philosophen Karl Jaspers und des Rechtshistorikers und Experten für römisches Recht Ernst Levi erhielt er neue Anregungen. In die Zeit seines Aufenthaltes in Heidelberg gehört auch der Beginn seiner Zugehörigkeit zum Volkacher Bund, dem er sich zusammen mit seinem Bruder Rolf bei der Herbsttagung im September 1932 anschloss, um die Beziehungen zu den alten Freunden in der schwäbischen Heimat wieder aufzunehmen.

Der *Volkacher Bund* war ein von Otto Küster im Jahr 1922 zunächst als Schülerbund in der Tradition der bündischen Jugend gegründeter Zusammenschluss, den Vater selbst beschrieb als einen „aus der Jugendbewegung herausgewachsenen, im Wesentlichen in Stuttgart ansässigen Freundeskreis, der ohne alle politische Absicht und Betätigung eine Aufgabe in der Gemeinschaftsbildung unter seinen Angehörigen sah und diesem Ziel durch gemeinsame Wanderfahrten, Diskussions- und Singabende diente."[15]

Bei einer Studientagung des Volkacher Bundes im September 1933 auf Schloss Burgberg auf der Schwäbischen Alb bei Heidenheim stand im Zentrum das Thema „römisches und deutsches Recht". Vater referierte über deutsches, sein Freund Georg Maier über römisches Recht. Bei den intensiven Diskussionen über mehrere Tage wurde auch die nationalsozialistische Rechtsauffassung und -praxis einer kritischen

Analyse unterzogen. Die Zusammenkunft wurde am vorletzten Tag, vermutlich nach einer Denunziation, von der SA ausgehoben; es folgten Hausdurchsuchungen, Beschlagnahmungen von schriftlichem Material und Maßnahmen der Politischen Polizei vor allem gegen die im staatlichen Justizdienst stehenden Hauptbeteiligten. Um dem Verdacht der oppositionellen Einstellung und einem Verbot zu entgehen und die Eingliederung der Angehörigen des Bundes in den Staatsdienst nicht zu erschweren, löste sich der Bund im Oktober 1933 offiziell auf. Die freundschaftlichen Beziehungen blieben freilich erhalten und wurden weiter gepflegt; nach dem Ende des Krieges wurde der Bund 1946 wieder aktiviert.

Nach dem Jahr in Heidelberg kehrte Vater im Herbst 1932 nach Berlin zurück und wurde nun Zeuge der letzten Zuckungen der Weimarer Republik und des Umbruchs im Januar 1933. Er schreibt in seinem persönlichen Rückblick: „Der Einbruch des Nationalsozialismus … ist gerade in Berlin … schon vor 1933 höchst bemerkbar gewesen: mit dem Trommelfeuer der Propaganda, mit den SA-Aufmärschen, mit den Reden von Goebbels im Sportpalast. Ich habe mir das angesehen und angehört, aber die Wirkung auf mich war – sowohl was den Inhalt dessen angeht, was da vorgetragen wurde, als auch die Methoden, mit denen da politische Propaganda gemacht wurde – schlechthin abstoßend. Ich habe nie die leiseste Versuchung gespürt, mich dem anzuschließen. Zu meiner Beruhigung war ich darin auch in voller Übereinstimmung mit meinen Berliner Freunden, insbesondere etwa meinem nächsten Freund Schorsch [Georg] Maier, und auch den inzwischen gewonnenen Volkacher Freunden. … Jedenfalls habe ich die Machtergreifung des Nationalsozialismus im Jahre 1933 in allen Stadien sehr intensiv miterlebt, auch miterlebt die allgemeine Gleichschaltungsaktion, miterlebt die sog. Märzgefallenen, d.h. die Überläufer in Mengen, als sich herausstellte, dass die Macht bei Hitler und den Seinen war."[16]

So sah Vater den Fackelzug der SA vor der Reichskanzlei am 31. Januar 1933 und die demonstrative Bücherverbrennung vor der Universität. Und er erinnert sich, wie enttäuscht und eigentlich verbittert er gewesen sei, „dass in der geistig führenden Schicht Deutschlands, auch in Berlin, insbesondere an den Universitäten, sich keinerlei gemeinsamer Widerstand geregt hat. Jeder hat eben versucht, auf seine Weise sich damit abzufinden und zu arrangieren. … Es gehörte damals zu meinen Überzeugungen, dass, wenn diese Schicht sich energischer gewehrt hätte, Hitler nicht auf eine so brutale Weise die Obermacht bekommen hätte."[17]

Schon bald begannen erste Maßnahmen gegen Vaters wichtigste Lehrer, Martin Wolff und Ernst Rabel, die beide jüdischer Abstammung waren. Er sagt in seinem persönlichen Rückblick über sein Verhältnis zu den Juden: „In meiner Familie gab es keinen betonten und gar keinen aggressiven Antisemitismus. Man kann eher von einem – sagen wir – ‚latenten' Antisemitismus sprechen, wie er in vielen bürgerlichen Familien bestand. Das heißt zum Beispiel, dass meine Eltern wahrscheinlich sehr unglücklich gewesen wären, wenn einer ihrer Söhne eine jüdische Frau nach Hause gebracht und sie zu heiraten begehrt hätte. Ich hatte in der Schule und dann auch im Studium viele jüdische Bekannte, mit denen ich ganz unbefangen und ohne Zurückhaltung umging. Von pauschaler Ablehnung war gar keine Rede."

Aber er fügt hinzu: „Es gab … auch bei mir in meinen Berliner Jahren ein sich verstärkendes Unbehagen gegenüber dem Auftreten einer bestimmten Schicht von Juden, die in den ‚Goldenen Zwanziger Jahren' das kulturelle Leben, den Journalismus und dgl. in Berlin sehr stark bestimmten und eine Note hineinbrachten, die mir unsympathisch war. Das hat mich nicht zum Antisemitismus geführt, aber zur Verstärkung meiner Zurückhaltung gegenüber diesem Typus von Juden. Ich kann vielleicht hinzufügen, dass ich gelegentlich auch Anlass hatte, mit meinem Lehrer, Martin Wolff, der Jude war, darüber zu sprechen. Er sagte mir selber, dass auch ihm dieser Typ von Juden, wie er da in Berlin sich breit machte, aufs äußerste unsympathisch sei, und er tief unglücklich sei, dass dieser so sehr das öffentliche Bild bestimme und es damit den anderen, vornehmen Juden, die ‚eingedeutscht' waren, so sehr schwer machte, sich zu behaupten."[18]

Jedenfalls hat sich Vater zusammen mit seinem Freund Schorsch Maier entschieden an die Seite der jüdischen Professoren der Berliner juristischen Fakultät gestellt. Die Witwe von Schorsch Maier, die ebenfalls Assistentin an der Fakultät war, berichtet: „Sehr bald, im Frühjahr 1933, gab es dann Demonstrationen der Studenten gegen jüdische Lehrer, geraume Zeit, ehe sie Berufsverbot erhielten, und es kam der Tag, wo der winzige Professor Martin Wolff, das As der juristischen Professoren, rechts und links flankiert von Ludwig Raiser und Schorsch Maier, dem dunklen und dem blonden Riesen, in den Hörsaal geleitet werden musste."[19]

Persönlich zog Vater aus den Ereignissen des Jahres 1933 die Konsequenz, den Versuch zu machen, seine Habilitation so schnell wie möglich unter Dach und Fach zu bringen. Er entschloss sich – nach einer Besprechung mit seinem Lehrer Martin Wolff – die bereits fertigen Teile seiner Habilitationsschrift, d.h. etwa zwei Drittel dessen, was später als Buch unter dem Titel „Das Recht der Allgemeinen Geschäftsbedingungen" veröffentlicht wurde, bei der Fakultät einzureichen. Mit den Gutachten von Martin Wolff und dem Korreferat des Dekans der Fakultät, Heymann, wurde die Arbeit als Habilitationsschrift angenommen.

Dann musste er darauf warten, einen Termin für den Probevortrag vor der Fakultät und das anschließende Kolloquium zu bekommen. Der Dekan Heymann zögerte mit der Festsetzung eines Termins, sodass Vater erst in der letzten Sitzung der Fakultät vor Weihnachten 1933 seinen Probevortrag halten konnte. Um die Zeit des Wartens zu nutzen, meldete er sich zu einem vierwöchigen freiwilligen Arbeitsdienst, den er vom 7. August bis zum 2. September 1933 auf einer Baustelle im Arbeitsdienstlager Karstädt in der West-Prignitz, etwa 50 Kilometer westlich von Berlin, ableistete. Er beteiligte sich dort an der Entwässerung von nassen Wiesen und fand es trotz der ungewohnten Anstrengung mit Blasen an Händen und Füßen eine interessante Erfahrung. „Meine Kumpels [waren] im Wesentlichen Arbeitslose aus den Berliner Arbeitervierteln. Junge Arbeitslose, deren Stimmung und deren Lebensweise ich auf diese Weise höchst drastisch kennengelernt habe. Politisch waren sie uninteressiert, weder reine Kommunisten, noch in irgendwelcher Weise vom NS angehaucht."[20] Das Zeugnis des Lagerleiters bei seiner Entlassung attestiert ihm „emsigen Fleiß und äußerst korrekte Dienstauffassung. ... Den Angehörigen des Lagers war er ein guter Kamerad. Auf der Baustelle übte er seine ungewohnte Tätigkeit mit eiserner Energie aus. Durch sein Ausscheiden verliert das Lager einen der tüchtigsten Arbeiter."

Der Termin bei der Fakultät mit Probevortrag und Kolloquium verlief dann offenbar sehr befriedigend für Vater. Er hatte es noch mit der alten Fakultät zu tun, deren Mitglieder er kannte und die ihn kannten. Nur zwei Personen waren neu hinzugekommen: der später berühmt-berüchtigte Staatsrechtler Carl Schmitt und der Strafrechtler Graf Gleispach. So war es ihm gelungen, seine Habilitation wie erhofft noch vor dem Jahresende abzuschließen. Allerdings war inzwischen eine Änderung des Hochschulrechts eingetreten mit der Folge, dass der Fakultät das Recht entzogen worden war, die Venia Legendi zu erteilen, d.h. die Ernennung zum Dozenten vorzunehmen. Dieses Recht lag inzwischen beim preußischen Kultusministerium, und die Ernennung zum Dozenten war nun abhängig gemacht worden von der vorherigen Teilnahme an einem Wehrsportlager für angehende Dozenten, um deren politische Zuverlässigkeit zu überprüfen.

So wurde Vater Anfang Januar 1934 zu dem ersten derartigen Wehrsportlager geladen, das in Zossen, südlich von Berlin, stattfand. Nach seiner Ankunft und noch ehe er seine Sachen auspacken konnte, wurde ihm freilich eröffnet, „dass ich nach einer Weisung des Kultusministeriums von der Teilnahme an diesem Lager ausgeschlossen sei, und ich veranlasst sei, so schnell wie möglich das Lager wieder zu verlassen. Irgendwelche Gründe wurden da nicht mitgeteilt. ... Ich bin dann am nächsten oder übernächsten Tag ins Kultusministerium in Berlin gegangen, habe dort zwar nicht den Leiter der Hochschulabteilung, sondern nur einen Referenten in Uniform zu sprechen bekommen. Dieser hat mir eröffnet, dass schwerwiegende politische Bedenken gegen meine Treue gegenüber dem Staat vorlägen. Einmal habe man Nachricht bekommen aus Stuttgart von meiner Verwicklung in Auseinandersetzungen und meiner Teilnahme an offenbar regierungsfeindlichen Organisationen; zum zweiten hätte ich ja auch in Berlin nach ihrer Kenntnis bisher keinen Finger gerührt, um mich irgendwie dem NS zu nähern. Ich sei in keiner NS Organisation, hielte mich an meine jüdischen Lehrer Martin Wolff und Ernst Rabel. Unter diesen Umständen könne eine Ernennung zum Dozenten nicht in Frage kommen. Man rate mir dringend, mich erst einmal in die SA oder die SS zu begeben und dort kräftig mitzuarbeiten, dann könne vielleicht nach einem Jahr über den Fortgang meiner akademischen Laufbahn noch einmal gesprochen werden. Vorher sei daran nicht zu denken."[21]

Bei der erwähnten Nachricht aus Stuttgart handelte es sich offenbar um einen Brief, den das württembergische Justizministerium nach der SA-Aktion gegen die Zusammenkunft des Volkacher Bundes in Burgberg im September 1933 an die Universitäten in Tübingen und Berlin sowie an das preußische Justizministerium gerichtet hatte. Darin wurde vor dem Gerichtsassessor Dr. Ludwig Raiser gewarnt, der angeblich seine Habilitation für die akademische Lehrtätigkeit betreibe. Der Brief machte die Empfänger darauf aufmerksam, „dass nach den bei der Politischen Polizei in Stuttgart vorhandenen Akten erhebliche Bedenken gegen die Person Dr. Raiser vorliegen".[22] Dieser Warnbrief mit Anlagen war wohl auch Dekan Heymann zur Kenntnisnahme zugeleitet worden und war vermutlich der Grund seines Zögerns bei der Festsetzung eines Termins für Probevorlesung und Kolloquium gewesen. Er hatte das Schreiben dann noch Ende Dezember an das Kultusministerium in Berlin weitergeleitet, worauf sich der erwähnte Referent bezog.

Vater beschließt seinen Bericht über diesen enttäuschenden Ausgang seines Habilitationsverfahrens folgendermaßen: „Die Konsequenz, die ich daraus gezogen habe, war zunächst eine Art Trotzreaktion: ich bin bis dahin zum Zwecke der Habilitation beurlaubter preußischer Gerichtsassessor gewesen. Ich habe jetzt im Zorn den Staatsdienst quittiert und habe mich als Rechtsanwalt niedergelassen, nicht mit der Absicht, eine Anwaltspraxis aufzumachen, sondern nur um einen Status zu haben. Ich beschloss – natürlich wieder in Besprechung mit meinem Vater, der weiterhin großzügig zu mir hielt – zunächst in Berlin zu bleiben, meine Habilitationsschrift zu Ende zu schreiben und zugleich zu versuchen, ob nicht im Laufe dieses Jahres sich die Stimmung ändern und ich irgendwo einen Zugang durch die Mauer finden würde. Das Buch habe ich abgeschlossen, aber einen Zugang durch die Mauer habe ich nirgends gefunden. Im Spätherbst 34 stand ich vor der Entscheidung, die Hochschullaufbahn aufzugeben und mir einen ganz neuen Beruf zu suchen."[23]

In seinem persönlichen Rückblick berichtet Vater über Erfahrungen im Jahr 1934: „Ich habe dann im Sommer 1934 auch die Mordserie im Zusammenhang mit dem Röhmputsch erlebt, wo Göring und die SS nicht nur eine Reihe von Einzelpersönlichkeiten wie Schleicher oder den Ministerialdirektor Clausener abknallen ließen, sondern wo z.B. auch die ganze SA-Führung von Berlin über die Klinge springen musste. Darunter war auch ein Assistentenkollege von der Universität, ein höchst unsympathischer Kerl, den wir von Herzen gerne los waren, aber auf diese Weise nun doch nicht. Wer bis dahin noch im Zweifel war über den Charakter dieser Bewegung und mit Redensarten, ‚dass sich das von selber wieder zurechtziehen werde', ‚dass der Führer ja gar nicht alles wisse, was da passiere', und dergleichen noch meinte, sich seinen guten Glauben halten zu können, der wusste von da an und nach dem damals gefassten Regierungsbeschluss, mit dem nachträglich diese Morde legitimiert wurden, woran man war, und was die Stunde geschlagen hatte."[24]

Die Affäre mit dem Zossener Wehrsportlager hatte noch ein auch für Vater unangenehmes Nachspiel. Sein Freund Schorsch Maier, der damals für die Vossische Zeitung Artikel schrieb, war daran interessiert, etwas über dieses Wehrsportlager zu schreiben. Er erfuhr, dass ein anderer Berliner Kollege, der ebenfalls seine Habilitation vorbereitete, an dem Lager teilnahm. Es gelang ihm zusammen mit Vater, den Kollegen Krawielicki bei einem Wochendurlaub zu einem Gespräch über seine Erfahrungen im Lager zu bewegen. Er machte daraus dann einen süffisanten Artikel für die Vossische Zeitung, der die SA auf die Palme brachte. Zwei Tage später wurde er auf offener Straße von der SA geschnappt. Krawielicki wurde nach der Rückkehr ins Lager verhaftet, weil man herausgebracht hatte, dass er der Informant war. Beide wurden von der SA in das Konzentrationslager Sachsenhausen verbracht.

Nach einer Intervention befreundeter Anwälte beim Reichssicherheitshauptamt wurden beide nach 14 Tagen wieder freigelassen. Aber noch während sie in Sachsenhausen saßen, fand Vater abends bei der Heimkehr vom juristischen Seminar einen Zettel mit der Nachricht eines Freundes, dass die SA auch ihm auf der Spur sei, da man festgestellt habe, dass er ebenfalls an der Besprechung mit Krawielicki teilgenommen hätte. Es wurde ihm dringend geraten, aus Berlin zu verschwinden, um nicht auch noch geschnappt zu werden. Vater schreibt: „Was blieb mir anderes übrig? Ich habe meinen Koffer gepackt, bin innerhalb der nächsten halben Stunde aus meinem Zimmer verschwunden, habe meiner Wirtin gesagt, ich müsse schleunigst verreisen, habe in einem kleinen Hotel in der Nähe des Bahnhofs Friedrichstraße übernachtet und bin am nächsten Morgen zunächst einmal nach Frankfurt gefahren, wo ich eine Reihe von guten Freunden hatte, und dann von Frankfurt nach Stuttgart. Ich bin erst nach einigen Wochen, als Schorsch Maier und Krawielicki längst wieder frei waren, nach Berlin zurückgekehrt. Vielleicht war diese Flucht aus Berlin ganz umsonst, aber jedenfalls war es in der aufgeregten Zeit, in der man damals lebte, einigermaßen charakteristisch, dass ich meinte, diese Reaktion doch vornehmen zu sollen."[25]

In diese unruhigen und aufwühlenden Jahre fällt auch der Beginn der Beziehung zwischen Vater und unserer Mutter Renate. Dabei spielten der Volkacher Bund und Vaters Bruder Rolf eine vermittelnde Rolle. Rolf hatte sich mit Elisabeth Küster, einer Schwester von Otto Küster, dem Initiator und geistigen Zentrum des Bundes, verlobt; Ende Dezember 1933 hatten sie geheiratet. Elisabeth („Li") Küster ihrerseits hatte sich im Medizinstudium in Tübingen mit Renate Haack angefreundet und sie, zusammen mit einer weiteren Medizinerfreundin, bereits im Herbst 1931 in den Freundeskreis des Volkacher Bundes eingeführt. Mutter wurde nach der offiziellen Auflösung des Bundes im Mai 1934 in den weiter bestehenden engeren Kreis aufgenommen. Rolf und Li hatten 1933 einen Pfingsturlaub auf der Halbinsel Wustrow an der Ostsee zwischen Wismar und Rostock geplant. Sie luden den Bruder Ludwig und die Freundin Renate ein, sich ihnen anzuschließen. Hier haben unsere Eltern sich kennengelernt. Es gibt einen ersten Brief von Vater an „Renate Haack" vom Juni 1933, in dem er auf dieses verlängerte Wochenende in Wustrow zurückblickt und eine ihr gehörige Radwanderkarte von Rostock erwähnt, die er ihr zurückschicken will. Er unterschreibt noch mit seinem vollen Namen „Ludwig Raiser".

Unsere Mutter Renate war am 2. November 1909 als Tochter des Pfarrers und späteren Dompropstes Martin Haack (1880-1953) und seiner Frau (in erster Ehe) Waltraud, geb. Lezius (1888-1973), in Kiehnwerder im Oderbruch geboren. Sie wuchs in Schwerin/Mecklenburg auf und hatte nach dem Abitur 1929 in Rostock, Innsbruck und Tübingen Medizin studiert mit der ursprünglichen Absicht, später einmal in die ärztliche Mission zu gehen. Als Vater sie kennenlernte, hatte sie im Februar 1932 die ärztliche Vorprüfung in Rostock mit sehr gutem Ergebnis abgelegt und war zur Fortsetzung des Studiums nach einem Intermezzo in Innsbruck nach Tübingen gewechselt, wo sie im Juli 1935 ihr Studium abschloss.

Mehr als ein Jahr verging bis zu Vaters zweitem Brief, nun an die „liebe Renate", aber es war noch eine sehr tastende Beziehung, auch von Seiten unserer Mutter, die eine gewisse Fremdheit empfand gegenüber dem Umfeld, aus dem Vater kam. Am 5. August 1934 schrieb er ihr, dass er mit Freunden einen Ausflug nach Mecklenburg und an die Ostsee gemacht habe. Er erzählt vom Bad in der Ostsee: „für mich seit Wustrow wieder zum ersten Mal". Aber er berichtet auch von einem Brief des Kultusministeriums, „der ganz kurz und bündig auf alle meine Bemühungen des letzten halben Jahres nur nein sagte". Die Ungewissheit über seine persönliche und berufliche Zukunft machte ihn zurückhaltend in seinem Wunsch, die Beziehung zu vertiefen, und auch Mutters Antworten blieben eher verhalten.

Auf der Rückreise aus den Weihnachtsferien in Schwerin 1934 unterbrach Mutter ihre Reise in Berlin und sie kamen sich näher, sodass sie am Ende dieses kurzen Besuchs zum „Du" übergingen. Vater schrieb ihr am 13 Januar 1935: „Es ist gut, jetzt Du sagen zu dürfen, und es ist mittlerweile schon völlig selbstverständlich und notwendig geworden. Umso lustiger macht mich die Erinnerung an die Art, wie wir im letzten Augenblick dazu gekommen sind." Und im gleichen Brief fügt er den zuversichtlich klingenden Satz an: „Ich bin gestern vollends nach Erfüllung der letzten Formalitäten Rechtsanwalt geworden und habe Spaß an dem Titel, weil er nach Unabhängigkeit und freier Juristerei klingt." Damit war auch die Mitgliedschaft im „National-Sozialistischen Rechtswahrer-Bund" verbunden, die nach seinem Eintritt bei der Magdeburger Versicherung von der „Reichsgruppe Rechtsanwälte" in die „Reichsgruppe Wirtschaftsrechtler" umgestellt wurde. Es war und blieb seine einzige formelle Mitgliedschaft in einer NS-Organisation.

Aber unterschwellig plagte ihn weiter die Ungewissheit über seine Zukunft. So schrieb er Mutter am 25. Januar: „Auch der Grund dieser Verwirrung klingt dürftig: Ich hatte einen Beruf, und habe keinen mehr. Ich versuche mir selbst einzureden, dass ich das nun allmählich geschluckt haben müsste. Aber ich habs noch nicht hinter mir. … Ich bin verbannt [aus der akademischen Welt], und kann mir die Aufhebung der Verbannung nicht einmal mehr wünschen, da die Universitäten nicht mehr der Ort sind, wo man die Wahrheit sucht und in die junge Generation das Licht und die Unruhe des Denkens pflanzt, und da ich dem Staat nicht ungeteilt und vorbehaltlos zu dienen vermöchte." Selten hat er später so prägnant sein Verständnis des Berufs des akademischen Lehrers zum Ausdruck gebracht, der für ihn eine Berufung darstellte.

Ein gewisser Lichtblick war für ihn, wie er ihr am 10. Februar mitteilte, dass er den Verlagsvertrag für sein Buch, d.h. die abschließende Fassung seiner Habilitationsschrift über „Das Recht der Allgemeinen

27

Geschäftsbedingungen", an der er während der letzten Monate gearbeitet hatte, unterschrieben habe. Am 1. März schrieb er, dass das Manuskript an den Verlag abgegangen sei. Und schon im Juni konnte er seiner Mutter einen ersten Probeabdruck des Buches zu ihrem Geburtstag schenken. Im Rückblick auf die intensive Arbeit an seinem Buch schrieb er am 3. Juni: „Es hat Mängel, aber es ist so redlich durchdacht und aufgemauert, als ich eben konnte, und so wird es schon ein paar gescheiten, redlichen Männern in die Hände fallen, die auf diesen Mauern weiter bauen können. Der Sinn der wissenschaftlichen Arbeit ist damit erfüllt. Wer nicht, auch im Kleinen, die Wahrheit, sondern die eigene Person sucht, gehört nicht in den Tempel, sondern auf den Jahrmarkt oder in die politische Arena. Dort sitzen sie denn heut auch zuhauf und machen sich zur Beruhigung ihres Gewissens gegenseitig weis, ihr eigenes Fleisch und Blut in seiner ganzen Hinfälligkeit sei schon die Wahrheit. Als ob nicht Menschen und Völker eben dann am größten wären und ihre inneren Kräfte am schönsten bewährten, wenn sie sich für etwas einsetzen, was mehr ist als sie selbst, größer, dauernder, gültiger." Aus dem Pathos dieser Sätze spricht der Trotz des aus dem Tempel der Wissenschaft Verbannten und auch die Verachtung gegenüber denen, die sich dem Druck der politischen Gleichschaltung gebeugt hatten. Zugleich sollte dieses Bekenntnis wohl auch seiner Freundin zeigen, mit wem sie es zu tun habe in dieser noch nach Klärung suchenden Beziehung.

Die Jahre bis zum Beginn seiner Arbeit in Magdeburg 1935-37

Während Ludwig noch mit sich haderte über den Verlust seines angestrebten Berufs eines Wissenschaftlers und Hochschullehrers, hatte sein Vater Sondierungen unternommen über die mögliche Rückkehr in die Versicherungswirtschaft, womit er an seine frühere kaufmännische Lehrzeit bei der Württembergischen Feuerversicherung abknüpfen könnte. In Gesprächen mit seinem Vater hatte sich Franz Schäfer, der ehemalige Vorsitzende des Reichsverbandes der Privatversicherung e.V. und Direktor der Magdeburger Rückversicherungs-Actien-Gesellschaft bereit erklärt, Vater aufzunehmen und ihn ausbilden zu lassen, speziell für das Auslands- und Rückversicherungsgeschäft. Das setzte freilich voraus, dass er bereit sei, noch einmal ein Jahr als Volontär in Magdeburg zu arbeiten und dann etwa eineinhalb oder eineinviertel Jahre einen Auslandsaufenthalt anzuschließen, ehe er eine Funktion in Magdeburg übernehmen könnte. Am 1. März 1935 berichtete er zum ersten Mal in einem Brief über diesen Vorschlag seines Vaters und am 14. März fügte er hinzu, dass er entschlossen sei zu diesem neuen beruflichen Weg. Schon am 1. Mai solle er in Magdeburg anfangen.

Nur innerlich widerstrebend hatte er sich auf diesen, als Notlösung empfundenen Vorschlag seines Vaters eingelassen. So schrieb er nach den ersten Monaten im neuen Arbeitsumfeld aus Magdeburg am 25. August 1935 an seine Freundin: „Ich bin auch noch nicht mit mir im reinen, was ich in der Wirtschaft eigentlich will. Die wissenschaftliche Haltung ist noch nicht ganz verschwunden. Mein persönliches Interesse am Geld ist gering. Ehrgeiz habe ich schon eher, und Lust, etwas zu schaffen, zu gestalten, auch zu befehlen. Vom elementaren Machttrieb weiß ich wieder wenig. Letzten Endes plagt die Schwierigkeit mich auch allein. Die Wirtschaftsordnung, die wir die kapitalistische nennen, ist jedenfalls uns Jüngeren höchst fragwürdig geworden. Wie fängt man es also an, sich mit gutem Gewissen mit ihr einzulassen, oder was machen wir Besseres aus ihr? ... An den Fragen komme ich nicht vorbei. Dass ich so im Bannkreis meines Vaters in die Wirtschaft hineinwachsen soll, macht die Lösung nicht leichter, weil auf diese Weise von Anfang an die Bindungen der Tradition, der Autorität, der Politik, des Comens an die hergebrachten Formen fesseln. Ein Brett, an dem ich noch geraume Zeit bohren werde."

Während Vater als Volontär in dem als öde empfundenen Magdeburg ausharrte und ungeduldig auf die angekündigten Auslandsstationen seiner Ausbildung wartete, hatte Mutter im Juli 1935 in Tübingen ihr Medizinstudium mit einem sehr guten Examen abgeschlossen und bereitete sich auf den Beginn ihrer Tätigkeit als Medizinalassistentin an der Psychiatrischen Klinik in Freiburg vor. Beide dachten wohl insgeheim schon über eine mögliche gemeinsame Zukunft nach. So gab Vater seine bisherige Zurückhaltung in ihrer Korrespondenz auf und schrieb ihr am 30. Oktober 1935 einen Brief mit der ersten ausdrücklichen Liebeserklärung.

Inzwischen hatte sich auch seine weitere Zukunft geklärt. Am 28. November schrieb er: „So steht es plötzlich. Man schätzt mich hier und stellt mir ein Arbeitsfeld in Aussicht, das höchst verlockend ist, verlockender und, wenn mirs gelingt, auch zukunftsreicher als alles, was ich im Augenblick sonst haben könnte. Vor allem will man mich vorher noch 1½ Jahre ins Ausland schicken, und mich auch künftig immer wieder draußen einsetzen. Der alte Traum! Darf ich da nein sagen, weil ich die Stadt nicht lieben kann? Ich weiß, dass ichs nicht darf ... . Aber nun drückt mir die Stadt doppelt aufs Gemüt."

Nur eine Woche später schrieb er am 7. Dezember mit neuer Zuversicht: „Dies ist nun beschlossene Sache; ich habe mich in den Dienst meiner Magdeburger Gesellschaft gestellt und sie schickt mich für ein bis eineinhalb Jahre ins Ausland. Anfang Januar breche ich auf und fahre nach London. Ich freue mich unbändig, bis es soweit ist. Und stell Dir vor: seit ich im Sommer 1930 meine Assistentenstelle im Berliner

Institut aufgegeben habe, wird es wieder das erste Mal sein, dass ich unabhängig von meinem Vater auf eigenen Füßen stehe. Auch ist es nichts Gewöhnliches, was mir jetzt und für die Zukunft aufgetragen wird. Für all dies nehme ich Magdeburg in Kauf und will mir trotzdem ein fröhliches Gesicht und ein dankbares Herz bewahren."

Am 17./18. Dezember besuchte er Mutter in Freiburg und bei diesem Besuch entschieden sie sich füreinander und waren nun entschlossen, sich auf ein gemeinsames Leben vorzubereiten. Mutter wollte ihren Beruf, jedenfalls zunächst, aufgeben und mit ihrem Vater über ihre gemeinsame Entscheidung sprechen. Sie waren sich freilich bewusst, dass dieser Schritt ein Wagnis war. So schrieb Vater am 28. Dezember 1935 aus Stuttgart im Nachsinnen über ihre noch geheime Verlobung: „Der Juristerei habe ich mich verschrieben aus Leidenschaft für die Gerechtigkeit, aber fast ebenso aus Leidenschaft für das klare und kritische Denken. Wie werde ich Dich damit reizen, die Du unmittelbar und unbedingt aus dem Gefühl zu handeln vermagst! Weißt Du auch, wie eigensinnig ich bin? Und ist Dir genügend klar geworden, dass ich den ganzen schwerblütigen Pessimismus meiner Familie geerbt habe?"

Aber die Entscheidung war gefallen und nun konnte er mit neu gewonnener Sicherheit die zweite Phase seiner Ausbildung im Versicherungswesen antreten. In seinem persönlichen, vor den Stuttgarter Freunden vorgetragenen Rückblick beschreibt er diese Zeit zusammenfassend: „Ich bin von Anfang 35 an erst ein Jahr in Magdeburg gewesen und dann von der Magdeburger Feuer im Jahr 1936 zunächst für ¾ Jahre nach London geschickt worden, dann im Anschluss daran kurz nach Genf, um die französische Sprache aufzumöbeln und dann noch nach Paris. In London und Paris habe ich auch als Volontär bei Versicherungsgesellschaften gearbeitet, für mich beides hochinteressante Zeiten. Übrigens kann hinzugefügt werden: die Magdeburger Feuer konnte das gar nicht finanzieren, aus Devisengründen, sondern ich wurde zu diesem Zweck ausgeliehen an eine dänische Tochtergesellschaft der Magdeburger Feuer, als deren Angestellter ich dann – nominell von Kopenhagen aus – nach London und Paris geschickt worden bin. Von dort wurde das finanziert, die beiden Gesellschaften haben das untereinander verrechnet."[26]

Aus London gibt es einen schönen Brief an seine Mutter zu ihrem Geburtstag am 1. Juni 1936. Darin schreibt er: „Meinetwegen brauchst Du Dich ja nicht mehr zu sorgen, wie in früheren Jahren. Was letztes Jahr begann, setzt sich jetzt, seit ich in der zugleich beruhigenden und anregenden Luft hier draußen lebe, aufs erfreulichste fort. Zu den Schätzen, die ich hier sammle, gehört auch ein merklicher Gewinn an innerer Sicherheit und Lebendigkeit; der lähmende Druck ist gewichen, und der alte Kummer ist vielleicht noch nicht einfach tot – in Oxford neulich [wo er seinen alten Lehrer Martin Wolff besuchte] hat er mir auf einmal zu schaffen gemacht – aber er ist keine Gefahr mehr und hat auch seine fruchtbaren Seiten. Seine Schwierigkeiten wird mein Lebenslauf wohl erst recht zeigen, wenn ich wieder in Magdeburg bin. Aber ich fühle mich jetzt optimistisch und kräftig genug, um damit fertig zu werden."

Und er fährt dann fort: „Du kennst die andere Quelle des frischen und fröhlichen Lebensmuts [nämlich die Verlobung, die er seiner Mutter nicht verschwiegen hatte]. Die alte unselige Zerrissenheit hat ein Ende und das unruhige Herz weiß um seine Stelle, wo es alles geben und alles nehmen darf. Einmal muss ich auch sagen, was mir seit langem gewiss ist: dass es so ausgegangen ist, und dass ich heil durchgekommen bin, verdanke ich Dir. Nicht einer äußeren Leitung – ich brauche Dir für meinen Entschluss keine Verantwortung zuzuschreiben –; aber aus der Verbundenheit mit Dir hatte ich die Kraftreserven und den inneren Kompass. Dem bin ich gefolgt, als es Zeit zur Entscheidung war, und es ist nun sehr, sehr gut. Die Trennung tut natürlich weh … aber sie treibt uns nicht mehr auseinander; wir leben sehr sicher und tief aufeinander zu."

Die folgende Beschreibung seiner Zeit in London und später in Genf und Paris stützt sich im Wesentlichen auf die Briefe, die er in dieser Zeit an seine Verlobte, später unsere Mutter, schrieb. Die Briefe aus London geben einen sehr lebendigen Eindruck von seinen Erkundungen in diesem neuen Umfeld. Sein Programm war vom Vertreter der Magdeburger Versicherungen in London, Mr. Dumbell, vorbereitet worden. In den ersten zwei Monaten absolvierte er einen Sprachkurs, um sich in die rechtliche und wirtschaftliche Terminologie des Versicherungswesens einzuarbeiten. Der Sprachkurs ließ ihm freilich genug Zeit für Erkundungen der englischen politischen, rechtlichen und wirtschaftlichen Kultur.

So schreibt er am 23. Januar nach dem Tod von König George V: „... es gibt auch sehr viel zu lernen: für uns Deutsche, die wir in unserer Generation nur noch wenig davon wissen, was ein König für ein Volk bedeutet, für den Rechtshistoriker (was ich nie mit Profession, aber immer aus Liebhaberei war), der in den Zeremonien des Regierungsantritts die ineinandergeschobenen Entwicklungsschritte von vielen Jahrhunderten englischer oder gemeingermanischer Rechtsgeschichte erkennt, und überhaupt für jeden, der den Engländer verstehen will."

Während der Vorbereitung auf das Examen zum Abschluss seines Sprachkurses berichtet er über den Eindruck von Besuchen bei englischen Gerichtsverhandlungen: „Einmal war ich in den Law-Courts, und werde das noch öfter tun. Das englische Recht ist ja wohl neben dem englischen Weltreich die bedeutungsvollste Schöpfung dieses Volkes – wie bei den Römern – und die Gerichte sind bis heute seine eigentliche Pflegestätte. Darum ist es wichtiger als irgendwo auf dem Kontinent, den Richter am Werk zu sehen, der hoch über der Verhandlung thront, das ganze Spiel, sogar die Befragung der Zeugen, den Anwälten überlässt und nur selten mit Herrschergeste eingreift, danach aber recht persönlich und impulsiv, nicht kühl abstrakt wie im deutschen Gerichtsstil, sein Urteil fällt oder den Schöffen die Rechtsbelehrung erteilt. Das Schauspiel ist eindrucksvoll, und dass alle Beteiligten, Richter, Anwälte und Gerichtsschreiber zur Robe auch noch eine Perücke tragen (ich war überrascht, wie gut das einem Männerkopf steht), erhöht die Feierlichkeit. Aber es liegen doch schwere Schatten auf diesem Bild. Der berechtigte Stolz der Engländer auf ihr Recht kann nur schlecht die Tatsache verbergen, dass Recht und Rechtsverfahren hier mehr als irgendwo sonst ein vom Volk losgelöstes Sonderdasein in den Händen einer korporativ eng zusammengeschlossenen, zäh konservativen Juristengilde führen. Und das Verfahren ist haarsträubend teuer, das Armenrecht – jedenfalls außerhalb des Ehescheidungsrechts – so selten, dass das Prozessieren wirklich ein Privileg sehr reicher Leute ist – wie sehr viele schöne Dinge hier, der einfache Mann, der aus Gutmütigkeit Geld geliehen hat, der Kaufmann, der seinen Kunden Kredit eingeräumt hat, sind in Wahrheit machtlos, wenn ihre Schuldner nicht zahlen. Drum hüte man sich vor blinder Bewunderung."

In seinem schon erwähnten persönlichen Rückblick sagt er über diese Bekanntschaft mit dem britischen Rechtswesen: „In London vor allem habe ich eine ganze Anzahl von Menschen getroffen, die mittlerweile in der Ausbildung oder schon fertige Barrister waren und die mir halfen, mich in die eigentümliche Welt des englischen Rechts und Rechtslebens hineinzufinden. Ich habe in der Zeit auch viel bei englischen Gerichtsverhandlungen zugehört. Es war also in dieser Hinsicht für mich eine hochinteressante und für meine Ausbildung als Rechtsvergleicher höchst wichtige Zeit neben dem, was ich für die Versicherung gelernt habe".[27]

Daneben beunruhigte ihn die politische Entwicklung vor allem in Deutschland und ihre Auswirkungen auf die Beziehungen zu den Nachbarländern, besonders zu England. Mit der Einführung der allgemeinen Wehrpflicht im März 1935 hatte Deutschland sich bewusst über die Rüstungsbeschränkungen des Versailler Vertrages hinweggesetzt. Um ein Wettrüsten wie vor dem Ersten Weltkrieg zu verhindern, hatte England gehofft, mit dem deutsch-britischen Flottenabkommen vom Juni 1935 die expansive Rüstungspolitik der NS-Regierung einhegen zu können. Vater war gespalten in seiner Haltung: als Deutscher im Ausland fühlte er sich seinem Heimatland verbunden und es war ihm wichtig, wie Deutschland beurteilt wurde. Aber er sah zugleich die zunehmenden Spannungen, die sich aus der deutschen Politik ergaben. So schrieb er am 16. Februar 1936 aus London: „Sehr bedrückend ist der politische Horizont, wie er sich von hier aus darstellt. Die Kluft zwischen Deutschland und dem übrigen Europa sieht so hoffnungslos groß aus. Wir werden gehasst, oder verlacht, oder bemitleidet, aber nirgends verstanden."

Aber auch für die nachgiebige und unentschiedene Politik der britischen Regierung hatte er wenig Verständnis. Nach der deutschen Besetzung des Ruhrgebiets am 7. März schrieb er am 14. März: „Diesem Volk ist es auf seiner Insel zu gut gegangen, seit ihm Holländer und Spanier die Seeherrschaft nicht mehr streitig machen konnten und der Goldstrom aus Indien zu fließen angefangen hatte. Das hat sie verdorben. Nun sind sie nüchterne Geschäftsleute oder unbeschreiblich formlose, flache, oft süßlich sentimentale Idealisten. Dazwischen drin, wo das heiße Herz sitzen sollte, wo die Welt nicht glatt aufgeht, sondern die Gegensätze hart aufeinanderstoßen und das Bewusstsein lebt, dass jede Handlung mit Schuld erkauft werden muss – da selbst, da sind sie lauwarme Kompromissnaturen, die um des bisschen happiness willen die Augen zumachen. … Nach allem hätte ich Grund, lebendig und vergnügt zu sein. In Wahrheit war ich nervös und unsäglich bedrückt durch die politischen Ereignisse. Es war sehr angstvoll, und es ist noch kritisch genug. Zu einer Katastrophe wird es jetzt schwerlich mehr kommen, aber auch zu keiner Entspannung; so rennt der Karren auf einer schiefen Ebene weiter und Deutschland ist so einsam und umlauert wie noch nie. Das würgt in der Kehle. Persönlich habe ich übrigens nicht darunter zu leiden; die Menschen sind womöglich noch freundlicher, aber es ist selbst dem gutwilligen Engländer kaum möglich, uns zu verstehen, und es ist hart, ein Dutzend Mal ungläubigen Ohren predigen zu müssen, dass uns ein Krieg so verhasst und verhängnisvoll wäre wie nur irgendeinem Volk Europas."

Im Mai 1936 fasst Vater seine bis dahin gewonnenen Eindrücke im Blick auf Wirtschaft und Politik in England in einem längeren, auf Englisch geschriebenen Text zusammen.[28] Der erste Teil des Textes bietet eine interessante Beschreibung der englischen Form von Kapitalismus und der in England nach wie vor bestehenden Klassengesellschaft. Vater nahm in England die Mentalität von Geschäftemachern mit einer Neigung zur Spekulation und größerer Risikobereitschaft wahr, im Vergleich zur Betonung von wirtschaftlicher Organisation und Kalkulation auf dem Kontinent.

In politischer Hinsicht gewann er den Eindruck, dass England mit großer Selbstverständlichkeit von seiner Rolle als weltweiter Ordnungsmacht im Rahmen des britischen Weltreiches ausging. Allerdings war er erstaunt, dass das außenpolitische Interesse auf eine sehr kleine Gruppe von professionellen Politikern beschränkt blieb. Bei diesen beobachtete er einen „naiven Idealismus" hinsichtlich der Tragfähigkeit der Friedensordnung, die durch den Versailler Vertrag und die Gründung des Völkerbundes hergestellt wurde. „Sie sind wie reiche Leute, die vergessen, dass sie auch einmal um ihr Leben zu kämpfen hatten und nicht sehen, dass die Bewahrung ihres Wohlstandes unvermeidlich Armut für andere zur Folge hat. Sie weigern sich schlicht, die wahren Zustände in Europa nach dem Krieg zur Kenntnis zu nehmen. In ihrer Naivität meinen sie fälschlicherweise, mit dem Versailler Vertrag und dem Völkerbund seien bereits Gerechtigkeit und Frieden hergestellt, und übersehen dabei die Tatsache, dass andere die schwere Last für den Erhalt ihres glücklichen Lebens zu tragen hatten. Sie sehen in der westlichen Demokratie nach wie vor eine Garantie für Frieden und brandmarken ausländische ‚Diktaturen' als unvermeidliche Kriegstreiber. Dieser einseitige und selbstgefällige Idealismus kann zu einer ernsthaften Gefahr für Europa werden."[29]

Als er seine Sprachstudien abgeschlossen hatte, begann dann nach Ostern 1936 seine fünfmonatige Zeit als Volontär bei der Union Assurance Society. In einem Brief vom 6. April beschreibt er das neue Arbeitsumfeld: „Dies Office ist das neue Ereignis dieser Woche. Es ist keine der größten, aber eine der ältesten englischen Versicherungsgesellschaften: sie stammt aus 1714. Ihr Gebäude liegt hinter der Royal Exchange, gleich bei der Bank of England, also im innersten Herzen der City und für mich sehr bequem mit der Underground zu erreichen. Die Arbeitszeit ist sehr englisch: man fängt erst um ¾ 10 Uhr an, damit keiner um den Genuss seines breakfast komme, hat eine Stunde

Mittagspause, während deren man in der etwa 10 Minuten entfernt liegenden Gesellschaftskantine unentgeltlich einen Lunch verabreicht bekommt, und arbeitet bis 5 Uhr, wobei den älteren Herren zwischen 4 und ½ 5 Uhr ein Tee ans Pult serviert wird. Und jeden dritten Samstag hat jeder Angestellte ganz frei."

Er war freilich nur wenig befriedigt von seiner Arbeit in den verschiedenen Abteilungen des Unternehmens; in den meisten Fällen wussten die Verantwortlichen nur wenig mit ihm anzufangen, und er musste sich die für ihn wichtigen Aspekte selbst erschließen. So las er viel und nutzte die Zeit zu weiteren Erkundungen im Land. Seiner Mutter erzählte er im Brief zu ihrem Geburtstag von einer Wanderung nach Canterbury und dem Eindruck, den die mächtige Kathedrale bei ihm hinterlassen hatte. Vor allem aber schrieb er von seinem Vergnügen bei der Teilnahme an einem Derby, wo er auch auf ein Pferd gesetzt, aber den Einsatz verloren habe. Wichtiger war ihm das bewegte Bild des großen Volksfestes, an dem alle Bevölkerungskreise teilnehmen und sich von der Aufregung anstecken lassen konnten.

Sehr anschaulich beschrieb er in einem Brief vom 4. Mai an Renate die Atmosphäre in der Londoner City, in der auch das Büro seiner Versicherungsgesellschaft lag. „Es ist ein eigener Stil im Ganzen. Es ist eine reine Männerwelt; was an Stenotypistinnen und Sekretärinnen hereinwimmelt, zählt nicht, weil sie keine eigene, weibliche Rolle im Spiel haben. Aber die Männer sind dunkel und würdig. Vor dem Krieg war Zylinder Stil; heut sieht man ihn nur noch selten, er ist im Wesentlichen zum Attribut der Aufwärter und Kaffeeboten herabgesunken. Dann trug ‚man' den runden, steifen Hut, die Melone, aber auch das hat sich schon abgenützt: es ist das Attribut der oberen Angestellten und der Jungen mit Ehrgeiz. Direktoren und Aufsichtsräte, wie z.B. auch Rechtsanwälte, tragen jetzt einen ungeformten schwarzen weichen Filzhut, dazu möglichst keinen Mantel, aber immer Regenschirm und Handschuhe in der Hand. Es kann kein Zweifel sein, dass dies auch für den Rechtsanwalt Dr. jur. habil. und Adepten direktorialer Posten die angemessene Aufmachung wäre. Aber in der schwäbischen Tradition, bei dem formlosesten aller deutschen Stämme, machen Kleider Leute nicht respectable, sondern allenfalls umgekehrt lächerlich. Und so hab ich denn keines jener Kennzeichen höherer Bestimmung, sondern komme daher, wie mirs passt, und kann drum in dieser Rangordnung höchstens für einen junior clerk gelten. Was mich nicht im mindesten anficht."

Ende August und vor dem Abschied aus England blickte er auf die acht Monate, die er auf der Insel verbracht hatte zurück: „Trotzdem, so unvollständig sie sein mag, die Erfahrung Englands hat sich mir doch tief und merklich eingeprägt. Der Eindruck ist nicht leicht auf eine kurze Formel zu bringen, und er ist jedenfalls nicht nur positiv, aber er ist stark und er hat Entscheidendes beigetragen zu meinem Bild von Europa, und zuerst und zuletzt immer wieder natürlich auch zu dem Deutschlands. Verloren waren die Monate nicht an mir."

Nach seiner Rückkehr aus England begaben sich Vater und Mutter zunächst zu einem Besuch bei ihrem Vater in Schwerin. Es war eine offenbar sehr positive und für Vater ermutigende Begegnung. Sie betrachteten danach ihre Verlobung als endgültig akzeptiert und kauften sich Ringe als Zeichen der festen Verbindung. Dann fuhr Vater über Berlin nach Baden-Baden, um dort neben seinem Vater auch seinen väterlichen Mentor, Herrn Schäfer, zu treffen und mit ihm die nächsten Schritte zu besprechen. Danach ging es nach Stuttgart, wohin auch Mutter aus Freiburg kam zum ersten „offiziellen" Besuch bei der Schwiegerfamilie. Nach dem Besuch in Stuttgart wurden im September 1936 offizielle Verlobungsanzeigen gedruckt und verschickt.

Nach dem mit Herrn Schäfer besprochenen Plan sollte Vater wegen Schwierigkeiten mit dem Visum für Frankreich zunächst nach Genf gehen, um seine französischen Sprachkenntnisse aufzufrischen. Im Oktober 1936 begab er sich daher nach Genf, nicht ahnend, dass aus dem geplanten kurzen Aufenthalt fast drei Monate werden sollten. Obwohl ihm die Stadt nach seinem dort verbrachten Studiensemester vertraut war, willigte er nur ungern in diese Verzögerung des erhofften Aufenthalts in Frankreich ein. Sein erster Brief aus Genf vom 24. Oktober enthält kurze, vor allem kritische Bemerkungen über die Stadt und die Architektur des Völkerbund-Palastes. Er berichtet von seinem Besuch bei dem deutschen Professor der juristischen Fakultät (wo Vater 1924 selbst studiert hatte) und von der Empfehlung einer Französischlehrerin. Noch ahnte er nicht, dass er bis Ende Dezember in Genf bleiben würde.

Am 3. November schildert er seine Lebens- und Arbeitssituation in Genf: Er werde das Gefühl nicht los, „unnötig Zeit zu verbummeln, die anderwärts besser angewendet wäre. In der zweiten Wochenhälfte höre ich ein paar gute handelsrechtliche Vorlesungen an der Universität, diese Woche außerdem jeden Abend von 6-7h eine Gastvorlesung eines französischen Professors über Geld- und Preisfragen, 4 mal wöchentlich habe ich Sprachstunde, für die ich dann regelmäßig zur stilistischen Übung einen kleinen Aufsatz schreibe. Meine Pension ist angenehm, aber sprachlich unergiebig. Meine Lehrerin redet mir zu, als Pensionär zu einer Familie zu gehen, damit ich mehr zum Sprechen komme. Sie hat recht, aber ich mag nicht. Ich hoffe doch immer noch, bald wegzukommen, und will mich vorher nicht so sesshaft machen, und ich gebe nur bitter ungern meine Unabhängigkeit preis. Aber die Sache plagt mich."

Gleichzeitig war er genötigt, sich mit Fragen im Blick auf den Beginn seiner künftigen Arbeit bei der Magdeburger Versicherung, der Wohnungssuche und dem Hochzeitstermin zu befassen. Außerdem waren seine Gedanken bei Mutter, die tief getroffen war von dem unerwarteten Tod ihrer sehr geliebten „Mutter Bärbchen" im Juli 1936. Ihr Vater hatte Barbara von Bülow 1926 nach der Scheidung von Waltraud Lezius in zweiter Ehe geheiratet und blieb nun mit Mutters achtjährigem Halbbruder Peter allein zurück. In dieser Zeit der Trauer war Mutter außerdem mit der Vorbereitung ihrer medizinischen Doktorarbeit in Schwierigkeiten geraten. Ihr Chef, Professor Behringer, hatte ihr nahegelegt, eine gerade erst eingeführte Insulin-Therapie in ihrer Arbeit zu berücksichtigen. Sie sah sich damit überfordert und suchte Rat, wie sie sich verhalten solle. Vater schrieb ihr am 13. November: „Ich kann mich des Eindrucks nicht erwehren, dass dieser Vorschlag Behringers eine unfaire Ausbeutung bedeutet, bei allem Wohlwollen, das er für Dich haben mag. Als ein unruhiger Mensch, den das Neue interessiert, weil es neu ist, drängt er natürlich darauf, das Neue auch gleich untersuchen zu lassen, wenn ers jemandem aufhängen kann. Darin steckt keine vorsätzliche Bosheit, nur Rücksichtslosigkeit. Es sind meist gute Gelehrte, denen die Arbeit ihrer Schüler wichtiger ist, als die Frage, wie diese damit zur Promotion kommen. Da hilft nichts als eigensinniger Widerstand. Er ist bei Dir umso nötiger, als Deine Lage doch anders ist, als die der anderen Assistenten: diese wollen wissenschaftlich weiterkommen, und dafür ist die Arbeit selbstverständlich wichtig; Du willst nicht mehr als den Abschluss, die Bestätigung, dass Du von der Materie etwas verstehst und selbstständig denken kannst. Wenn man das übliche Niveau medizinischer Dissertationen betrachtet, so kann doch nicht zweifelhaft sein, dass Du hier weit überfordert wärest. Das wäre Behringer klarzumachen." Er riet ihr daher, die bisherigen Ergebnisse zusammenzustellen und Behringer vorzulegen; wenn er sie nicht akzeptiere, dann solle sie den Doktortitel fahren lassen.

Zwei Wochen später, und nachdem Mutter in der Tat ihren Plan der Doktorarbeit aufgegeben hatte, schrieb er am 30. November: „Lass Dir noch einmal sagen, dass ich Deine nächsten Pläne jetzt nicht bloß verstehe, sondern mit einer unerwarteten Freude begrüße, mitten in dem Schmerz darüber, dass Du verzichten musst. ... Endlich glaube nicht, dass mein Respekt vor Deiner Arbeit geringer sei, weil Du die praktische Stationsarbeit dem Schreiben vorziehst, wenn Dich die Not zwingt, auf eines von beiden zu verzichten. ... Umso natürlicher erscheint mirs, dass Dich, als Frau, die Kranken immer noch wesentlicher angehen als die Theorie über die Krankheiten."

In der Zwischenzeit waren die erfolglosen Bemühungen um das französische Visum weitergegangen. Die französischen Behörden hatten sich nur zu einem achttägigen Besuchervisum bereiterklärt. Damit waren alle Planungen über den Haufen geworfen. Herr Schäfer schlug deshalb als Alternative vor, die restlichen Monate bei einer Versicherungsgesellschaft in Italien zu verbringen. Am 8. Dezember schrieb Vater, noch immer aus Genf: „Ich habe einen Entschluss gefasst, der mir sehr schwergefallen ist. Herr Schäfer wollte, im Anschluss an jenes unverschämte Angebot der Franzosen eines 8-tägigen Visums, nun von mir eine klare Vorstellung haben, was ich im nächsten Vierteljahr anfangen wolle, da er Paris jetzt, wohl mit Recht, für aussichtslos hält. Ich habe darauf noch eine Weile mit mir gekämpft, und dann am Sonntag ein Ende gemacht und geschrieben, Italien sei zwar sehr viel interessanter, aber ich sei doch dafür, im französischen Sprachgebiet, im Zweifel also hier in Genf zu bleiben. Ich bin mit meinem Französischen nicht zufrieden und kann mit gutem Gewissen nicht behaupten, dass ich es so beherrsche, wie ich es eigentlich soll."

In die Frustration über den scheinbar aussichtslosen Plan des Aufenthalts in Frankreich und in die Anteilnahme am Scheitern von Mutters Promotionsplänen mischte sich nun wieder das Gefühl einer allgemeinen Ungewissheit über ihre gemeinsame Zukunft. Aber Vater wehrte sich dagegen und schrieb wenige Tage später am 11. Dezember: „Und vor allem von dieser Furcht vor dem Unbestimmten müssen wir uns frei machen. Siehst Du, es lauert für uns genug auf dem Weg. Keiner weiß, ob und wie lang wir um den nächsten Krieg herumkommen; ab und zu sieht es recht bös aus. Oder ich weiß nicht, ob man nicht bald einmal die Versicherungsunternehmen in Deutschland verstaatlicht und ich mir einen neuen Beruf suchen muss. Und so weiter; an Beispielen für Gefahren mangelt es wirklich nicht. Wollte ich die Furcht vor ihnen groß werden lassen, so wäre vor allem anderen nicht zu verantworten, dass ich bald heirate. Aber die Furcht tötet das Leben; unsere Generation kann nur existieren, wenn sie sie drunten hält. Das ist vielleicht mehr Leichtsinn als wirklicher Mut, aber doch auch ein gesunder Lebenswille und ein richtiges Vertrauen auf Gott, der es besser weiß als wir." Es ist das erste Mal, dass er so ausdrücklich vom Vertrauen auf Gott spricht und damit eine grundlegende Haltung zu erkennen gibt, die in den folgenden Jahren immer stärker zum Ausdruck kommt. Er fügt dann im selben Brief hinzu, dass Herr Schäfer der Meinung sei,

„ich solle doch von dem 8-tägigen Visum Gebrauch machen, das mir die Franzosen geben wollen, und sehen, ob ich selbst an Ort und Stelle etwas erreiche. Gelingt es nicht, in Paris zu bleiben, so meint auch er, ich solle lieber auf Italien verzichten und in der franz. Schweiz bleiben, ob in Genf oder in Neuchâtel bei einer schweizerischen Versicherungsgesellschaft, will er sich noch einmal überlegen."

Damit war der Abbruch des Genfer Aufenthalts beschlossen. Vater begab sich zunächst noch einmal nach Berlin, um seinen Pass in Ordnung zu bringen und sich das Visum abzuholen. Die Weihnachtstage verbrachte er bei seinen Eltern in Stuttgart. Inzwischen hatte er auch von Herrn Schäfer die Nachricht erhalten, dass er in Magdeburg nicht als Prokurist, sondern gleich als stellvertretender Direktor mit entsprechend höheren Bezügen angestellt werden solle. Nun konnte auch ein Datum für den Hochzeitstermin zwischen dem 15. März und 1. April ins Auge gefasst werden.

Anfang Januar 1937 begab Vater sich dann nach Paris mit seinem kurzen Besuchervisum. Nach mühsamen und zunächst ergebnislosen Verhandlungen mit den entsprechenden Stellen gelang es ihm schließlich Anfang Februar, auch ohne ausdrückliches Visum eine Aufenthalts- und Arbeitsbewilligung bis Mitte März zu erhalten. So konnte er als von der Schweizerischen Rückversicherung ausgeliehener Volontär für die kurze verbleibende Zeit seine Arbeit bei der „Aigle et Soleil" Feuerversicherung beginnen. Er beschreibt die Arbeit dort so: „Die behagliche Bummeligkeit der Engländer gibt's hier nicht; man arbeitet etwas umständlich und kleinlich, aber sehr fleißig und unter strenger Kontrolle."

Die Zeit in Paris hat er vom ersten Moment an sehr genossen. Nach einem ersten Rundgang durch die Stadt schrieb er am 5. Januar: „Der Eindruck ist gewaltig. Städtebaulich gibt es eine solche Fülle vorzüglicher Straßenzüge, Durchblicke und Plätze, dass ich aus dem Entzücken nicht herauskomme. Dazu die Paläste, außer dem großen der Könige und Kaiser namentlich auch viele Adelshäuser im alten Paris, denen ich heute Nachmittag mit Eifer nachgelaufen bin, das Beste allemal aus dem

17. Jahrhundert. Und die engen Gassen des alten Paris, voll Menschen und lautem, schnellen Verkehr, mit alten, entsetzlich ungepflegten grauen Häusern, die doch nicht so düster wirken wie in Genf oder den steinernen italienischen Städten, sondern mit ihren lebhaften Dächern und den vielen Eisengittern vor den Fenstern immer noch ganz munter dreinschauen. Nirgends würgt einen hier die Trostlosigkeit der riesigen Stadt so wie oft in London; hier ist überall noch Leben und Form. Auch der Fluss mit seinen vielen Brücken wirkt lebhafter als die Themse. Und vor allem lebt man halt gesellig auf der Straße, redet, schreit, gebärdet sich menschlich ohne Maske. Kurz, so schwer mir London lang gefallen ist, so leicht fällt mir Paris vom ersten Augenblick an."

Und eine Woche später schrieb er am 11. Januar: „Ich habe heute meine Nase in die juristische Luft des Palais de Justice gesteckt, wo man Advokaten und hochgeschminkte Frauen im Talar und Bäffchen, Christen und sehr viele Juden sieht, und wo das ganze Gehabe vor Gericht und in den Gängen doch wieder sehr kontinental anmutet nach dem fremdartigen Eindruck der Law Courts. Nun will ich dieser Tage auch zur Universität gehen und in der Ecole de Droit ein paar Kollegs schinden bei Niboget, oder bei Rigert, oder bei so vielen anderen, die ich längst einmal in Fleisch und Blut und nicht bloß in bedrucktem Papier sehen möchte." Im gleichen Brief finden sich sehr detaillierte und kritische Bemerkungen über die Architektur von Versailles. Vater gesteht, dass ihm die Barockarchitekten in Deutschland und Österreich näher seien als die französischen Baumeister. Begeistert ist er dagegen von den Gartenanlagen in Versailles.

In diese Wochen in Paris fielen dann auch die letzten Vorbereitungen für die Hochzeit und die Gestaltung der künftigen gemeinsamen Wohnung in Magdeburg. Mutter hatte nach dem Abbruch ihrer Assistententätigkeit in Freiburg zunächst einige Zeit bei den Eltern Raiser in Stuttgart zugebracht. Sie hatte sich dann um die Einrichtung der Wohnung in Magdeburg gekümmert, für die ihr Vater einige schöne Möbel als Aussteuer erstanden hatte. Inzwischen war sie nach Schwerin gekommen, wo es Schwierigkeiten gab es bei der Bestellung des Aufgebots, da die zuständige Zivilstandskommission verlangte, dass ein Aufgebot an allen Orten, an denen Vater in den vergangenen sechs Monaten gelebt hatte, veröffentlicht werden müsse, oder dass ausdrückliche Unbedenklichkeitsnachweise der betreffenden Konsulate vorgelegt werden sollten. Schließlich gelang es Mutter, eine Befreiung von der Veröffentlichung des Aufgebots in London, Genf und Paris zu erreichen und damit die Blockade aufzulösen.

Vater seinerseits meldete sich noch einmal aus Paris mit Überlegungen zu einem biblischen Trauspruch. „Nichts gerade bloß auf die Ehe Bezügliches. Darin bin ich nun durchaus mit Dir einig. Ebenso mit dem Wunsch, nicht so sehr von Tröstung und Verheißung als von Forderung und Aufgabe zu hören. Ich wäre also mit ‚Trachtet am ersten (nach dem Reich Gottes) …‘ einverstanden. Ich habe auch einen Gegenvorschlag: eines der Worte, die vom Wachsein reden, also etwa Matth. 24,42 oder 25,13, oder (sprachlich noch kräftiger) 24,44. Was mir dabei wichtig wäre für unsere Situation, ist nicht so sehr die Verheißung der Wiederkehr Christi als eines künftigen Ereignisses, sondern der Gedanke der Gegenwart Gottes in dem, was wir tun und was uns begegnet. Dafür bereit und wachzubleiben, auch ‚wo wirs nicht meinen‘, aus Religion keine Routine zu machen, das Heilige nicht vom Weltlichen zu trennen, dass es auf den rituellen Gottesdienst beschränkt wird, während doch, wie es Lukas 17,20/1 heißt, das Reich Gottes ‚inwendig in uns ist‘ – das ließe ich uns gern gesagt werden!"

Die beiden trafen sich dann Mitte März in Magdeburg, um die inzwischen von Mutter vorläufig eingerichtete Wohnung in Augenschein zu nehmen. Anschließend fuhr Vater noch einmal nach Stuttgart für letzte Vorbereitungen der Hochzeit. Am 30. März 1937 wurden die Eltern in Schwerin von Mutters Vater getraut und feierten im großen Schweriner Pfarrhaus am Dom ein sehr schönes und gelungenes Fest mit ihren Eltern, Geschwistern und engen Freunden und Freundinnen. Das von Mutters Schwester Gabriele „ausgerichtete" Fest geriet freilich durch einen unerwarteten Wasserrohrbruch kurzeitig in Probleme, die jedoch bewältigt werden konnten. Auf eine Hochzeitsreise mussten sie verzichten, denn Vater wurde schon am 1. April bei seiner künftigen Arbeitsstelle als stellvertretendes Vorstandsmitglied und Direktor der Magdeburger Rückversicherungsgesellschaft, einer Tochter der älteren Magdeburger Feuerversicherung, erwartet. Außerdem waren ihre finanziellen Möglichkeiten sehr begrenzt, da Vater während seiner Volontariatszeit nur gerade seinen Lebensunterhalt hatte decken können und darüber hinaus keine Einkünfte oder Rücklagen hatte.

So richteten sie sich gleich nach der Hochzeit in ihrer Wohnung in der Brunnerstraße in Magdeburg-Sudenburg häuslich ein. Es war eine geräumige und großzügige Wohnung in einem Zweifamilienhaus, das sie mit mehreren aufeinanderfolgenden Familien teilten. Das Haus gehörte zu einer Gruppe von Häusern an einer Stichstraße und lag in einem überschaubaren Garten. Mutters Vater hatte sich sehr bemüht, ihr eine angemessene Aussteuer mitzugeben; vor allem hatte er mit großer Hingabe nach schönen alten Möbeln für eine „standesgemäße" Einrichtung gesucht. Diese alten Möbel sind trotz der Kriegs- und Nachkriegswirren erhalten geblieben und werden noch heute in unseren Wohnungen im Andenken an die Eltern in Ehren gehalten. Vaters Beitrag zur Einrichtung der Wohnung blieb beschränkt auf die Gestaltung seines Arbeitszimmers; ich sitze bis heute an seinem damals ausgewählten Schreibtisch.

Die Jahre in Magdeburg 1937-43

Sechs Jahre lebten die Eltern in Magdeburg, bedingt durch Vaters Arbeit bei der Magdeburger Versicherungsgesellschaft. Es waren ihre ersten Ehejahre und wir drei Kinder sind alle in Magdeburg geboren. Es hätten gute Jahre werden können: Vater hatte eine gesicherte und anspruchsvolle Stellung, ein repräsentatives Büro am Breiten Weg, der Hauptstraße im alten Magdeburg, mit von mir bestaunten tiefen Ledersesseln. Die erste Zeit bis zum Kriegsausbruch war noch verhältnismäßig ruhig und politisch völlig unbehelligt. Vaters berufliche Aufgabe konzentrierte sich zunächst auf das Auslandsgeschäft der Rückversicherung und auf die Beratung des Generaldirektors Franz Schäfer in allen Konzernfragen. Im Januar 1938 wurde er außerdem zum stellvertretenden Vorstandsmitglied und Direktor der Magdeburger Feuerversicherungsgesellschaft ernannt. Bis zum Kriegsausbruch hatte er einige Geschäftsreisen zu unternehmen, z.B. nach England und Frankreich, wo er alte Kollegen aus der Berliner Studienzeit wiedertraf. Aber im Wesentlichen war er in Magdeburg, im Gegensatz zu den späteren Jahren mit den ständigen Reisen.

Mutter konnte sich dagegen nur schwer an das Leben in Magdeburg gewöhnen. Ihr fehlten entweder die Berge, die sie in Tübingen, Innsbruck und Freiburg liebgewonnen hatte, oder der hohe Himmel über der Ostseeküste in Mecklenburg. Die Eltern fanden kaum Freunde in Magdeburg; umso mehr genossen sie die gelegentlichen Besuche von Mitgliedern der Familie. Zu Anfang besaßen sie auch ein kleines Auto, mit dem sie Ausflüge, z.B. in den Harz, machen konnten. Als nach Kriegsbeginn die Nutzung des Autos immer schwieriger wurde, kauften sie zwei Fahrräder und unternahmen damit an Wochenenden oft längere Fahrten entlang dem Elbdeich oder ins Land. Vater war auch glücklich über die Gelegenheiten zu längeren Fußmärschen. Sehr wichtig waren für sie die gemeinsamen Ferienaufenthalte, meist in den Bergen, z.B. mit der Familie von Vaters Bruder Rolf in Gerlos im Zillertal, oder in Gargellen in Vorarlberg; später dann im Krieg folgten Ferien im Schwarzwald oder im Riesengebirge. Zu Hause versuchten sie, allein oder mit Freunden, die Tradition der Hausmusik in der Raiser'schen Familie fortzuführen, Mutter mit der Geige und Vater mit dem Cello. Zur Erweiterung der Möglichkeiten wurde im November 1940 ein (gebrauchter) Flügel erstanden, der bis heute in der Familie in Ehren gehalten wird.

Im Vorfeld der sich abzeichnenden Kriegsvorbereitungen wurde Vater im April 1938 zu einer vierwöchigen Reservistenübung der 1. Kompanie eingezogen. Sie fand in Braunschweig statt, wohin er mit 30 anderen Reservisten beordert wurde. Dazu kamen einige Aktive, d.h. auch Rekruten, darunter ein Fahnenjunker aus Pommern. Die anderen auf seiner Stube mit acht Burschen kamen meist aus dem Hannoverschen. Die übrigen Reservisten-Kameraden stammten aus Magdeburg. Vater schrieb über den Reservistendienst: „Über schlechte Behandlung (von den Unteroffizieren oder Feldwebeln) können wir nicht klagen; man nimmt bisher einige Rücksicht auf uns. Aber der ganze Ton, der vom Chef (einem Major Hoppe) herkommt, gefällt mir nicht, und das System unserer Ausbildung ist nicht ganz einleuchtend. Gedrillt wird nicht mehr, sondern vorausgesetzt, dass das von der letzten Ausbildung [im Jahr 1924!] her klappt." Die Felddienstübungen geschahen meist mit der aktiven Kompanie zusammen; d.h. Aufstehen um 4.30h und Rückkehr gegen Mittag. Das war immer noch besser als bloßer Kasernendienst. Aber er hatte Sorge wegen seiner empfindlichen Füße bei fehlender Zeit zum Einlaufen der Stiefel. – Abgesehen von seinem Freiwilligendienst in Ludwigsburg 1924 blieb diese Reservistenübung sein einziger aktiver Kontakt mit dem Militär bis zu seiner späteren militärischen Vorbereitung auf die Arbeit als Militärverwaltungsoberrat in Spandau im Jahr 1943.

Im Lauf des Jahres 1938 kam dann mit dem Anschluss von Deutschösterreich eine neue Aufgabe hinzu. Die Magdeburger Feuer hatte in Wien eine Tochtergesellschaft, die Allgemeine Donau-Versicherungs-Aktiengesellschaft. Ihr Geschäftsbereich mit Zweigniederlassungen oder Tochtergesellschaften erstreckte sich auf das ganze Gebiet der alten Habsburger Monarchie. Die „Donau" war allerdings in einem desolaten Zustand und musste dringend saniert werden. So wurde Vater zum Verbindungsmann zwischen Magdeburg und Wien bestimmt mit der Aufgabe, die Sanierung der Donau-Gesellschaft voranzutreiben. Er trat also am 1.8.1938 in den Vorstand der Donau-Gesellschaft ein und lernte in den folgenden Jahren, wie man eine Gesellschaft saniert.

Die neue Verantwortung in Wien brachte es mit sich, dass Vater sehr häufig nach Wien und in die Balkanländer reisen musste, zeitweise jeden Monat für mehrere Tage. Hinzu kamen weitere Reisen nach London und Paris für die Belange der Magdeburger Versicherung. Mutter war sehr unglücklich über die ständige Abwesenheit von Vater und hat sich oft bitter darüber beklagt. Sie suchte sich eine Entlastung zu verschaffen, z.B. durch wiederholte Besuche bei den Großeltern Raiser in Stuttgart, wo sie sich geborgen fühlte. In einem Brief aus Magdeburg vom 5. Juli 1938, der sich auf eine erste gemeinsame Reise nach Wien mit dem Auto bezieht, schrieb Vater: „Ich will tun, was ich kann, … um nun an Dir wieder gut zu machen, was ich Dir wissentlich oder unwissentlich zu Leid getan habe. Du hast meine Unachtsamkeit zu Recht gescholten und Deine Tränen sind eine bitter harte Strafe für mich. Aber Du hast zu Unrecht auch die ganze Zukunft nur grau und verzweifelt gesehen. So zerrissen wie dieses Jahr braucht unser Leben nicht immer zu sein. Und wir werden lernen, uns und die Dinge besser zu regieren. Es ist eine Kunst für einen Mann, die Leidenschaft für eine einmal als Aufgabe ergriffene Arbeit mit der Leidenschaft für eine geliebte Frau so zu vereinigen, das er beiden gerecht wird, und es ist eine Kunst für eine Frau, das Nebeneinander im geliebten Mann als notwendig anzuerkennen. Wir sind beide noch keine Künstler. Aber wenn wir innig zusammenhalten und fein aufeinander horchen, müssten wirs werden können. Es gibt sicher keine Formel dafür, aber doch einen Weg dorthin. Lass uns wollen!"

Um die unvermeidliche Belastung für Mutter etwas zu reduzieren und ihr einen eigenen Eindruck von Wien und den Menschen, mit denen er dort zu tun hatte, zu verschaffen, mietete er im Januar 1939 eine kleine Wohnung in Wien und sie verbrachten dort zwei Monate zusammen. Im Verlauf des Sommers 1939 begann sich die finanzielle Situation der Donau Versicherung zu stabilisieren; dafür hatte er nun mit dem personellen und organisatorischen Wirrwarr bei der Donau zu kämpfen und musste zeitweise den unzuverlässigen Generaldirektor ersetzen. Die Schwierigkeiten der Verständigung mit den Partnern und auch den Behörden in Österreich blieben während der ganzen Zeit seiner Tätigkeit in Magdeburg bestehen. Für die Aufgabe der Sanierung der Gesellschaft mussten zunächst transparente und realistische Bilanzen erstellt werden; die Bilanz für das Jahr 1938 konnte nach vielen Mühen erst 1940 abgeschlossen werden.

In seinem Rückblick auf „Fünfzig Jahre Juristenleben" schreibt er: „Das Versicherungsrecht, aber auch das Handels- und Gesellschaftsrecht erlebte ich in Aktion; Buchführung und Bilanzierung, Umstellung und Sanierung, Hauptversammlung und Aufsichtsrat waren nicht bloß Begriffe und Normenkomplexe, sondern Realitäten mit vielen wirtschaftlichen und menschlichen Problemen."[30] Er war auf diese Weise auch zu Geschäftsreisen im ganzen alten habsburgischen Bereich veranlasst. „Wir hatten Niederlassungen in Prag und in Budapest, Tochtergesellschaften in Warschau, Zagreb und Temeswar, und die alle hatte ich aufzusuchen und mit ihnen zu verhandeln, und ich habe auf diese Weise etwas über den Südosten und die Nachwirkung des Habsburger Reiches im Südosten gelernt, was ich sonst nie in meinem Leben erfahren hätte."[31]

Er fügt in diesem Rückblick hinzu: „Davon abgesehen war die Zeit auch deswegen interessant, zugleich freilich auch schwierig, weil mein Wiener Generaldirektor [Sittenberger], mit dem ich mich auch zu stellen hatte, ein leidenschaftlicher Nazi war, und ich zwischen einem ungemein norddeutschen Generaldirektor in Magdeburg und einem ungemein wienerischen Generaldirektor in Wien zu vermitteln hatte. Ich habe dabei freilich auch gelernt, dass Nationalsozialismus in Österreich in vieler Hinsicht etwas anderes bedeutete als in Deutschland, genauso wie der Austromarxismus etwas anders war als der Marxismus bei uns. Es war eine stark nationale oder nationalistische Bewegung, die bestimmt war durch das unglückliche Schicksal von Deutschösterreich, zunächst in dem Vielvölkerstaat und dann, nach dem Verlust der übrigen Teile des Habsburger Reiches, durch das unglückliche Restschicksal von Österreich, das wesentlich zu dieser Art von Radikalisierung beigetragen hat. Jedenfalls habe ich einmal zwei Monate lang in Wien gelebt mit meiner Familie, meiner Frau und unserem kleinen Bübchen; Konrad hat auf der Terrasse des Belvedere laufen gelernt."[32]

Seine Reisen wurden natürlich überschattet von den zunehmenden politischen Spannungen und der heraufziehenden Kriegsgefahr. Nach dem Münchner Abkommen vom 29./30. September 1938 zur Beendigung der Sudetenkrise schrieb er an Mutter am 21. Oktober aus Paris: „Die Erleichterung über den vermiedenen Krieg ist hier groß (wennschon die Mobilisation vorzüglich funktioniert zu haben scheint), aber das alte Misstrauen gegen Deutschland ist um nichts kleiner geworden; man hält Ausschau nach der nächsten Gelegenheit, wo der Krieg unvermeidlich werde, um unsere ‚Hegemonie' in Europa zu brechen."

Noch am 14. August 1939, zweieinhalb Wochen vor dem Beginn des Zweiten Weltkriegs mit dem Überfall auf Polen, suchte er in einem Brief aus Wien Mutter zu beruhigen in ihrer Sorge um Kriegsgerüchte. Er hielt einen Krieg nicht für wahrscheinlich; es hänge „weitgehend vom unzurechnungsfähigen Verhalten der Polen" ab. Aber in Wien bereitete er sich doch auf den „Ernstfall" vor, wenn auch bedrückten oder wenigstens „geteilten" Herzens. Und am 26. August fügte er hinzu: „Die Polen habe ich seit 1918 gehasst; der Krieg gegen sie ist, wenn unvermeidlich, auch ‚in Ordnung'. Aber es bleibt fürchterlich zu denken, was dabei sonst in Trümmer gehen kann." Selten hat er sich zu so emotionalen Äußerungen über potentielle Gegner Deutschlands hinreißen lassen. Der Grund für seinen „Hass" gegenüber den Polen liegt wahrscheinlich in ihrem provozierenden Verhalten nach dem Ende des

Ersten Weltkriegs und im Zusammenhang mit der Friedenskonferenz in Versailles.

Nach dem Beginn des Krieges, erst in Polen und dann im Westen, vor allem in Frankreich, wurden die Reisen beschwerlicher und Vater sah mit eigenen Augen die Folgen des deutschen Angriffs und der nachfolgenden Besetzung, vor allem bei einer Reise nach Paris im November 1940 oder nach Warschau im August 1941. Schon während des deutschen Vormarsches in Frankreich schreibt er in Erinnerung an seinen früheren Aufenthalt in Paris am 7. Juni 1940 an seine Mutter: „Welch ein Verhängnis, dass wir wieder Krieg führen, zerstören, Elend und Jammer vor uns hertragen müssen. Es ist keine Zeit, weichlich zu klagen, und ich will meiner eigenen, lange genug schändlich behandelten Nation nicht schlechter dienen als andere. Aber auch wenn wir siegen, und gerade dann, wünschte ich, es gäbe genug Männer in Deutschland, die das majestätische Chartre lieben, das stolze Reims, oder das vieltürmige Lyon droben auf seinem Berg!"

Von den Auswirkungen des Krieges wurde Vater auch in Magdeburg betroffen; zunächst durch den Umstand, dass immer mehr seiner Mitarbeiter zum Militär eingezogen wurden, mit der Folge, dass seine Arbeitsbelastung zunahm. Er selbst war auf Antrag seiner Gesellschaft wegen der Sanierungsaufgabe in Wien zunächst UK (d.h. unabkömmlich für den Militärdienst) gestellt worden. Im März 1940 bedeutete ihm der verantwortliche Hauptmann im Wehrkreiskommando Magdeburg, dass er jedenfalls „in den nächsten Wochen" keinesfalls mit einer Einberufung zu rechnen habe. Aber die mögliche Einberufung zum Militärdienst schwebte als Drohung über den ganzen Jahren in Magdeburg.

Auch aus anderen Gründen war Vater genötigt, über seine Zukunft in Magdeburg nachzudenken. So verdichteten sich die Anzeichen, dass er als Nachfolger seines bisherigen Chefs, Dr. Wilhelm Brandt, als Vorstandsvorsitzender der Magdeburger Versicherung ausersehen sei. In Wien wurde er wenigstens indirekt von dem Vorstandsvorsitzenden der „Donau", Sittenberger, darauf angesprochen. Er schrieb am 31.

März 1940 an Mutter aus Wien über die Schwierigkeiten der Zusammenarbeit mit Sittenberger: „Übrigens fängt er nun auch an, mich zu drängen, ich müsse endlich in die Partei gehen. Sein Hauptargument ist, dass ich mir sonst die Sukzession in Magdeburg unmöglich mache, an der ihm in meinem und in seinem Interesse sehr gelegen sei. Ich bin noch nicht zu Wort gekommen, habe mir bloß den Vorwurf eines unverbesserlichen Dickschädels zugezogen, als ich ihm sagte, ich sei mir über diese mögliche Konsequenz meiner Haltung völlig klar. Magdeburg vaut-elle une messe? Non!" (Anspielung auf die Frage des ursprünglich calvinistischen Heinrich von Navarra vor seiner Konversion und Krönung zum französischen König Henri IV.) Er war jedenfalls nicht bereit, für eine mögliche Leitungsaufgabe in Magdeburg politische Zugeständnisse zu machen.

In der gleichen Zeit gab es erste Anzeichen dafür, dass sich die Haltung der Kultusverwaltung gegenüber seiner Berufung auf eine akademische Lehrposition änderte. So schrieb er am 1. August 1940 aus Magdeburg an Mutter: „Heut kam ein Brief vom Kultusministerium, das wissen will, ob ich ‚grundsätzlich geneigt sein würde, einem Ruf auf einen rechtswissenschaftlichen Lehrstuhl näher zu treten'. Nun kann ich wieder einen Antwortbrief drechseln." Auf die dann später tatsächlich folgende Berufung an die Universität Straßburg wird der nächste Abschnitt ausführlicher eingehen.

Mit Äußerungen zum Krieg und seinen Folgen auch für das Leben zu Hause, d.h. Kohlenmangel für die Heizung und zunehmendem Mangel an Grundnahrungsmitteln wie Kartoffeln, war Vater natürlich zurückhaltend in seinen Briefen. Am 12. Mai 1940 schrieb er an seine Mutter: „Sonst aber geht es uns recht gut – noch gut, wird man sagen müssen nach der Wendung, die der Krieg genommen hat. Denn wer weiß, was nun vor der Tür steht: Einberufung, Fliegerangriffe in der Heimat, ganz zu schweigen von der großen Entscheidung, die unsere Führung mit dieser Offensive [dem am 10. Mai 1940 eingeleiteten Westfeldzug, vor allem gegen Frankreich] zu erzwingen sucht. Acht Monate Krieg haben uns in vieler Hinsicht schon abgebrüht, freilich mit den bisherigen raschen Erfolgen in Polen und Norwegen das Volk auch verwöhnt. Gebe der Himmel, dass wir uns nun nicht festbeißen wie 1914!"

Bei einer Reise, die ursprünglich über den Balkan und Griechenland bis nach Istanbul führen sollte, dann aber aufgrund der zeitbedingten Schwierigkeiten hinsichtlich Transport, Unterbringung und Ernährung in Griechenland endete, erlebte er hautnah die Auswirkungen der deutschen Besetzung für die einheimische Bevölkerung. Am 11. Dezember 1941 schrieb er an Mutter aus Athen und klagte zunächst über die Kälte; man komme aus dem Mantel gar nicht heraus. Er schrieb weiter: „Die Hinreise verlief im Wesentlichen programmmäßig und war interessant und nicht besonders anstrengend. Die Lebensbedingungen hier sind recht traurig; es gibt bei unerschwinglichen Preisen selbst in den ersten Restaurants kaum was zu essen. Der Zustand der Bevölkerung ist entsprechend grausig; ich helfe mir die paar Tage eben recht und schlecht durch und sehne mich heim zu Deinen Fleischtöpfen. Aber es ist ein jammervoller Anblick. Saloniki und der Flug hierher waren interessant; der Eindruck der Akropolis hier ist schlechthin überwältigend. Sie übertrifft – im Gegensatz etwa zu den Überresten Roms – wirklich alle Erwartungen. Leider ist sonst in der Stadt nicht mehr viel Altes übrig." Die Rückreise wurde dann zu einem Problem. Er hatte zwar einen Flug gebucht, der aber nicht registriert worden war. Zugplätze waren kaum zu bekommen. Nach einer mühseligen Lauferei zwischen zivilen und militärischen Stellen konnte er schließlich einen Platz in einem Militärzug ergattern. „Er braucht freilich allein 24 Stunden bis Saloniki und dann nochmals mindestens 48 Stunden bis Wien – aber er bringt mich doch heim." Auf Sofia und Istanbul musste er verzichten, wenn er Weihnachten zu Hause sein wollte.

Über Sinn und Unsinn dieses Krieges und seine Einschätzung der politischen und militärischen Führung schwieg Vater lieber in seinen Briefen. Je länger der Krieg dauerte, desto klarer sah er das Verhängnis, in das dieser Krieg das eigene Volk stürzen werde, vor allem nach dem Feldzug im Osten. Im Spätherbst 1942, als sich die Wendung des

Krieges bereits abzuzeichnen begann, schrieb er an seine Eltern: „Wir sind doch nicht nur Herde, sondern haben jeder einen eigenen Auftrag, den Boden unter den Füßen zu behaupten und dem Furchtbaren unerschrocken ins Gesicht zu sehen. Die nächsten Monate können uns schutzlos noch Schlimmerem aussetzen als Fliegernächten." Und gegenüber der unablässigen Sorge seines Vaters um die Erhaltung von Hab und Gut schreibt er: „Ich bin bestrebt, in der tätigen Erfüllung der Forderungen des Tages – glücklich der, der solche Pflichten hat! – das Brüten zu vermeiden. Damit sind wir freilich nicht der Aufgabe enthoben, über den Tag hinaus zu denken und die Abgründe zu ermessen, über denen wir taumeln. Das feste Land am anderen Ufer ist noch völlig im Dunkel. Nur dies ist deutlich: Hab und Gut hinüberzuretten wäre zu wenig; selbst das nackte Leben zu retten genügt nicht, wenn es zum Objekt der russisch-amerikanischen Sklaverei gepresst würde. Ob jeder einzelne von uns die Kraft haben wird, danach zu handeln? Um solche Kraft ringe ich mit meinem Ich."

Vater war, wie die meisten Menschen aus den bürgerlichen Schichten, ein Patriot, und trotz seines Widerwillens gegen das NS-Regime sah er sich immer stärker herausgefordert, sich für die Rettung des Vaterlandes einzusetzen. Sein Bruder Dieter und seine beiden Schwäger waren als Soldaten in das Kriegsgeschehen eingebunden und er empfand seine Schreibtischarbeit je länger desto mehr als ungenügenden Beitrag zur Abwendung des Verhängnisses, das dem Volk drohte. So trug er sich immer wieder mit dem Gedanken, sich zum Militärdienst zu melden, vor allem aufgrund einer gefühlten Verpflichtung zur Solidarität mit seinen Altersgenossen, die meist gegen ihren Willen in diesen Krieg hineingezogen worden waren. Was ihn von der Umsetzung dieser gefühlten Verpflichtung zurückhielt, war einerseits die wachsende Verantwortung, die ihm in seiner Arbeit für die Magdeburger Versicherung zugewachsen war, und dann die Sorge um seine Familie.

Trotz seiner Arbeitsbelastung und seiner häufigen Abwesenheit durch Reisen war er das unersetzliche, stabilisierende Element in seiner kleinen Familie. Mutter war nicht sehr belastungsfähig und litt unter dem ungünstigen Klima von Magdeburg mit ständigen Erkältungen und Krankheiten der Kinder und den wachsenden Problemen bei der Ernährung der Familie. Hinzu kamen Komplikationen bei der Schwangerschaft in Erwartung des zweiten Kindes, Christine, die am 21. Januar 1941 glücklich zur Welt kam. Eine große Hilfe war die tat kräftige Unterstützung durch die Großeltern, vor allem die Großmutter in Stuttgart, wo die Ernährungssituation weniger kritisch war und sich Mutter und wir Kinder immer wieder erholen konnten, vor allem von den zunehmenden Luftangriffen auf Magdeburg. Vater hat sich bemüht, in den Briefen an seine Eltern und in seiner Präsenz zu Hause auf alles Klagen zu verzichten und stattdessen die Widrigkeiten des Lebens mit Gelassenheit und einer von Zuversicht getragenen Würde zu bewältigen. Sein letztlich religiös verwurzeltes Grundvertrauen, das wohl auch durch den Einfluss seines Schwiegervaters bestärkt wurde, hat ihm in diesen Jahren wie auch später geholfen, ausweglos erscheinende Situationen und Anflüge von Verzweiflung durchzustehen und so auch seiner Familie den notwendigen inneren Halt zu geben.

Das Straßburg-Intermezzo 1942/43

Während seiner Tätigkeit bei der Magdeburger Versicherung erreichten Vater immer wieder Anfragen von Universitäten, die ihn in eine akademische Aufgabe zurückholen wollten. So gab es im Jahr 1940 Anfragen aus Königsberg und Tübingen, die Vater beide absagte. Im März 1941 berichtet Mutter in einem Brief, dass noch einmal zwei Anfragen aus Rostock und Straßburg gekommen seien, und schreibt von den inneren Zweifeln Vaters, ob es richtig war, sich für den Beruf in der Versicherungswirtschaft entschieden zu haben. Mutter fügte hinzu, dass sie „überglücklich" gewesen wäre, wenn er das Angebot aus Tübingen angenommen hätte; aber sie wollte seine Entscheidung in keiner Weise beeinflussen.

Am 6. April 1941 geht dann auch Vater in einem Brief an seine Mutter auf die Anfragen von Universitäten ein und schreibt: „Auf die Universität habe ich noch einmal verzichtet, wehen Herzens, aber nach allem Schwanken und Argumentieren doch in der Überzeugung, besser daran zu tun, wenn ich Traum und Wirklichkeit weiterhin getrennt halte. Natürlich häufen sich nun die Anfragen; nach Tübingen kam noch Rostock und nun gar Straßburg. Meine Absagen haben offenbar nicht gehindert, dass mittlerweile auch das Placet des Dozentenbundes für mich (ich weiß nicht, von wem) beantragt worden ist. Der Ausgang dieses Verfahrens, der mir noch nicht bekannt ist, wird an meiner Entscheidung nichts mehr ändern, bleibt mir aber natürlich interessant."

Am 10. April 1941 kommt er in einem Brief an seinen Vater noch einmal auf die Tübinger Anfrage zurück, nachdem sein Vater von einem Gespräch mit dem Tübinger Dekan berichtet hatte. Vater hatte seinem Chef, Dr. Wilhelm Brandt, von seiner Absage an die Tübinger Fakultät berichtet, und er deutet an, dass die damit implizit vollzogene Option für Magdeburg zur Folge haben könnte, dass er für die anstehende Nachfolge von Dr. Brandt als Generaldirektor der Versicherung in Frage käme. Angesichts der schwebenden Pläne, die Privatversicherungen zu verstaatlichen, wollte er sich jedoch nicht festlegen. Er fügt hinzu: „Ich habe auch die Brücken zur Universität noch mit keiner Geste endgültig abgebrochen. Politisch würde freilich der Übergang immer schwieriger, je später ich ihn vollzöge – auch z.b. finanziell, da von den außerhalb des Staatsdienstes verbrachten Jahren meines Wissens nach der Besoldungsordnung im Höchstfalle vier angerechnet werden können, und ich 1934 als Assessor ausgeschieden bin.“

Bei einem Besuch von Vaters Eltern in Magdeburg wurde offenbar das Für und Wider eines möglichen Wechsels nach Straßburg eingehend erwogen, besonders auch die Konsequenzen für die Familie, nicht zuletzt in finanzieller Hinsicht. Gegenüber den entsprechenden Bedenken seines Vaters bezüglich des möglichen Übergangs in eine Beamtenstellung betont er in einem Brief an seine Mutter vom 29. Mai, dass das finanzielle Argument für ihn nicht ausschlaggebend sein könne, „der ich in Krieg und Inflation aufgewachsen, den relativen Wert von Geld und Besitz geradezu in die Seele eingebrannt bekommen habe. Und wie wollen wir unsere kulturelle und soziale Verantwortung vor unserem vom materialistischen Erstickungstod bedrohten Volk tragen, wenn wir selbst nicht mehr die innere Freiheit aufbringen, die Aufgabe über den Lohn zu stellen. Den Ausschlag muss wirklich die größere, wesentlichere Aufgabe geben – und meine Eignung zu ihr.“ Aber gerade diese Frage machte ihm zu schaffen, denn er fühlte sich gegenüber der Magdeburger Versicherung und ihrer Zukunft sehr verantwortlich und sah sich dem möglichen Vorwurf der „Fahnenflucht“ ausgesetzt. Er hielt sich zwar „weder für unersetzlich noch für die Idealfigur eines zukünftigen Betriebsführers“, aber er fragte sich, ob er in der Universität wirklich besser am Platze sei als hier. Bislang, so sagte er, seien die Dinge noch nicht weitergegangen. Der nächste Schritt werde wohl sein, seinen Direktor um Urlaub für eine Reise nach Straßburg zu bitten.

Im nächsten Brief (2. Juni 1941) an seinen Vater geht er auf politische Vorbehalte übergeordneter Stellen gegenüber seiner möglichen Übernahme der Leitung der Magdeburger Versicherung als Nachfolger von Dr. Brandt ein. Diese Vorbehalte, die sich auf die politischen Umstände seines Ausscheidens aus dem akademischen Beruf 1934 bezogen, waren seinem Vater zu Ohren gekommen. Er selbst nennt es einen „grotesken Witz, dass das Gespenst meiner akademischen Vergangenheit in dem Augenblick in der Assekuranz auftaucht, in dem man es in der Hochschule eben feierlich begraben hat." Er zog aus diesen Andeutungen den Schluss, „dass ich zwar in meiner jetzigen Stellung nicht viel zu fürchten habe (solange die Privatversicherung bestehen bleibt), dass ich aber bei einem Versuch des Vorrückens in Brandts Stellung in eine für mich und die Gesellschaft unbehagliche Gefahrenzone geraten würde. … So betrachtet, liefert die Geschichte allerdings ein gewichtiges Argument zu Gunsten von Straßburg, oder zum mindesten gegen mein bisheriges Bedenken, ich dürfe Brandt und die Gesellschaft nicht im Stich lassen. Umso wichtiger wird also jetzt die Augenscheinnahme in Straßburg."

Am 4. Juli 1941 berichtet er dann seinem Vater über den Besuch in Straßburg vom 28.-30. Juni. Er hatte Gelegenheit zu ausführlichen Gesprächen mit dem Dekan der juristischen Fakultät, Prof. F. Schaffstein, mit dem Staatsrechtler Prof. E. R. Huber und anderen Fakultätsmitgliedern, wie dem Strafrechtler Prof. G. Dahm, sowie mit dem Rektor der Universität, Prof. K. Schmidt, einem Mediziner. Das Ergebnis der Gespräche war sehr befriedigend. „Die Fakultät hat mir vorzüglich gefallen; ein lebhafter, freier, aufgeschlossener Geist und guter Zusammenhalt, ohne politische Fanatismen und Ressentiments, mit den besten Absichten, aus dieser Straßburger Aufgabe gemeinsam etwas zu machen, keine trockenen juristischen Handwerker, sondern mit weiten Interessen und Beziehungen zu den übrigen Geisteswissenschaften." Und er erklärt: „Jedenfalls hat sich durch diese Augenscheinnahme ein sehr wesentlicher Punkt in einem für Straßburg durchaus günstigen Sinn geklärt … . Ich habe auch über die politischen Erfordernisse mit dem Dekan gesprochen; er betrachtet meine Stellung durch die Münchener Entscheidung [des NS-Dozentenbundes] als einwandfrei gesichert. … Was den finanziellen Anteil angeht, so glaubten er und der Rektor mir versichern zu können, dass das Ministerium das Äußerste tun werde, um mich zu gewinnen."

In einem Brief an seine Mutter vom 25. August 1941 geht Vater zunächst auf die schmerzliche Nachricht ein, dass sein Schwager Andreas Haack in Russland gefallen sei. Dann berichtet er, dass er im Zusammenhang mit einer Reise nach Warschau in Berlin den geplanten Besuch im Kultusministerium ausführen konnte. „Ich habe mich dort mit dem Referenten in großen Zügen ohne Schwierigkeiten geeinigt. Finanziell bot er mir das Maximum dessen an, was in der Straßburger Juristenfakultät auch sonst vorkommt, nämlich 13600 [RM] Gehalt und 5000 Hörgeldgarantie. Das habe ich ohne langes Zögern akzeptiert. … Unterschrieben ist noch nichts; er muss sich erst die erforderlichen Genehmigungen innerhalb des Ministeriums verschaffen. Größere Schwierigkeiten machte der Zeitpunkt des Übertritts; er legte großen Wert darauf, mich zum 1. Oktober 1942 in Straßburg zu haben und nicht auch noch das Wintersemester zu verlieren. Aber solange Brandt noch keinerlei Ersatz hat, kann ich hier keine Zugeständnisse machen – so gern ichs täte."

Am 28. Oktober 1941 berichtet er seiner Mutter dann, dass in der vergangenen Woche endlich der schriftliche Entwurf einer Berufungsvereinbarung eingegangen sei, der im Wesentlichen den Besprechungen vom August entspreche. Wegen einiger noch zu klärender Fragen habe er jedoch noch nicht unterschrieben. Aber die Sache sei „im Lauf". Er deutet auch an, dass er gerne, möglichst mit Mutter, an der Eröffnung der Straßburger Universität am 23./24. November 1941 teilnehmen würde und hoffe, dies mit der Hochzeitsfeier seiner Schwester Annemarie in Stuttgart am 22. November verbinden zu können. Am 26. November schreibt er dann an seine Mutter im Rückblick auf die gelungene Hochzeit und berichtet ausführlich über die Feierlichkeiten zur Eröffnung der Straßburger Universität. „Es hat uns beiden dort, insbesondere auch Renate, sehr gut gefallen, und die Vorfreude auf Stadt und Universität hat einen neuen und starken Auftrieb bekommen, der uns beiden guttut. Auch der erfreuliche Eindruck der Kollegen hat sich wieder bestätigt; zum mindesten in diesem Kreis herrscht auch politisch eine durchaus erträgliche Luft – was sonst im Elsass vorgeht, wird erst eigene Erfahrung ganz ergründen können, darf aber jedenfalls nicht abschrecken, da doch eben hier die Aufgabe liegt. Unser Mut ist also nur gewachsen."

Er musste dann freilich noch ein halbes Jahr warten, bis er am 28. Juni 1942 seiner Mutter mit einer Karte berichten konnte, dass er „soeben" zum Professor ernannt worden sei. Die offizielle Urkunde mit Unterschrift des Führers, mit der er unter Berufung in das Beamtenverhältnis auf Lebenszeit zum ordentlichen Professor ernannt wurde, war zwar bereits am 15. Mai ausgefertigt worden. Die entsprechende Mitteilung des Reichsministers für Wissenschaft, Erziehung und Volksbildung vom 6. Juni, dass er mit Wirkung vom 1. Oktober 1942 als Professor für Bürgerliches Recht, Handels- und Wirtschaftsrecht an der Rechts- und Staatswissenschaftlichen Fakultät der Universität Straßburg und als Direktor des Rechtswissenschaftlichen Seminars ernannt worden sei, erreichte ihn gerade noch rechtzeitig, um in Magdeburg unter Einhaltung der dreimonatigen Kündigungsfrist zum 1. Oktober kündigen zu können. Er deutet in seiner Karte an, dass er alsbald beim Ministerium einen unbezahlten Urlaub bis April 1943 beantragen werde, der ihm auch im September vom Ministerium bestätigt wurde. Die Monate seines Urlaubs nutzte er, um durch Lektüre und erste Entwürfe von Vorlesungsmanuskripten seine künftige Lehrtätigkeit in Straßburg vorzubereiten; diese Studien und konzeptionellen Arbeiten machten ihm zunehmend Freude. Auch begann er nach einer passenden Wohnung für die Familie in Straßburg zu suchen.[33]

In seinem späten, kurz vor seinem Tod vor den Stuttgarter Freunden gehaltenen Vortrag über seine Alltagserfahrungen im Dritten Reich erwähnt er als ein ihn, jedenfalls im Rückblick, belastendes Moment, dass diese erneute Ernennung zum Beamten bedeutet habe, „den Eid auf Hitler zu schwören. Und ich habe ihn geschworen. Sie alle können mit Verachtung darauf sehen, dass ich diesen Eid auf Hitler geschworen habe. Denn natürlich, es hat mich nichts gezwungen dazu. Ich war nicht in einer Notlage wie andere. Es war mein freier Entschluss. Ich hätte sagen können: ich vermeide das lieber und bleibe, wo ich bin." Er nannte dann die Gründe, warum er sich zur Mitarbeit an der Aufgabe der Straßburger juristischen Fakultät entschlossen habe. „Aber eben um den Preis des Schwurs auf Adolf Hitler. Immerhin kann man sagen, dass diese Wende eine Wende für mein ganzes Leben war."[34] In seinen Briefen aus der Zeit selbst erwähnt er diese inneren Vorbehalte wegen des Schwurs auf Hitler nicht und berichtet auch nicht, wann und wo er diesen Eid abgelegt hat.

Am 31.1.1943 folgt dann allerdings auf einer Postkarte an seine Mutter die nüchterne Mitteilung, „dass der Straßburger Traum einstweilen ausgeträumt ist. Gestern schrieb mir der Straßburger Dekan: die Universität werde zu den wenigen gehören, die auch weiterhin offen bleiben sollen, doch werde ein beträchtlicher Teil des Lehrkörpers eingezogen und durch Professoren anderer, geschlossener Universitäten ersetzt werden. Weitere UK-Stellungen seien ganz aussichtslos. Die Fakultät könne mich also für Straßburg nicht retten und stelle mir anheim, weiter in Magdeburg zu bleiben und meinen Urlaub dafür beim Ministerium verlängern zu lassen. Ob ich diesen Rat befolge, weiß ich noch nicht; sicher ist jedenfalls, dass uns Straßburg bis Kriegsende versagt ist – und wer weiß, wann und wie das kommt. Zum zweiten Mal kurz vor dem Ziel eine zugeschlagene Tür! … Das Wahrscheinlichste ist ohnedies, dass ich demnächst eingezogen werde. Nur würde ich gerne das Kind (die erwartete Geburt von Almut) vorher noch erleben." Einen Tag später, am 1. Februar, kam dann Almut glücklich zur Welt.

Die Arbeit im Wirtschaftsstab Ost 1943-45

Nachdem sich die Hoffnungen auf die baldige Übernahme eines Lehrstuhls in Straßburg endgültig zerschlagen hatten, geriet Vater erneut in eine innere Krise. Die Enttäuschung machte ihm mehr zu schaffen, als er geahnt hatte. In einem Brief an seinen Vater vom 14.2.1943 schreibt er, es sei „doch wieder ein Stück Boden unter den Füssen weggezogen, in einer Zeit, die unsereinem ohnedies kein breites Fundament gönnt". Eigentlich hätte er seine Arbeit in Magdeburg, von der er sich innerlich schon verabschiedet hatte, fortsetzen können. Aber der Erlass des Wirtschaftsministers W. Funk vom 4. Februar 1943, der allen nicht kriegswichtigen privaten Wirtschaftsunternehmen mit Schließung bzw. Verstaatlichung drohte, würde wohl auch die Versicherungswirtschaft betreffen. Sich einem solchen Verbot zu widersetzen, würde „doch ernstere Folgen haben, als ich dafür riskieren mag", schrieb er an seinen Vater. „Also wieder ein Arbeitsziel verloren, in einer Zeit, in der es uns alle drängt wie noch nie, irgendwo an einer für unsere Rettung wesentlichen Aufgabe mitzuwirken. ... Am nächsten liegt es, sich beim Militär zu melden. Aber wäre nicht auch das eine Art Flucht, ein falsches Pathos, eine Don-Quichotterie?"

Dann fährt er im gleichen Brief fort: „Nun ist ein ganz neues Moment aufgetreten. Über Schorsch Maier und Binder ist ein Ministerialrat des Rosenbergschen Ostministeriums an mich herangetreten mit der Aufforderung, mich zu einer militärischen Einziehung in dieses Ministerium mit Rang, Uniform und Wehrsold eines Kriegsoberverwaltungsrates und Dienstsitz in Berlin zur Verfügung zu stellen für ein juristisches Ressort in der diesem Ministerium eingegliederten Treuhandverwaltung der staatlichen Gewerbebetriebe und Grundstücke in den besetzten Ostgebieten. Der Dienst wäre etwa am 1. März anzutreten, doch ließe man mir die Möglichkeit, noch einige Wochen lang jeweils einen Tag zur Abwicklung meiner bisherigen Arbeiten nach

Magdeburg zu fahren. Ich verhielt mich zunächst sehr kühl und ließ mich erst nach einigen dringenden Telegrammen und Telefongesprächen dazu verleiten, vor drei Tagen zu einer abendlichen Besprechung nach Berlin zu fahren. Dabei habe ich dann aber doch Feuer gefangen; die Aufgabe scheint interessant, die Umgebung voller Tatkraft und Schwung, und der Dienstsitz in Berlin mit Magdeburg in erreichbarer Wochenend-Nähe verlockt ebenfalls. Freilich: ich bin dann mit Glück auch nur Büro-Soldat und käme darum herum. Aber ich bin nun, nach zwei unruhigen Nächten, entschlossen, morgen zuzusagen. Erschreckt nicht; ich schreibe bald wieder, wie es weitergeht."

So geriet Vater Anfang April 1943 in die neue Arbeitsstelle als Militärverwaltungsoberrat im Rang eines Oberstleutnants und stellvertretender Leiter der gerade neu gebildeten „Sondergruppe Treuhandverwaltung". Die Leitung hatte Ministerialrat Dr. Hermann Rheinbothe, der gleichzeitig verantwortlich war für die Abteilung Treuhandverwaltung im [von Alfred Rosenberg geleiteten] Reichsministerium für die besetzten Ostgebiete. Die Sondergruppe war dem Wirtschaftsstab Ost unterstellt, dem militärischen Zweig der Wirtschaftsverwaltung in den besetzten Ostgebieten. Obwohl Vater damit in die militärische Verwaltung integriert wurde, war er vom Uniformzwang befreit und konnte auch privat wohnen, zunächst bei den Eltern von Schorsch Meier. Sein Gehalt erhielt er weiterhin als beamteter Professor und musste auch für seine Ernährung auf die entsprechenden Verpflegungs-Marken zurückgreifen.

Bevor er diese neue Stelle antreten konnte, musste er sich noch einer militärisch-bürokratischen Vorbereitung in einer Kaserne in Berlin-Spandau unterziehen. Am 26.3.1943 schrieb er auf einer Karte aus Spandau an Mutter: „Allmählich stellte sich dann heraus, dass man mich für 3 Wochen hierbehalten will. Ich soll gegen Typhus und Pocken geimpft, auf Blutgruppe untersucht, vereidigt und last not least noch etwas geschliffen werden. Nun, der Himmel ist blau, das Wetter ist schön – allzu schlimm kann das nicht werden, und ich nehme es keineswegs tragisch. Unterkunft mäßig in einer alten Baracke auf einem riesigen Kasernengelände." Einen Tag später fügte er hinzu: „Der Betrieb hier ist umständlich, aber im Ganzen gemütlich; von strengem Schliff nach Ludwigsburger oder Braunschweiger Art ist keine Rede. Heut waren wir beim Schießen; sonst lernt man auch mit MG und Maschinenpistole umgehen, macht etwas Geländedienst und so fort, aber man überanstrengt sich nirgends. Die ‚Kompanie' ist ein bunt zusammengewürfelter, fast täglich wechselnder Haufen von KV-Beamten und Sonderführern, meist älteren Knaben mit Weltkriegsverdiensten und nun auch schon wieder längeren Erfahrungen in der Wirtschaftsverwaltung der besetzten Gebiete, inbes. Russland, unter denen ich mir als der Jüngste und Grünste, wennschon dem Rang nach (auf den aber im hiesigen Dienst nichts ankommt) höchst seltsam vorkomme, denen man jedenfalls mit Gewinn zuhören mag."

Eine letzte Nachricht aus Spandau kam am 30. März 1943. Er denkt an den Hochzeitstag vor sechs Jahren und freut sich auf seine Entlassung am 5. April, was ihm erlaubt, zu Almuts Taufe nach Magdeburg zu kommen. Inzwischen hatte er auch sein künftiges Büro in Augenschein nehmen können. Das neu eingerichtete Büro lag in Berlin W 8 Unter den Linden 43/5, d.h. gleich bei der Friedrichstraße. Sein künftiges Zimmer sei „ein großer, fast kahler Raum mit großen Fenstern, aber auf einen Innenhof." Die „Lage des Zimmers und die fehlenden Fensterscheiben sind Unbequemlichkeiten, die überwunden werden müssen. Auch sonst ist das Meiste dieser „Sondergruppe Treuhandverwaltung" noch im Werden, was allerlei Unbequemlichkeiten, dafür aber den großen Vorzug mit sich bringen wird, dass man noch selbst mitgestalten kann. Ich freue mich also auf die Arbeit."

Zur Charakterisierung von Vaters Tätigkeit in den eineinhalb Jahren bis zur Auflösung des Wirtschaftsstabes Ost am 1. November 1944 sind einige Informationen zu den Hintergründen notwendig.[35]

Der Wirtschaftsstab Ost war am 4. Juni 1941, also noch vor Beginn des Russlandfeldzuges am 22. Juni, gebildet worden als Vollzugsorgan für die wirtschaftliche Verwaltung und Ausnutzung der militärisch besetzten Gebiete der Sowjetunion. Die wirtschaftlichen Ziele des Unternehmens „Barbarossa" waren schon im Jahr vor dem Beginn des Feldzuges formuliert und in „Richtlinien für die Führung der Wirtschaft in den neubesetzten Ostgebieten" verbindlich festgelegt worden. *Langfristig* sollte es um die Kolonisierung dieser Gebiete gehen, um deutschen Siedlungs- und „Lebensraum" zu schaffen. Darüber hinaus sollten die besetzten Ostgebiete zum blockadesicheren Rohstofflieferanten für das übrige Europa gemacht werden, um so die gesamte Wirtschaftsstruktur Europas auf eine gesunde Grundlage zu stellen. Dass diese tiefen Eingriffe in die Wirtschaft eines besetzten Landes dem gültigen Kriegsvölkerrecht widersprachen, war den Planern im Oberkommando der Wehrmacht (OKW) durchaus bewusst; aber im Falle Russlands wurden diese Bedenken zurückgestellt. Die *unmittelbare* Zielsetzung richtete sich auf die kriegswirtschaftliche Ausnutzung des Landes in der Erwartung, dass nicht nur die vorrückenden Truppen ihren Bedarf aus dem besetzten Land decken, sondern dass darüber hinaus auch die Bevölkerung und die Wirtschaft im Reich in den Genuss der landwirtschaftlichen und Rohstoff-Ressourcen und ihrer Erträge kommen sollten. Dass dies zu einer Hungersnot unter den Menschen in den besetzten Gebieten führen könnte, wurde bewusst in Kauf genommen und war sogar Teil der von rassenideologischen Grundsätzen geprägten Politik.

Die militärischen Planungen waren von einem Blitzkrieg ausgegangen, der nach zwei bzw. spätestens drei Monaten mit dem Sieg über die sowjetische Armee beendet sein sollte. Schon gegen Ende des Jahres 1941 zeigte sich jedoch, dass der Krieg länger dauern würde. Die langfristigen Zielsetzungen mussten daher zurückgestellt werden. Spätestens am Ende des zweiten Kriegsjahres wurde deutlich, dass das auf Raub und Zerstörung ausgerichtete Vorgehen im ersten Jahr den kriegswirtschaftlichen Notwendigkeiten zuwiderlief. So traten immer mehr die steigenden Bedürfnisse der Truppenversorgung und die Stärkung der heimatlichen Kriegswirtschaft in den Vordergrund. Dazu mussten die beim deutschen Vormarsch zerstörten Wirtschaftsstrukturen in den besetzten Gebieten wieder hergestellt werden, um den wachsenden Nahrungsmittelbedarf vor allem der Truppen zu befriedigen und kriegswirtschaftlich wichtige Rohstoffe, vor allem Mineralöl, Manganerz, Kohle und Holz, zur Verfügung zu stellen. Als nach der Niederlage bei Stalingrad der deutsche Vormarsch endgültig zum Stehen gekommen war und bald darauf der Rückzug begann, änderte sich die offizielle Zielsetzung erneut; nun sollte den nachrückenden russischen Truppen nur noch „verbrannte Erde" hinterlassen werden.

In der Umsetzung dieser sich wandelnden wirtschaftspolitischen Zielsetzungen ergaben sich Interessenkonflikte zwischen den verantwortlichen militärischen Stellen und dem für die zivile Verwaltung und Entwicklung in den besetzten Ostgebieten gebildeten „Ostministerium" unter A. Rosenberg, sowie den ebenfalls betroffenen Reichsministerien, insbesondere dem für Ernährung und Wirtschaft. Hinzu kam das oft eigenmächtige Vorgehen der für die besetzten Gebiete eingesetzten Reichskommissare. Dem Wirtschaftsstab Ost und dem ihm vorgeordneten Wirtschaftsführungsstab war die Aufgabe zugewiesen worden, die unterschiedlichen Interessen zu koordinieren und damit eine einheitliche wirtschaftliche Verwaltung zu garantieren. Die Leitung des Wirtschaftsstabes Ost lag zunächst in Händen von General der Luftwaffe Wilhelm Schubert, der vor allem die ursprünglichen politischen Vorgaben umzusetzen versuchte. Im Zuge einer Umorganisation und der vorrangigen Ausrichtung auf die Truppenbedürfnisse übernahm am 3. August 1942 Generalleutnant Otto Stapf die Führung, die er bis zur Auflösung des Wirtschaftsstabes Ost im Herbst 1944 behielt. Der Wirtschaftsstab Ost war zwar in den vom OKW ausgehenden militärischen Befehlsstrang eingebunden, aber die eigentliche Arbeit vollzog sich in den verschiedenen Fach- oder Chefgruppen, die vor allem mit Zivilisten besetzt waren und von den betreffenden Reichsbehörden und Ministerien dirigiert wurden. Vor Ort, d.h. in den militärisch von den drei Heeresgruppen (Nord, Mitte und Süd) kontrollierten Gebieten, war der Wirtschaftsstab Ost durch Wirtschaftsinspektionen vertreten, denen in den jeweiligen Verwaltungsbezirken Wirtschaftskommandos zugeordnet waren. Die Wirtschaftsinspektionen waren für alle Bereiche der wirtschaftlichen Ausnutzung des Landes zuständig. In ihre Entscheidungskompetenz fiel es, Betriebe zu schließen, auszuschlachten oder wiederaufzubauen, sie hatten Verfügungsgewalt über sämtliche landwirtschaftlichen Erzeugnisse und Rohstoffvorkommen, sie bestimmten über den Arbeitseinsatz und die Produktion. Insgesamt war der Wirtschaftsstab Ost eine große Behörde mit sehr viel mehr Personal in den besetzten Gebieten, sowohl militärisch wie zivil, als in der Zentrale in Berlin.

In den von der UdSSR eroberten Gebieten war die kollektivierte Wirtschaftsform vorherrschend, d.h. die landwirtschaftlichen und gewerblichen Betriebe waren in Staatseigentum. Bei der Übernahme der wirtschaftlichen Verantwortung wurden Treuhänder für die Wirtschaftsbetriebe eingesetzt, z.T. direkt durch den Wirtschaftsstab Ost, z.T. auch durch die jeweiligen Reichskommissare. Gleichzeitig wurden durch die verschiedenen Reichsministerien sogenannte Ostgesellschaften gegründet, die auf privatwirtschaftlicher Basis Betriebe übernahmen und weiterführten, einschließlich des Vertriebs der Produkte. Zwar existierte im Wirtschaftsstab Ost von Anfang an eine Abteilung Treuhandverwaltung, aber es gab, jedenfalls in der Anfangszeit, keine einheitlichen Richtlinien für die Erfassung und treuhänderische Verwaltung des von der Sowjetunion übernommenen Vermögens sowie für die wirtschaftliche und finanzielle Führung der einzelnen Betriebe und die Verwertung ihrer Erzeugnisse.

Als gegen Ende des zweiten Jahres des Feldzuges die Versorgung der Truppen und der kriegswirtschaftliche Einsatz des Treuhandvermögens und damit die maximale Nutzung der bestehenden oder wiederhergestellten Betriebe dringlich wurden, besann man sich auf die Erfordernisse einer sauberen und wirtschaftlichen Geschäftsführung. Das schloss die Substanzerhaltung (d.h. Inventur, Buchführung, Bilanzierung, Kalkulation und Mittelabschöpfung), die Überwachung und Bestellung von Treuhändern, sowie evtl. die Kreditaufnahme ein. Für diese Aufgabe wurde daher im April 1943 die „Sondergruppe Treuhandverwaltung" im Rahmen des Wirtschaftsstabes Ost gebildet. Die Schwerpunkte ihrer vor allem auf juristische und betriebswirtschaftliche Fragen ausgerichteten Arbeit lagen in der Ukraine und in den baltischen Ländern, dem sogenannten „Ostland". Im Ostland kam besonders die fachliche Begleitung der seit 1942 geplanten Politik der Reprivatisierung vor allem von Gewerbebetrieben samt den zugehörigen Grundstücken hinzu. Das implizierte Auseinandersetzungen mit den dort bereits operierenden oder gegründeten Ostgesellschaften als den bisherigen Treuhändern.

Vater kam also zu einem sehr späten Zeitpunkt zum Wirtschaftsstab Ost, als dieser bereits begonnen hatte, seine Operationen zu reduzieren (vor allem im Bereich der Heeresgruppe Mitte) und Personal abzuziehen für den Einsatz an anderer Stelle. Während der ganzen Zeit bis zur Auflösung des Wirtschaftsstabes war Vater darauf gefasst, dass auch er zu einer anderen militärischen Verwendung oder zur Truppe abberufen werden könnte.

Aber zunächst konzentrierte er sich auf die anliegenden Aufgaben und es machte ihm nach seinen eigenen Aussagen Freude, eine „sinnvolle" Arbeit zu haben. Die betriebswirtschaftlichen Fragen, einschließlich der Aufstellung von Bilanzen, waren ihm aus seiner Tätigkeit im Versicherungswesen vertraut. Auch für die juristischen Probleme der

Eigentumsübertragung im Falle von Reprivatisierungen war er fachlich ausgewiesen. So veröffentlichte er im Rückblick auf seine Tätigkeit in der Sondergruppe im Dezember 1944 einen juristischen Aufsatz in der Zeitschrift für Osteuropäisches Recht über „Die Wiederherstellung des Privateigentums in der gewerblichen Wirtschaft des Ostlandes".[36] Er schließt seinen Aufsatz mit den folgenden Sätzen: „Der Wiederherstellung des Privateigentums standen gerade auf dem Gebiet der gewerblichen Wirtschaft zahlreiche, aus der geschichtlichen Entwicklung und der gegenwärtigen politischen und wirtschaftlichen Lage der ehemaligen Baltenstaaten zu erklärende Schwierigkeiten entgegen. Die Verordnung [Eigentumsverordnung der deutschen Verwaltung vom Februar 1943] hat die Aufgabe trotzdem entschlossen angepackt und damit auf ihrem Teilgebiet das mit dem Erlass der Eigentumsverordnung abgegebene großzügige Versprechen der deutschen Verwaltung eingelöst. Über das Ergebnis der Reprivatisierungsaktion lassen sich übersichtliche zahlenmäßige Angaben heute noch nicht machen. ... Doch befindet sich schon jetzt ein beachtlicher Teil der gewerblichen Betriebe aller Größenordnungen wieder in privater Hand. An den Eigentümern liegt es nun, der im Vorspruch zur Eigentumsverordnung ausgesprochenen Mahnung an die Pflichten, die ihnen aus ihrem wiederhergestellten Privateigentum, insbesondere gegenüber der deutschen Kriegswirtschaft erwachsen, eingedenk zu bleiben. Der Weg vom nationalisierten Kollektiveigentum des Bolschewismus darf nicht wieder rückwärts zum liberal eigennützigen, sondern muss vorwärts zum gemeinschaftsverpflichtenden Einzeleigentum führen."[37]

Ein Brief an seine Eltern vom 23.4.1943 gibt einen kleinen Einblick in Vaters neue Lebenssituation in Berlin. Er steckt tief in der Arbeit, aber genießt zugleich die Möglichkeit, an den Abenden viele alte Freunde in Berlin wiederzusehen. Außerdem nutzt er gerne die Möglichkeit, am Wochenende zur Familie nach Magdeburg zu fahren, so z.B. für die Ostertage. Als sein Chef Rheinbothe für drei Wochen auf eine Dienstreise geht, muss er ihn beim Wirtschaftsstab vertreten, „da die anderen Herren teils dem Stab nicht angehören (sondern nur dem [Ost-]Ministerium, mit dem ich wieder nichts zu tun habe, der Form nach), teils im Rang unter mir stehen, muss also voraussichtlich auch an den Chefberatungen beim General teilnehmen und selbst Vortrag halten. Aber wem Gott ein Amt gibt … – ich lasse es jedenfalls mit Ruhe an mich herankommen." Über seine Begegnung mit General Stapf schreibt er: „Der General, der mich vor der Sitzung zur Meldung empfangen hat, gefällt mir gut: sehr Militär, klar und bestimmt, hatte auch die Verhandlung gut in der Hand und scheint seinen Aufgabenkreis wirklich zu kennen. Auch sonst waren unter den höheren Militärs einige gute Köpfe. Ich war nur Statist und wars zufrieden."

Am 2. Mai schreibt er aus Berlin nach einer erfrischenden Wanderung von Wannsee über Potsdam bis nach Sanssouci an Mutter: „Und Russland, an das ich sonst jetzt alle meine Gedanken wenden muss, ist himmelweit weg! Freilich, auch Friedrich hat erbittert und oft verzweifelt Krieg geführt. Aber die eigentlich menschliche Sphäre blieb doch unangetastet … wir opfern sie hemmungslos unserem Krieg, bei uns und bei den anderen. Ob uns nach solcher Verkrampfung, um nicht zu sagen Vertierung, noch einmal ein Rückzug auf ein Sanssouci mit Rokoko, Musik, Philosophie möglich und erlaubt ist?"

Am 9. Mai 1943 schreibt er aus Magdeburg an seine Mutter: „Ich bin gerade recht gekommen, um Renate bei ihrem Jammer beizustehen, den ein Telegramm ihres Vaters gestern früh ausgelöst hat: Christoph [ihr Bruder] ist in Afrika gefallen, am 30. April schon, ‚durch Kopfschuss bei Verteidigung einer Bergstellung'. So hat die immer stärker drückende Sorge, mit der wir, über die allgemeine Unruhe über die dort sich abzeichnende neue schwere Niederlage unserer Waffen hinaus, den Gang der Ereignisse in Tunesien verfolgt haben, ihr schneidendes Ende gefunden! Renate ist nach außen leidlich gefasst, aber bei diesem Verlust auch des anderen, reich begabten und lebensfrohen Bruders, den Verlust nun dieser beiden frischen und kräftigen Buben und Männer, die sie in den entscheidenden Jahren mit großgezogen hat, im Innersten erschüttert, so dass sie sehr meines Zuspruchs bedarf, der ich selbst mit wehem Herzen mühsam die nötige Fassung und angesichts der allgemeinen Entwicklung der Dinge den nötigen Mut für die weitere Zukunft aufbringe – die Überzeugung vom Sinn so fürchterlicher Opfer also!" Und er fügt hinzu: „Ich habe sehr viel zu tun, werde auch langsam mehr Herr der Materie und ihrer Imponderablien. Im engen Kreis wächst damit die Befriedigung an der Arbeit, aufs Ganze gesehen aber auch der Widerwille gegen dieses Regime!"

Drei Wochen später musste er auf den geplanten Wochenend-Besuch in Magdeburg verzichten, weil er überraschend einen dringenden dienstlichen Auftrag für eine Reise nach Riga bekam, „um anderen Einflüssen zuvorzukommen". Es war eine beschwerliche Reise von 30 Stunden hin und zurück mit dem Zug ohne Schlafwagen und ohne Verpflegung. Von der Stadt Riga war er trotz der Kriegszerstörungen beeindruckt. Zu Begegnungen mit den dort lebenden Menschen war wohl kaum Gelegenheit. Der dienstliche Erfolg der Reise war allerdings bescheiden. Er schreibt am 10. Juni 1943 an seine Mutter: „Der Streit über die leidige Verordnung zur Reprivatisierung von Gewerbebetrieben, den beizulegen ich ausgeschickt war, ist eher größer als kleiner geworden. Aber ich brauche mir nach Lage der Dinge nichts vorzuwerfen. Nur bringe ich die Sache eben weiterhin nicht vom Schreibtisch. Und es liegt noch so viel Anderes drauf!"

Im Juni folgte dann die nächste Dienstreise, diesmal in die Ukraine und zur Krim. Sie war ähnlich beschwerlich, denn das Flugzeug, das ihn auf dem Hinweg glatt von Berlin nach Dnjepropetrowsk gebrachte hatte, fiel auf der Rückreise in Schytomyr wegen eines Motorschadens aus, sodass er die Rückreise trotz Gefährdung durch Partisanenangriffe mit dem Zug in 22 Stunden über Warschau nach Berlin antreten musste. Sonst aber war die Reise offenbar gelungen. Ausgangspunkt war die „hässliche" Großstadt Dnjepropetrowsk, die Sitz sowohl eines zivilen Generalkommissariats als auch der militärischen Wirtschaftsinspektion für die Heeresgruppe Süd war. In seinem auf der Rückreise nach Berlin geschriebenen Brief beschreibt Vater die Einzelheiten dieser Reise, die ihn über Simferopol, der damaligen (militärischen) Verwaltungszentrale der Krim, weiter an die Südküste der Krim nach Jalta und Sewastopol führte. Er erlebte russische Luftangriffe und sah die völlig zerstörten Städte. Dienstlich hatte er nur mit den militärischen Stellen zu tun, aber für sein Arbeitsgebiet der Treuhandverwaltung war der Ertrag sehr begrenzt. Mit den von der deutschen Besatzung betroffenen Menschen in der Krim und der Ukraine hatte er keinen Kontakt. Bei der Rückreise über Melitopol nach Dnjepropetrowsk kam er auch in die Nähe der beginnenden Rückzugsgefechte der deutschen Truppen, die den geplanten Vorstoß über den Kaukasus hinaus hatten aufgeben müssen.

Er hat die Tage auf dieser Reise trotz Hitze und den viel zu üppigen Einladungen offenkundig genossen; er hat unendlich viel gesehen und alles sehr intensiv in sich aufgenommen. Er schreibt, dass es unmöglich sei, die Eindrücke und Erfahrungen in diesem Land, „das unser aller Schicksal geworden ist", in Worten auf einen Nenner zu bringen. „Im Menschlichen wie im Wirtschaftlichen und im Verwaltungsbereich findet man alle Abstufungen vom Schlechten und Unzulänglichen bis zum Imposanten und Heroischen. Im Grunde wird das wohl auch unterm Sowjetregime so gewesen sein. Ob wir uns dort bewähren, ist, so Gott will, noch nicht endgültig zu unseren Ungunsten, aber auch keineswegs schon zu unseren Gunsten entschieden." Die Krim konnte noch bis zum April 1944 gehalten werden und ein großer Teil der deutschen und rumänischen Truppen konnte nach Rumänien zurückgeführt werden. Aber Vater ahnte bereits, dass die Krim nach Stalingrad zu einer weiteren Bewährungsprobe in diesem wahnwitzigen deutschen Feldzug im Osten werden könnte.

In einem Brief an seine Mutter vom 1. August 1943 schreibt er im Blick auf seine Sorgen über eine geplante sommerliche Reise von Frau und Kindern: „Wir leben in der Hoffnung, nicht in der Furcht. Aber die Ereignisse der abgelaufenen Woche [die Schlacht am Kursker Boden im Juli 1943 und die Landung der Alliierten in Sizilien] und die offizielle Reaktion darauf (d.h. das völlige Fehlen einer entschlossenen Reaktion, wie im Grunde seit Stalingrad) nötigen uns doch, uns auch an den Gedanken zu gewöhnen, das fürchterliche Strafgericht über unser Volk und jeden einzelnen von uns stehe nun unmittelbar bevor. Wir können nens nicht wenden, nur versuchen, ihm ohne Panik, mit Haltung und Würde entgegenzusehen."

Auch die Briefe an Mutter vom Sommer 1943 nach der Rückkehr von der Krim zeigen, wie sehr er um seine Haltung kämpfte angesichts der Wendung des Krieges. So schreibt er am 30. Juli: „Es wird Dir nicht anders gehen als mir, dass es erhebliche Anstrengung kostet, den Kopf klar und die Fäuste bei der Arbeit zu halten. Der bleierne heiße Himmel drückt auf allen Gliedern – aber wie gern wollte mans tragen, könnte man sich dafür von der Vision eines fürchterlichen nationalen Unglücks freimachen, die uns bei Tag und Nacht quälend verfolgt, oder von der fast stündlich wachsenden Sorge darum, wie Dir und den Kindern die Schrecken der bevorstehenden Luftangriffe erspart werden könnten.

Trotz alledem müssen wir uns des Albdrucks erwehren und tapfer bleiben. Auch der zürnende, strafende Gott will Unterwerfung und De- mut, aber nicht Schwäche und Feigheit. Es besteht noch keine Veranlas- sung, jetzt, da sich der lange erwartete Abfall Italiens [nach der alliier- ten Landung in Sizilien am 10. Juli 1943, der Entmachtung Mussolinis am 25. Juli und dem Waffenstillstand vom 3. September, der den Bruch des Bündnisses mit Deutschland zur Folge hatte] vorbereitet – woran keine Zweifel möglich sind – die Flinte gleich ganz ins Korn zu werfen. Die Kämpfe im Osten sind bitter schwer, aber die Front steht. Die Luft- angriffe von Westen her werden immer grauenhafter, aber noch sind nur kleine Teile von Deutschland betroffen, ist der Lebensnerv noch nicht gelähmt. Das Schlimmste ist eigentlich, dass wir offenbar ohne Steuermann sind. Daran im Großen etwas zu ändern, steht nicht in unserer Macht; umso nötiger ists uns, jetzt wie die ganzen zehn Jahre nicht „der Menschen Knechte", Opfer ihres Geredes zu werden, son- dern sicher den eigenen Kurs zwischen Himmel und Erde zu halten."

Am 2. August fährt er fort: „Inzwischen hat Goebbels hier in Ber- lin alle Frauen, Kinder, Greise etc. aufgefordert, die Stadt zu verlassen. Dieser Aufruf, als einzige Maßnahme einer sonst untätigen Regierung, hat natürlich hier eine Beunruhigung ausgelöst, die man ruhig als Vorstufe einer Panik begreifen kann." Und am 5. August, nachdem Mutter glücklich mit den Kindern bei ihrer Freundin Trudi Romacker in Durmersheim bei Karlsruhe angekommen ist, schreibt er: „Die Stadt ist noch immer in einem unbeschreiblichen Zustand der Hast und Verwirrung. Jeder strebt hinaus mit Frau und Kindern, Kisten und Kasten. Die Bahnhöfe sind Heerlager, die Züge zum Brechen voll; die Kartenstellen, NSV-Büros und Postämter verstopft. Dazu die tolle Hitze, in der die Menschen sich abhetzen und abschleppen. Es ist schlechterdings unverantwortlich, was unsere hochweise Obrigkeit mit dieser jähen, offenbar völlig unvorbereiteten Aktion angerichtet hat. Die nachträglichen Beruhigungsversuche fruchten nichts mehr.

Auch bei den Behörden und militärischen Dienststellen herrscht völliges Durcheinander hinsichtlich der Auffang- und Ausweichpläne. Nichts ist vorbereitet! Nun scheint mindestens der Führer entschieden zu haben, dass die Ministerien in Berlin bleiben sollen. Vernünftigerweise, rebus sic stantibus. Hoffentlich entschließt sich auch mein Wi-Stab Ost dazu. So wenig ich Veranlassung habe, gerade an Berlin zu kleben, so wenig liegt mir an einer Evakuierung nach Posemukel. Aber das letzte Wort ist in all diesen Dingen noch lang nicht gesprochen."

Am 22. August schließlich schreibt er aus Berlin: „Alle Gespräche mit Freunden und Bekannten münden ja unvermeidlich alsbald in der bohrenden Frage: Was nun? Getröstet bin ich noch aus keiner dieser Diskussionen fortgegangen; in meinem Umkreis ist keiner, der anders als unsicher tastend in die Zukunft ginge und klar das Rechte wüsste. Auch ich weiß den Weg nicht und schließe aus dieser offenkundigen Verlegenheit nur, dass unsere Schicht nicht mehr zur Führung berufen ist. Aber das heißt ja nicht, dass wir auf eine unverbindliche, private Existenz zurückgeworfen wären. Es heißt nur, dass wir bereit sein müssen, nicht nur auf Machtausübung, sondern auch auf bürgerliches Wohlbehagen als Privileg der führenden Schicht zu verzichten. Insofern ist das, was uns jetzt im Luftkrieg widerfährt oder droht, eine Rosskur zwar, aber doch eine Kur, an der wir sterben können, die uns aber auch zum Leben verhelfen kann: zu wütender Absage nämlich an diese wildgewordene Technik und ihren unseligen Knecht, den seelenlosen Kollektivmenschen, einerlei, ob russischer, amerikanischer oder preußisch-nazistischer Observanz. Da sind alle Götter und zuletzt Gott selbst aus dem Dasein vertrieben; es gibt nur noch die Dämonen der Macht für die einen, den blinden Gehorsam für die anderen, und als Bindeglied verlogene Propaganda und die allgemeine, im Krieg so jammervoll auf das primitive Fressen und Saufen reduzierte Gier nach Reichtum und Genuss. Dieser schauerliche Bann muss gebrochen, die wahre Würde des Menschen wiederhergestellt werden. Dahin den Weg zu zeigen, ihn selbst unbeirrt und furchtlos zu gehen, muss unser Amt im Volk sein, nicht politische Programme zu entwerfen, zu deren Verwirklichung wir nicht berufen sind.

Diese Gedanken sinds, die mich umtreiben. Wissenschaftlich bin ich unproduktiv und leide etwas darunter. Aber wie sollen der Verstand und die juristische Phantasie an der Ausgestaltung der Rechtsordnung arbeiten, solange alle Kräfte aufgerufen sind, den verschütteten Zugang zu den Grundwerten von Wahrheit und Gerechtigkeit überhaupt frei zu machen."

In dieser Situation und angesichts zunehmender, schwerer Angriffe auf Magdeburg beginnen auch die Überlegungen zur Evakuierung der Familie und ihrer Übersiedlung nach Schwerin zum Großvater Haack, die dann am 12. Oktober schließlich vollzogen wurde. Vater selbst zog in diesen Wochen von der Maier'schen Wohnung um zu seiner Schwester Annemarie nach Zehlendorf, bei der er dann bis in die letzten Kriegswochen hinein wohnte.

Im September 1943 stellte sich angesichts des deutschen Rückzugs die Frage, ob sich die Arbeit des Wirtschaftsstabes Ost nicht bald von selbst erübrige. So schreibt er am 23. September an seinen Vater: „Das Arbeitsgebiet des Wi-Stabes Ost, dessen Schwergebiet im Süden lag, hat sich so verringert, dass seine Existenzberechtigung zweifelhaft geworden ist, sofern nicht etwa große Teile des bisherigen Zivilverwaltungsgebiets wieder der Militärverwaltung unterstellt werden. ... Jedenfalls bin ich ganz darauf gefasst, zum längsten MV-Beamter gewesen zu sein – wenn man uns nicht etwa in Italien braucht, wogegen ich nichts einzuwenden hätte. … Ich sehe dem allen mit Ruhe entgegen; der Gedanke, zur Truppe entlassen zu werden, schreckt mich nicht, wenn ich Renate und die Kinder bis dahin in Schwerin vollends leidlich untergebracht weiß. Es kam mir ja nie in den Sinn, mein Schicksal von dem meiner Generation ablösen zu wollen." Im Oktober schreibt er noch einmal über seine ungewisse Zukunft angesichts der wesentlichen Verkleinerung seines militärischen Verwaltungskörpers und fügt hinzu: „Für das Ostministerium allein möchte ich keinesfalls weiterarbeiten, sondern dann lieber zur Truppe gehen."

Am 27. September 43 schreibt er dann an Mutter: „Mein weiteres Schicksal steht auf Messers Schneide. Das bisherige Militärverwaltungsgebiet schmilzt und schmilzt. Andererseits scheint der Führer jetzt entschieden zu haben, dass die Zivilverwaltung ihr bisheriges Territorium behalten soll. Damit wird der Wi-Stab Ost ganz einfach überflüssig und wir werden über kurz oder lang verschwinden. … Verschwindet der Wi-Stab und erweist sich eine Translokation etwa nach Italien als unmöglich, so melde ich mich zur Truppe und begebe mich keinesfalls in die ausschließliche Abhängigkeit von diesem unmöglichen Konglomerat brauner Unfähigkeit."

Im Oktober spitzte sich die Auseinandersetzung um die Zukunft seiner Abteilung zu. Am 21. Oktober 43 schreibt er: „Gestern waren wir mehrere Stunden beim Stab, um unsere künftige Organisation zu besprechen; sie wird knapp werden, aber auch nicht ganz verschwinden. Andererseits hat Reinbothe nun auch im Ministerium eine Art Ultimatum gestellt und mit Rücktritt gedroht – der Schuss kann hinten hinaus gehen. Auch im größeren Rahmen bestehen noch sehr viele Unklarheiten und Spannungen. Aber das wird so bleiben; es ist ein Teil des unerfreulichen Gesamtbildes unserer Lage. Ich arbeite eben weiter und warte ab."

Drei Tage später, am 24. Oktober, setzt er an zu einer intensiven Beschwörung seiner Liebe zu Frau und Kindern, die er freilich nicht als Flucht vor der Auseinandersetzung mit den Schrecken des Krieges verstehen will. Er fährt dann fort: „Eher das Gegenteil. Der Krieg hat uns aus dem bürgerlichen Gleichmaß gerissen, die kleinen Alltagsfreuden zertrampelt, die Vernichtung von Hab und Gut, Leib und Leben. Volk und Reich drohend vor Augen gestellt. Wir weichen nicht aus, sondern wir wehren uns. Wehren uns mit der gesammelten Kraft des Herzens, das nicht aufhören will zu lieben, zu glauben, zu hoffen, und damit gerade den Anspruch begründet, auf die Dauer stärker zu sein als alle Kriegsdämonen.

Mit eben dieser Kraft, meine ich, finden wir auch unseren Weg zu Gott; sie ist, wenn irgendetwas, sein Erbteil in uns. Wir haben uns selbstherrlich aus dem Kindschaftsverhältnis gelöst, die Mittel und Möglichkeiten dieser Welt im eigenen, statt in seinem Namen genutzt und entwickelt und sie damit dem Teufel ausgeliefert. Nun kehren sie sich wider uns als Fratzen bösartiger Dämonen: aus Gemeinschaft wird Masse, aus Herrschaft Gewalt, aus Recht Willkür, aus Technik ein Arsenal höllischer Vernichtungswerkzeuge. Gottes schwere Strafe ist es, dass er uns diesen übermächtig gewordenen Teufeleien überlässt. ... Was aber von uns erwartet wird, ist sicherlich nicht Verzweiflung und Apathie, sondern aktive Gegenwehr gegen alles, was diese Welt zum Tummelfeld des Teufels gemacht hat. Die Kraft dazu ist in uns, vermöge dieser Kraft sind wir wahrhaft Menschen und können uns als solche behaupten.

Was ich auf diese Weise mir überwältigend gegenüber sehe, ist freilich nicht der ‚liebe Heiland‘ des 19. Jahrhunderts, aber auch nicht ein abstrakter ‚ganz Anderer‘ der Dialektischen Theologie, sondern ein höchst persönlicher, gewaltiger, des väterlichen Zorns wie der väterlichen Liebe mächtiger Gott. Und was mich vor ihm bewegt, ist in dieser Stunde weniger die individuelle Sündenangst (‚wie werde ich erlöst‘), als die kollektive, um das richtige Verhältnis von uns Menschen zur Welt (‚wie werden wir erlöst‘). Zur ‚Welt‘ eben in dem Sinn, dass das Reich Gottes nicht ein vom verlorenen Diesseits abgesondertes Jenseits ist, in das sich zu retten möglich und erlaubt wäre, sondern eine aus gläubigem Herzen (wie dort aus dem liebenden) geschaffene andere

Wirklichkeit, in der die Bergpredigt z.B. gilt, und aus deren Gewissheit auch die reale Diesseitigkeit nicht nur positiv zu überstehen, sondern aktiv umzugestalten ist." Dieses kleine Bekenntnis beschreibt die tiefe Glaubensüberzeugung, zu der er in den Kriegsjahren geführt worden ist und die ihn in seinem weiteren Leben geleitet hat.

Er fügt abschließend hinzu: „Ich habe stramm gearbeitet diese Woche und auch hie und da etwas erreicht. Vor allem kommt das Abwicklungsproblem endlich in Gang, und zwar so, dass der Treuhandverwaltung die Führung zufällt. Das gibt Arbeit auf viele Monate, und nicht besonders dankbare. Aber noch unbefriedigender wäre es gewesen, alles liegen lassen zu müssen. Im Übrigen werden die Personalfragen erst im Laufe der kommenden Woche [geregelt], wenn Reinbothe zurück ist."

Seine dienstliche Aufgabe konzentrierte sich immer mehr auf die vermögensmäßige Abwicklung der vielen hunderten von geräumten Betrieben mit einer Fülle kniffliger Probleme – „eine unerlässliche, aber unerfreuliche und von den meisten Offizieren im Stab bis hinauf zum General bisher kaum verstandene Arbeit. Als ob nicht mir das Herz schwer würde vor der Aufgabe, die Aufbauarbeit von Jahren zu liquidieren".

Am 4. November 43 dann schreibt er: „Es geht im Dienst sehr bewegt zu. Die Besprechungen beim General und beim Oberst haben einigermaßen Klarheit in unseren künftigen organisatorischen und personellen Aufbau gebracht. Für die Abwicklungsarbeiten konnte sich der General nicht erwärmen; bis Ende des Jahres soll alles geschehen sein (eine unmögliche Forderung). So lange will er uns aber den Dr. Merkle konzedieren, sehr zu meiner Erleichterung. Im Übrigen äußerste Personalbeschränkung draußen wie hier, also großer Abbau. Meine Verlängerung über den 31.10. hinaus wollte er dem Oberst überlassen, der seinerseits nicht ohne den General entscheiden möchte. Formell hängt das also noch; praktisch wird es aller Wahrscheinlichkeit nach auf eine Verlängerung auf 2-3 Monate hinauslaufen. Ich hielt es aber zur Reinigung der mir unsympathischen Atmosphäre für angebracht, beim

Oberst deutlich zu erklären, dass ich nicht um Posten bettle, sondern jederzeit abzugehen bereit bin, wenn man unsere Arbeit nicht mehr für zeitgemäß und notwendig ansehe. Im Übrigen ist der Befehl über die Abwicklungsstäbe jetzt endlich da, und damit eine Fülle weiterer Arbeit. … Die Revaler Sache hat auch noch viel Mühe gemacht; nun hat sich erst mal Reinbothe darauf geworfen, mit der ihm eigenen plötzlichen, wilden Energie. Dienstag oder Mittwoch will er zurück sein. Dass bis dahin der ganze Fragenkomplex erschöpft sein könnte, ist sehr unwahrscheinlich; ich sehe darum auch mich noch einmal hinfahren, gemächlicher und gründlicher, ließ ihn darum neidlos ziehen. Die großen Linien sind verworren wie immer, die Lage im Süden der Ostfront alarmierend. Am Behördenkampf hat sich darum nichts geändert."

Die künftige Verwaltungsorganisation der besetzten Ostgebiete und damit auch das künftige Aufgabenfeld seiner Abteilung waren freilich noch nicht endgültig geklärt. Er schreibt: „Fest steht nur, dass Zivilverwaltung und Wi-Stab Ost, wennschon in seltsamer Verschachtelung, beide bestehen bleiben. Damit ist wohl auch meine Position hier einstweilen wieder gesichert – sofern ich nicht etwa meines Jahrgangs wegen aus Berlin herausgezogen werde, was in den nächsten Wochen entschieden werden soll." Aber die komplizierten Verhandlungen gingen auch in den folgenden Wochen weiter.

Ende November kam es zu dem bisher schwersten Luftangriff auf Berlin mit Zerstörungen in der ganzen Stadt. Auch Vaters Dienststelle war betroffen, während Annemaries Wohnung nur wenig beschädigt wurde. Strom, Gas und Wasser waren zeitweilig ausgefallen. Alle Arbeitskräfte mussten eingesetzt werden, um Brände zu löschen, Fenster und Türen abzudichten und wichtige Dinge wie Akten etc. zu retten. Die Situation wurde immer trüber und ungemütlicher. Am 27. November schreibt er: „Das Leben in Berlin ist also ernst und sehr anstrengend geworden, aber zum Glück wächst in solchen Zeiten auch die eigene Härte und der Trotz, dieser abscheulichen Art der Kriegführung auf keinen Fall nachzugeben." Freunde und Bekannte waren evakuiert; Konzerte und Theater begannen so früh am Nachmittag, dass Berufstätige sie kaum besuchen konnten. Man war froh, abends rechtzeitig nach Hause zu kommen. Vater nutzte die Zeit zu eigener wissenschaftlicher Arbeit, vor allem mit nationalökonomischer Lektüre.

Im Dezember 1943 spitzte sich der Konflikt zwischen dem Ostministerium und dem Wi-Stab Ost über die Zukunft der Sondergruppe Treuhandverwaltung zu und schien mit einem Sieg des Ministeriums entschieden worden zu sein. Der Leiter der Gruppe, Dr. Rheinbothe, wehrte sich dagegen mit einem Ultimatum und der Ankündigung, bei Auflösung der Abteilung sein Amt zur Verfügung zu stellen. Vater rechnete für sich selbst mit der gleichen Konsequenz.

Gleichzeitig bereitete er sich, trotz Urlaubssperre, darauf vor, das Weihnachtsfest mit der Familie in Schwerin zu feiern. Er schrieb am 19. Dezember an seine Mutter: „Je stärker uns als tägliche Kriegserfahrung das Erlebnis quält und erschüttert, dass teuflische Mächte ihr Spiel mit der Welt treiben, die Menschheit in Machtgier, Zerstörungswut und Blutdurst hetzen und sich dazu aller Trümpfe des menschlichen Geistes über die Kräfte der Natur bedienen, je weiter wir uns nach bloßem Menschenverstand vom Frieden auf Erden entfernt sehen, desto brennender wird doch die Sehnsucht nach dem anderen, für Tod und Teufel nicht erreichbaren Frieden, den die Weihnachtsbotschaft verheißt. Machen wir also auch dieses Jahr die Herzen bereit, die Botschaft zu hören und ihrer froh zu werden."

Am 16. Januar 1944 dann ein Bericht über die nächste Verhandlungsrunde: „Reinbothe war vorgestern beim General, um ihm seinen Abgang anzukündigen. Der scheint sich zunächst mit dem Zuhören begnügt zu haben, zumal ja das Schicksal des ganzen Wi-Stabes noch in der Schwebe ist – die Besprechung beim Reichsmarschall soll in den nächsten 2 Wochen stattfinden. Jedenfalls hat R. zugesagt, die Abwicklung in Ruhe zu Ende zu führen. Das Tempo wird also ruhig bleiben. Für mich kam dieser Tage vom OKW die Verlängerung meiner schon seit Ende Oktober abgelaufenen Sicherstellung für den Wi-Stab in Berlin, und zwar bis zum 25. Februar. Also nicht mehr als eine neue Galgenfrist. Ich erwäge, ob ich nicht dem Chef des Stabes mitteile, dass ich auf eine weitere Verlängerung keinen Wert mehr lege. Denn langsam wird mirs zu dumm, nur zu warten, wie und wann die anderen Aktionen auslaufen."

Im Januar und Februar kommen zwei Karten aus Berlin. Die erste, vom 20. Januar, enthält die Nachricht, dass seine Schwester Annemarie ihr Doktorexamen mit der Note „sehr gut" abgeschlossen habe. Auf der zweiten, vom 1. Februar, berichtet er, dass ihm das Kriegsverdienstkreuz II. Klasse mit Schwertern verliehen worden sei. Sein Kommentar dazu: „Ich wäre lieber dereinst undekoriert ins Grab gestiegen."

In seinem Amt geht die Abwicklungsarbeit weiter, aber auch die ermüdenden Verhandlungen über die Zukunft des Wirtschaftsstabes und seiner Beziehung zum Ostministerium. Am 23. März schreibt er: „Im Dienst gibt es, wie gesagt, sehr viel Arbeit und unproduktive Mühsal, aber keine großen Ereignisse. Der Plan eines Wi-Stab-Europa scheint endgültig gescheitert zu sein. So bleibt es bei unserer Abwicklung, die dafür immer komplizierter und langwieriger wird. Mit dem Ostministerium hatte ich noch nicht wieder zu tun, daher auch keine Veranlassung, mich neuerlich zu dem Angebot der letzten Woche zu äußern. Aber mein Entschluss, es abzulehnen, hat nur noch neue Nahrung bekommen. Ich gehöre dort nicht hin und die gebliebene, höchst bescheidene Aufgabe kann den bisherigen inneren Kompromiss nicht länger rechtfertigen. Das bedeutet anderseits nicht, dass ich mich nun alsbald stürmisch zur Truppe und zur Front melde; ich warte den Lauf der Dinge in Wi-Stab mit ruhigem Gewissen ab, zumal ja Berlin mindestens so sehr als ‚Front' gelten kann als alles, was mir für das nächste halbe Jahr beim Kommiss blühen würde. Das Ende der Abwicklung ist nun wieder über Ende März hinaus bis Ende Mai verlegt. Wer kann wissen, was dann sein wird."

Im März 1944 bekommt Vater eine unerwartete Einladung zu einer Freizeit mit Straßburger Dozenten, die in Rippoldsau im Schwarzwald stattfinden soll. Am 12. April schreibt er aus Rippoldsau, wo sich ungefähr 60 Dozenten der jüngeren Generation aus verschiedenen Fakultäten eingefunden hatten: „Gestern Abend hatten wir eine Fakultätssitzung – meine erste. Dabei wurde auch beschlossen, dass die Fakultät versuchen will, auch wenigstens für ihre Wehrmachtskurse im Sommer und im Herbst, jeweils etwa 14 Tage mit rd. 20 Vorlesungsstunden für mich frei zu kriegen; der nächste Kurs soll nach Pfingsten in den … Alpen stattfinden. Das wäre eine prächtige Aussicht, ungeachtet der Vorbereitungsarbeit. Für das Wintersemester will die Fakultät dann einen kräftigen Vorstoß unternehmen, mich überhaupt loszueisen. Ob das alles gelingt, ist ja höchst fraglich. Aber ich kann nicht leugnen, dass diese Tage hier die alte Sehnsucht mächtig geweckt haben." Jedenfalls beginnt er alsbald mit den Vorbereitungen für Vorlesungen im Wehrmachtskurs über Gesellschaftsrecht. Ob es zu diesen Vorlesungen gekommen ist, lässt sich aus seinen Briefen nicht erkennen.

Am 14. Mai 44 schreibt er aus Tilsit auf der Rückreise von Riga: „Der sehr erfreuliche Ton, der in der dortigen Treuhandverwaltung herrscht, hat sich auch diesmal wieder bewährt. Ich konnt's ihnen auch nicht verwehren, mir ein paar Nahrhaftigkeiten mitzugeben, von denen Du auch noch profitieren wirst. Im Ganzen ist es halt doch so, dass man in Riga, trotz der näher gerückten Front und obwohl die Stadt von Soldaten wimmelt (von denen aber höchstens jeder Dritte Deutsch versteht, ein tolles Sammelsurium) wesentlich friedlicher und gemütlicher lebt als im Reich."

Nach dem Beginn der alliierten Invasion in der Normandie schreibt er am 7. Juni aus Berlin: „Die Invasion ist nun also da, für uns im Reich einstweilen nur als Radio- und Zeitungssensation mit der angenehmen Nebenwirkung des Ausbleibens von Luftangriffen. Das mag freilich erst der Auftakt sein, dem noch Vieles und Schreckliches nachfolgt. Einstweilen ist man hier zuversichtlich. In der eigenen Brust kämpfen Erleichterung mit neuer Spannung. Auf eine rasche Entscheidung zu hoffen, schiene mir vermessen; es wird blutige Kämpfe geben. Dazu siehts ja in Italien wenig erfreulich aus, und wird man sich jederzeit auf eine neue Offensive der Russen gefasst machen müssen. Jedenfalls aber schürzt sich der Knoten nun, und kämpfen wir um unsere letzte Chance."

Am 22. Juni 44 erleidet die Heeresgruppe Mitte bei Witebsk eine katastrophale Niederlage und kann den russischen Vormarsch nach Minsk nicht aufhalten, das am 8. Juli 44 eingenommen wird. Das damit entstandene breite Loch in der deutschen Ostfront ermöglicht den russischen Vormarsch in Richtung Ostpreußen. Bereits am 29. Juli 44 erreichen die russischen Truppen die Rigaer Bucht; der nördliche Teil von Estland und Lettland ist abgeschnitten. Am 13. Oktober 44 sieht sich die Heeresgruppe Nord genötigt, Riga zu räumen; sie zieht sich nach Kurland, d.h. in den westlichen Teil Lettlands, zurück.

Am 18. Juni 44 schreibt Vater aus Wilna auf der Reise nach Minsk zunächst von seiner Enttäuschung über das abstoßende Gesicht dieser östlichen Stadt. Aber dann gibt er doch zu, dass es einen alten Kern mit einer Fülle alter Bauten und damit eine lebendige Seele der Stadt gebe. Dazu freut er sich über eine Reihe alter Kirchen, die meisten aus der Barockzeit. Er erinnert an den Streit zwischen Polen und Litauen um diese Stadt, die ein kulturelles Erbstück für beide ist. Aber dann spricht er über die Auswirkungen des Krieges. „Die neuen Formen des Krieges machen mir innerlich wieder sehr zu schaffen. Es ist kein Mitleid, aber ein wachsender Abscheu vor der schlechthin bösen Gewalt, die immer neue, zerstörende, blutige Aktionen aus ihrem Schoß gebiert und die abendländische Kultur wirklich vollends zu verschlingen droht. Ein unsäglich bedrückendes Schauspiel."

Im Juli beschäftigt ihn vor allem die endgültige Abwicklung der Arbeit in Riga, wo er persönlich so viel Arbeitskraft investiert hatte, und die Sorge um die sichere Rückkehr der dortigen Mitarbeiter. So schreibt er am 20. Juli aus Berlin, auch mit einer ersten Reaktion auf das Attentat auf den Führer: „Die Lage im Osten ist nach wie vor angstvoll, wennschon das Tempo der Russen sich verlangsamt hat. Auch im Süden und Westen werden wir, wennschon schrittweis, zurückgedrängt, und die Luftangriffe nehmen wieder überhand. München scheint wirklich zur Rache für die V1 ausersehen zu sein. Das Attentat auf den Führer verdunkelt das düstere Bild noch weiter. Es fällt immer schwerer, hier Atem zu holen." Und er fügt am 23. Juli hinzu: „Dazu dann die

aufwühlenden Ereignisse des 20. Juli mit ihren noch gar nicht abzuse-
henden Konsequenzen. Graf Stauffenberg ist aus schwäbischem Adel!
Er ging, wie seine beiden älteren Zwillingsbrüder, die ich kannte und
von denen der eine Völkerrechtler im Bruns'schen Institut, der andere
Althistoriker und Professor in Straßburg ist, in mein Pennal; ich erinnere mich an seinen blonden Lockenkopf als Bub, hab ihn aber seitdem
nie wiedergesehen. Das Gerede über Hergang und Hintergründe kann
ich Dir ersparen. Wir sind haarscharf am Bürgerkrieg vorbeigerutscht.
Ich bin sehr erschüttert."

In seinem Rückblick auf Alltagserfahrungen im Dritten Reich berichtet er, dass er in dieser Zeit in Berlin eine ganze Reihe von Männern
kennengelernt habe, wie z.B. den Wirtschaftswissenschaftler Prof. Jens
Jessen, die in den verschiedenen Widerstandsbewegungen eine Rolle
gespielt haben. „Ich meinerseits war weder aufgefordert noch veranlasst, mich einer dieser Bewegungen anzuschließen. Dazu war ich mit
keinem dieser Männer eng genug befreundet. Und so blieb es bei Gesprächen."[38]

Durch seinen engen Freund Georg („Schorsch") Maier, der ebenfalls mit seinem Habilitationsprojekt in Berlin am politischen Einspruch gescheitert war, hatte er vermutlich wenigstens indirekte Kenntnis von den Plänen der Widerstandsgruppen. Maiers Witwe, Hedwig
Maier, berichtet (Alltag im Dritten Reich, S. 23f.), dass ihr Mann während des ganzen Krieges zur Flak in Berlin eingezogen war. Er war nah
befreundet mit Hans Bernd von Haeften, der zum Kreisauer Kreis gehörte. Dessen jüngerer Bruder, Werner von Haeften, war enger Mitarbeiter von Stauffenberg und mitbeteiligt am Attentatsversuch vom 20.
Juli 1944. Durch Gespräche mit den Brüdern von Haeften wurde auch
Schorsch Maier in Planungen für die Zeit nach dem Putsch einbezogen. Da er sich erst sehr spät zur Mitarbeit entschlossen hatte, wurde
er nicht entdeckt und kam erst bei der Verteidigung von Berlin ums
Leben. Vater seinerseits sagt in seinem Rückblick auf „Fünfzig Jahre
Juristenleben": „In Berlin habe ich den 20. Juli 1944 miterlebt. Ich habe
einige der Beteiligten gekannt, gehörte aber zu keinem der verschie-

denen Widerstandskreise. Meine Haltung war eher die der – wie ich zugebe: ruhmlosen – inneren Emigration, da ich offenen Widerstand, jedenfalls als Einzelner, für nutzlosen Selbstmord hielt."[39]

Im August 1944 wuchsen die Spannungen immer mehr. Vater arbeitete an einem Exposé „über die Möglichkeiten, unsere Abwickelei mit mehr oder minder radikalen Mitteln zu einem plötzlichen Ende zu bringen. Es kommt mir so vor, als werde ich das nicht allzu lange in meiner Schublade schlafen lassen können. Von unseren Rigaer Leuten weiß ich seit einer Reihe von Tagen nichts mehr. Der Seeweg bleibt ihnen noch." Und dann musste er Mutter die bittere Nachricht vermitteln: „Ein gestern bei uns eigegangener OKW-Befehl hebt für die Dauer der Urlaubssperre auch die bisherige Bewegungsfreiheit der Stabsoffiziere auf. So bin ich nun an Berlin gefesselt und kann Euch nicht mehr besuchen."

In diese Wochen fallen zwei weitere belastende Ereignisse. Mutter muss sich mit Christine auf die gefährliche Reise nach Wangen im Allgäu begeben, um sie dort wegen eines Tuberkuloseverdachts in ein Kindersanatorium zu bringen. Außerdem werde ich in Schwerin eingeschult. Vater kann nicht dabeisein und helfen. Er schreibt mir einen kleinen Brief, und dann an Mutter am 24. August aus Berlin: „Zum nächsten Sonntag bin ich noch ohne Plan. Es ist hart, in diesen Wochen von Dir getrennt zu sein, da das Gefühl wächst, dass eine Welt zuende geht. Doch bleibt ja, was über diese Welt hinausreicht. Darauf wollen wir vertrauen und unsere Haltung bewahren."

In seiner Ohnmacht schreibt er wieder am 6. September: „Es tut sehr weh, so vieles, woran sich doch auch unser Stolz gehängt hat, auf einmal wie ein Kartenhaus zusammenbrechen zu sehen. Nun stehen wir jäh vor dem Abgrund, und es kann leicht sein, dass er uns als Volk und als Einzelne verschlingt. Kommt es zum Volkskrieg, zu dem unsere Propaganda aufzurufen beginnt, so werden wir bald in sehr blutige und grausame Formen des Kampfes verstrickt sein. Die kreatürliche Angst vor alledem ist keine Schande, aber wir müssen Herr darüber bleiben und einen klaren Kopf behalten. Zudem stärkt sich auch die

Gewissheit, dass die Entwicklung der Dinge einer inneren Notwendigkeit folgt."

Noch einschneidender freilich waren für Vater die Nachrichten aus Stuttgart. In der Nacht vom 12. zum 13. September 1944 wurde das Haus der Eltern in der Robert-Bosch-Straße bei einem verheerenden Bombenangriff getroffen und die beiden oberen Stockwerke brannten völlig aus. Die Eltern hatten versucht, so viel wie möglich von ihrem Hab und Gut zu retten, aber das Haus war unbewohnbar geworden. So mussten sie in ein schon vorbereitetes Notquartier in Waldsee in der Nähe des Bodensees ausweichen. Dort ist die Großmutter Gertrud dann am 23. September 1944 im 62. Lebensjahr an den Folgen der körperlichen und seelischen Überanstrengung nach dem Verlust des Hauses gestorben. Vater und seine Geschwister konnten alle bei der Beerdigung dabei sein. Er berichtet Mutter am 4. Oktober von der Beerdigung und auch über die Zerstörungen im Stuttgarter Haus und in seiner Heimatstadt. Auf der Rückreise konnte er auch Christine im Kinderheim in Wangen besuchen und mit dem verantwortlichen Arzt sprechen. In seinen Briefen an seinen Vater steht von nun an die Sorge um dessen einsames Dasein im Vordergrund, verbunden mit Überlegungen, wie die Familie ihm beistehen könne.

Die bedrückenden Nachrichten aus dem familiären Umfeld nahmen zu. Im Oktober musste er Mutter trösten, nachdem ihr Schwager Georg, der Mann ihrer Schwester Gabriele, gefallen war. Eine Woche später schreibt er aus Berlin: „Gleichzeitig aber beginnt sich der Schleier vor der Zukunft zu lüften. Wir haben nicht mehr das Gefühl, vor einem raschen, nicht weiter definierbaren Ende zu stehen, sondern eher am Anfang einer Entwicklung, vor der uns das Grauen beschleichen kann. Der Totale Krieg, in den wir nun eintreten, wird vollends alles verschlingen und vernichten, was wir bisher an materiellen und geistigen Werten von unseren Vätern überkommen haben. Sein Ende wird völlige Erschöpfung bedeuten; dass wirs (zum mindesten: wir Männer) überleben, ist weniger wahrscheinlich, als dass wir vorher eines gewaltsamen Todes sterben. Der Überlebende wird fast buchstäblich auf der nackten Erde von vorn anfangen müssen. Hat Gott sich von den Völkern Europas zurückgezogen und sie den Dämonen überlassen, oder ists sein eigens Strafgericht, mit dem er uns züchtigt. Oder nehmen wir uns mit derlei Fragen überhaupt zu wichtig? Mir wills jetzt so scheinen. Was ist dann von uns gefordert? Doch wohl das Gleiche, wie in guten Tagen, also Tapferkeit, Treue, Demut und Liebe – nur dass jetzt die Probe aufs Exempel zu machen ist. Meine Bitte geht immer wieder um die Kraft, die Probe bis zum Schluss zu bestehen. Noch ists leicht, aber schon morgen kann ich ins Feuer geraten.

Und unsere gemeinsame Zukunft? Ich sehe mich nicht mehr als Professor und ahne nicht, wo und wie ich einmal unser Brot verdienen werde. Aber das drückt mich wenig – das bürgerliche Weltgefüge beginnt in unserer Vorstellung doch zu verblassen. Arbeit und Beruf gehören zu den Lebensformen, die kommen und gehen. Von höherem, dauerndem Rang dagegen ist die Bindung an Dich und unsere Kinder. Von da aus kommt Sinn und Ordnung auch in das übrige Gewoge."

Dann kommen doch noch einmal unerwartete, frische Nachrichten aus dem Elsass. So heißt es am 28. November 44: „Straßburg war völlig unvorbereitet; in der Universität hielt man Examina ab, als die amerikanischen Panzer anrollten! So sind nicht nur Institute, Bibliotheken usw., sondern auch der Rektor und ein großer Teil des Lehrkörpers (insbes. der philosophischen und medizinischen Fakultät) in die Hand des Feindes gefallen. Von meiner Fakultät war Dahm (der Dekan) um Huber und Dülle, sowie den Volkswirtschaftler Wilhelm in Sorge." Und zwei Tage später fügt er hinzu: „Über Straßburg hoffe ich übermorgen von Dahm mehr zu erfahren. Von G. hörte ich heute, dass Heimpel, der Historiker, und Huber doch noch in allerletztem Augenblick, schon nach Sprengung der Rheinbrücke, rausgekommen seien. Weizsäcker war schon länger weg. Aber viele andere sind geschnappt. So vermutlich auch Werner Finck."

Mitte Dezember konnte Vater dann Christine in Wangen abholen. Zugleich war er sehr besorgt um Mutters Gesundheitszustand wegen einer möglichen Lungenentzündung. In seinem Amt bereiteten sie am

Jahresende „neben der laufenden Arbeit einen großen Abschlussbericht vor, der uns noch viel Mühe und Kopfzerbrechen machen wird, aber auch eine nicht unwichtige Aufgabe darstellt. Über die Zukunft will sich Reinbothe in den nächsten Tagen mit dem Chef des Stabes unterhalten. Im Augenblick sind wir wieder überzeugt, auf einem toten Gleis zu stehen."

Vaters Arbeitsstelle war offiziell bis zur endgültigen Auflösung des Wi-Stabes Ost am 1.11.1944 erhalten geblieben. Dann wurde sie als Abteilung Ost in das Feldwirtschaftsamt des OKW integriert und blieb weiterhin unter der bisherigen Leitung von General Stapf. So schrieb er am 20. November 1944 an seinen Vater: „Die organisatorische Stellung unserer Abteilung innerhalb des sterbenden Ostministeriums und ihre Einordnung in das neue Feldwirtschaftsamt sind beide gleichermaßen unklar, aber diese Art von schleichender Ungewissheit ist ja, in immer neuen Variationen, schon recht alt und wird unser Dasein allem Anschein nach noch nicht so rasch tödlich bedrohen. Vor Ende dieses Jahres wird sich am jetzigen Zustand schwerlich noch etwas ändern, und dann sieht man halt weiter." Und er fügt hinzu: „Ich musste neulich für den Minister einen kurzen Bericht über unsere Tätigkeit als Treuhandverwaltung im Zivilverwaltungsgebiet anfertigen und lege eine Abschrift davon hier bei, falls es Dich interessiert [der Bericht ist allerdings nicht erhalten bei der Korrespondenz]. Leider sind das ja nun vergangene Mühen und Sorgen, und auch die um drei Jahre zu spät begonnene Autonomie-Politik … wird uns das durch schwere eigene Fehler Verlorene nicht wiederbringen."

Am 7. Januar folgt dann ein weiterer Bericht über seine Situation für die Mutter: „Über das Schicksal meiner Dienststelle kann ich Endgültiges immer noch nicht berichten. Das Chaos der Zuständigkeiten, politischen und menschlichen Gegensätzlichkeiten, unter dem wir seit jeher gelitten haben, wird uns bis zu unserer letzten Arbeitsstunde begleiten. Es ist witzlos, Dir alle einzelnen Phasen der Zick-Zack-Entwicklung zu schildern. Vorgestern war ich mit Reinbothe in Michendorf; viel klarer ist die Sache auch dort nicht geworden. Fest steht einstweilen nur, dass der General sich mit seinem militärischen Apparat nun endgültig aus der Sache zurückzieht. Der Vierjahresplan, der uns übernehmen sollte, will wieder nicht. Das Ostministerium weiß überhaupt nicht was es will, und kann seinen Willen auch nicht durchsetzen, am wenigsten gegenüber seinen eigenen Untergebenen, d.h. gegen den Eigensinn von Erich Koch.

Für mich selbst habe ich aus alledem das Fazit gezogen, dass nun die Grenze dessen erreicht ist, was auch meiner Plicht- und Werktreue zugemutet werden kann. Vollends nachdem sich Herr Reinbothe einen neuen Posten beim RWM gesichert hat, fühle ich mich frei, nun auch meinerseits für mich selbst zu sorgen. Dass die sachlichen Voraussetzungen der Arbeit beim Ostministerium oder beim Vierjahresplan besser, unsere Vollmachten stärker und klarer sein würden als bisher, steht nach den ganzen Vorgängen nicht zu erwarten. Und formell ginge es ja nur so, dass ich als MV-Beamter entlassen und als Zivilist für die neue Stelle dienstverpflichtet und uk-gestellt würde. Das passt mir nicht, denn damit gerate ich vollends auf ein totes Gleis. Ich war darum gestern beim Personalsachbearbeiter des Stabes, Obstlt. Graf, um mit ihm meine Lage zu besprechen. Er riet mir sehr dringlich davon ab, mich zur Truppe zu melden, und versicherte nachdrücklich, dass er auch innerhalb des F.Wi.Amtes dringenden Bedarf an qualifizierten Kräften habe. Im Einzelnen will er sich meine zweckmäßige Verwendung noch überlegen; in Betracht kommt am ehesten ein Posten als Abteil.Leiter bei der Wirtschafstabteilung einer Heeresgruppe oder Armee an der Westfront. Das könnte mich aus mancherlei Erwägungen doch locken. Ob es dazu kommt, wird sich wohl im Lauf der nächsten 8 Tage klären. Der Wechsel wird dann schwerlich vor Ende Januar, aber auch nicht viel später fällig sein. Reinbothe war etwas betroffen, als ich ihm dies eröffnete, aber mir ist jetzt wesentlich wohler, seit ich diese Aussicht vor mir habe. Natürlich ist alles noch einigermaßen schwankend; sobald sichs befestigt hat, lasse ichs Dich wissen."

In der zweiten Hälfte Januar bis Anfang Februar 1945 beginnt sich seine Arbeitssituation allmählich zu klären. Am 11. Januar schreibt er zunächst von seiner Erleichterung darüber, dass sich bei Mutter die Sorge vor einer Lungenentzündung als unbegründet erwiesen hat. Aber dann spricht er von seiner Frustration über die eigene Situation. Er hat Sehnsucht danach, endlich einmal wirklich gefordert zu sein. Ich suche „vergebens einen Platz, wo man mich als ganzen Menschen, nicht nur Verstand, Fleiß, Verwaltungsgeschick von mir fordert. Seit Straßburg mir zerschlagen ist, habe ich oft große Angst, ich müsste mich auch mein Lebtag in der Verwaltungsroutine erschöpfen. Darum dränge ich weg aus der leidigen Berliner Atmosphäre, will näher dorthin, wo gehandelt, nicht nur ewig geredet, Papier verschrieben, politisch intrigiert wird. Ob der bevorstehende Wechsel auf den richtigen Weg führt, oder ich nicht doch besser Soldat würde? Die Enttäuschung kann hier wie dort groß sein. …

Ganz reif ist die Entscheidung freilich noch nicht; es sind immer noch eine Reihe von unsicheren Faktoren im Spiel. Auch sehe ich noch keineswegs klar, was man im FWi-Amt künftig mit mir vorhat. (Graf nahm den Mund heut ziemlich voll, versicherte auch, er habe mehrere Eisen für mich im Feuer, hütete sich aber sorgfältig vor präziseren Angaben). Jedenfalls bin ich froh, dass auch Du mich nicht in Berlin festzuhalten bestrebt bist."

Am 14. Januar zeichnen sich die ersten Klärungen ab. „Der General scheint fest entschlossen, mich nicht über den 31.1. hinaus bei der Abwickelei zu belassen. Ich soll aber dann offenbar erst noch hier bei einer anderen Abteilung mich einarbeiten, dann zur weiteren Einarbeitung zu einer Heeresgruppe im Osten geschickt werden und erst dann, also schwerlich vor Anfang März, meinen endgültigen Posten im Westen übernehmen. Aber das kann sich alles noch dreimal ändern. Und wie viel ist bis dahin noch zu tun!" Und zwei Wochen später, am 26. Januar, heißt es: „Ich scheide planmäßig zum 31.1. hier aus. Vorher, vielleicht morgen schon, soll ich dem Minister zum Abschied vorgestellt werden. Wie es im FWi-Amt dann mit mir weitergeht, ist immer noch nicht ganz klar; der Plan, mich nach kurzer Vorbereitung hier in den Westen zu schicken, besteht fort. Doch jagen sich die widersprechenden Personalverfügungen des OKW; ein neuer Führererlass scheint auch meinen Jahrgang ausnahmslos an die Front zu schicken. Bleibts dabei, so fliegt allerdings das ganze FWi-Amt auf. Also Unsicherheit. Wir können im Augenblick nur von einem Tag zum anderen sehen."

In den folgenden zwei Wochen tritt wieder die Sorge um Frau und Kinder in den Vordergrund, vor allem nachdem die gerade zweijährige Almut Anfang Februar bei einem Unfall im Haus schwere Verbrühungen erlitten hatte und für einige Tage in Lebensgefahr schwebte. Mutter blickte angsterfüllt voraus auf den zu erwartenden Einmarsch der Russen in Schwerin. Vater schreibt ihr am 30. Januar 1945: „Meine Bitte ist, in Schwerin zu bleiben, solang Ihrs irgend könnt, und nicht mit den Kindern bei Eis und Schnee auf die Landstraße zu gehen. Auch wenn die Russen zu Euch kommen sollten! Und schlag Dir den Gedanken an einen freiwilligen Tod mit den Kindern aus dem Kopf! Du weißt doch so gut wie ich, dass dies schwere Sünde an dem uns von Gott anvertrauten Leben wäre. Die bloße Angst vor dem Kommenden kann sie niemals rechtfertigen. Gott wird wissen, was er uns zu tragen aufgeben kann. Fügen wir uns seinem Willen, auch wo wir ihn nicht mehr verstehen! Sonst waren wir auch der guten Zeiten nicht wert."

Sein letzter Brief aus Berlin vom 11. Februar 45 an Mutter kehrt noch einmal zur Frage seiner weiteren Verwendung zurück. Er schreibt, dass „dies mein letzter Sonntag in Berlin ist, und ich nicht, wie ursprünglich geplant, zu neuer Verwendung in der FWi-Organisation nach Ost oder West geschickt, sondern schlicht und ohne weitere Umwege zur Truppe abgegeben werde. Die Entscheidung kam, so sehr ich immer schon mit ihr gerechnet hatte, gestern doch überraschend. Vor allem trifft sie nicht nur mich, der ich ja schon eine Weile zwischen Himmel und Erde schwebe, sondern meine ganze Abteilung: die 3 MV-Beamten, die die Restabwicklung des Wi-Stabes Ost hätten durchführen sollen, und auch Reinbothe selbst, der freilich fürs RWM uk-gestellt werden soll. Der Grund für diese plötzliche Anordnung des Generals ist nicht ganz durchsichtig. Offenbar hat es im Zusammenhang mit den in letzter Minute gescheiterten Verlagerungsplänen höheren oder höchsten Orts ein

Donnerwetter gegeben; nun muss das Amt verkleinert werden und alte Ambitionen fahren lassen. ... Das Unglück wills überdies, dass der uns sehr wohlgesinnte und taktisch recht geschickte Personalreferent im Stab, der den Stoß vielleicht hätte auffangen können, gerade verreist ist. So traf der Stoß uns gleich unmittelbar und ziemlich rüde. Der schriftliche Befehl wird morgen oder übermorgen einlaufen. Spätestens am Mittwoch werde ich also nach Dresden-Radebeul zur Ersatzabteilung im Marsch gesetzt werden. Dort gibt's einen Papierkrieg von 2-3 Tagen, dann wird man nach Marburg geschickt, als MV-Beamter ‚entliehen' und dem heimatlichen Wehrbezirkskommando (also Magdeburg) zur Verfügung gestellt. Bis zum neuen Gestellungsbefehl hats also noch gute Weile. ...

Das Ende dieser 2 Jahre MV-Dienst hätte etwas würdiger sein können, aber sonst erschütterts mich nicht. Ich war völlig darauf gefasst, und es hat einiges für sich, im jetzigen Stadium des Krieges (normaler) Soldat zu sein, statt in goldverbrämter Uniform mit silbernem Ordensstern [für das Kriegs-Verdienstkreuz 1. Klasse, das ihm vom Minister verliehen wurde] am Schreibtisch zu sitzen und doch am Verhängnis nichts ändern zu können. Du weißt, dass ich kein ‚soldatischer Mensch' im NS-Jargon bin, aber ich freue mich jetzt darauf, endlich eine Waffe in die Hand zu bekommen. Schwach und feig soll mich keiner finden. Und gefährdet sind wir allenthalben; mehr als jämmerlich vegetieren kann für die nächsten Jahre ohnedies nur, wer die Angst vor dem Tod zu überwinden weiß. Dazu helfe Gott mir und uns allen!"

Am 16. Februar berichtet er schließlich seinem Vater, dass nun „gestern über meine weitere Verwendung entschieden worden ist: ich werde nicht zur Truppe abgegeben, sondern in der Feldwirtschaftsorganisation neu eingesetzt und zwar bei einer Armee im Osten mit Dienstsitz und hauptsächlichem Arbeitsfeld in Stettin. Aufgabe: Heranziehung der gewerblichen Wirtschaft für den Frontbedarf und (notfalls) Räumung der Betriebe. Alles Nähere muss ich selbst erst an Ort und Stelle erkunden. Leicht wird es nicht sein, aber ich bin sehr glücklich, nun endlich wieder eine positive Aufgabe und eigene Verantwortung zu haben." Bekümmert war er nur über die Aussicht, seine Schwester Annemarie, mit der er in den letzten fast eineinhalb Jahren zusammengelebt hatte, nun allein zurückzulassen. Sie hatte als Assistentin in dieser Zeit ihre wirtschaftswissenschaftliche Promotion abgeschlossen, hatte jedoch keine realistische Aussicht, aus dem immer stärker belagerten Berlin herauszukommen.

Wie in seinem Brief an seinen Vater angedeutet, wurde er im Rahmen des Feldwirtschaftsamtes eingesetzt als Verbindungsmann für alle Wirtschaftsfragen zwischen der Armee und den örtlichen militärischen und zivilen Dienststellen. Dabei handelte es sich um die Heeresgruppe Weichsel. Sie war am 21. Januar 1945 neu gebildet worden unter Zusammenfassung von verschiedenen Verbänden, die zuvor an anderer Stelle eingesetzt waren. Sie sollte die durch den Ausfall der früheren Heeresgruppe Nord und den Zusammenbruch der Heeresgruppe Mitte im Sommer 1944 entstandene Lücke der nördlichen Ostfront zwischen Elbing/Westpreußen und Niederschlesien schließen und den Vormarsch der sowjetischen Armeen über die Oder stoppen. Das gelang letztlich nicht, aber die Einheiten der Heeresgruppe trugen die Hauptlast der Verteidigungsschlacht an den Seelower Höhen im April 1945.

Als Oberbefehlshaber der Heeresgruppe hatte Hitler den Reichsführer SS Heinrich Himmler eingesetzt. Nach einer Reihe von Fehlentscheidungen wurde Himmler am 21. März 1945 abberufen und durch Generaloberst Gotthard Henrici ersetzt, der als Spezialist für Defensivoperationen galt. Himmler hatte sich in der Uckermark, nördlich von Berlin, in den Jahren 1943/44 von KZ-Häftlingen aus dem Lager Ravensbrück ein Ausweichquartier bauen lassen, um den Bombenangriffen auf Berlin zu entgehen. Die kleine Barackensiedlung „Birkenhain", 12 km südwestlich von Prenzlau, diente zunächst Himmler und dann seinem Nachfolger Henrici als Hauptquartier der Heeresgruppe Weichsel.[40]

Vaters Aufgabe bestand vor allem in der Einbindung der örtlichen Wirtschaftsbetriebe in die Versorgung der Truppen auf dem Rückzug. Ihm war als Dienstort Stettin zugewiesen worden. Nachdem er gerade dort angekommen war, schrieb er an Mutter am 21. Februar 1945: „Heut Vormittag bin ich im LKW hier eingefahren, wo ich nun weiterhin hausen und wirken soll. … Ich bin noch am Sonntagabend richtig nach Prenzlau und durch einen Glücksfall auch noch in die weit außerhalb liegende Kaserne gekommen, wo der große Stab untergebracht ist, etwas beengt, aber sonst ganz komfortabel und hervorragend verpflegt. Montag und Dienstag war ich zur Einarbeitung dort, heut muss ich nun anfangen, mich hier ganz auf eigene Füße zu stellen, mit allen Vorteilen und Nachteilen der Selbständigkeit. Fürs erste wohne ich noch im Hotel, doch werde ich im Gebäude der Wehrkreisverwaltung, wo ich mir ein Zimmer sichern konnte, weiterhin nicht nur arbeiten, sondern auch wohnen und schlafen, allerdings recht primitiv auf einem Holzwolle-Sack auf der Erde. … Meiner Aufgabe hier stehe ich noch mit etwas gemischten Gefühlen gegenüber; sie läuft erst an, und es wird wesentlich von mir selbst abhängen, was daraus wird."

Vater hätte wohl bei der Heeresgruppe in Prenzlau bleiben können. Aber er hatte sich bewusst für die Aufgabe in Stettin entschieden. „Die Arbeit ist interessanter und beweglicher: dort kommt man kaum vom Schreibtisch weg und noch weniger einmal zum Kasernentor hinaus, während ich für die wenigste Zeit am Schreibtisch sitze, meist bei irgendwelchen Behörden, Dienststellen oder Betrieben unterwegs bin, es also mit Menschen und nicht mit Akten zu tun habe und daher in der Einteilung und Bewältigung meiner Arbeit völlig mein eigener Herr bin. Das ist, zumal beim Militär, Goldes wert, und so bin ich zufrieden und verlange nicht mehr.

Über meine Aufgabe lässt sich so viel sagen: Der Sitz der Heeresgruppe ist nach militärischen Gesichtspunkten und Unterkunftsgelegenheiten gewählt; die große Stadt wurde daher wohl mit Bedacht vermieden. Infolgedessen sitzt die Abteilung Wirtschaft, der ich angehöre, dort aber auch wirklich auf dem Dorf, während sie doch bei jedem Schritt, den sie hier im Reichsgebiet tun will, auf engste Zusammenarbeit mit den bestehenden, das Gebiet verwaltenden Zivil- und Militärbehörden angewiesen ist, die zumeist ihren Sitz hier in der Gau- und

Provinzhauptstadt haben. Meine Aufgabe ist es nun, für den Bereich der gewerblichen, also z.B. nicht Land- oder Forst-Wirtschaft diese Zusammenarbeit herzustellen, also die beiderseitigen Wünsche hin- und herzutragen, vorzubringen, durchzusetzen, Informationen über das Wirtschaftsgebiet Pommern zu sammeln und weiterzugeben, bei der Abschwächung der schweren Störungen mitzuhelfen, die der Krieg im eigenen Land für die hiesige Wirtschaft bedeutet, und endlich bei etwa notwendig werdenden Räumungs- und ähnlichen Maßnahmen mitzuhelfen. Eine Diplomatenrolle also im Soldatenrock für Wirtschaftsfragen, die außer dem unerlässlichen Fundus an Wirtschafts- und Verwaltungskenntnissen einige Geschicklichkeit im Umgang mit Menschen erfordert. Wie ichs anfange, bleibt ganz mir überlassen, angefangen von der Beschaffung der Unterkunft, Büro u.dgl. bis zur Frage, an wen ich mich bei meinen jeweiligen Anliegen an besten halte. ... Zum Glück kannte ich von der Ostarbeit her den Wehrwirtschaftsoffizier des hiesigen Wehrkreises, Oberst Droge, einen unbedeutenden, aber netten, unkommissmäßigen Mann, an den ich mich zunächst einmal hielt, zumal sich meine Aufgaben mit den seinen weithin berühren, und er mir gleich aufs freundlichste half. ... Die sachlichen Schwierigkeiten meiner Aufgabe liegen allermeist natürlich in den tausend Nöten, die der Krieg im eigenen Lande hier geschlagen hat und täglich neu schafft, aber auch in dem wahren Dickicht von Zivil- und Militärbehörden, die bei uns im 6. Kriegsjahr mit sich überschneidenden Zuständigkeiten und Prestigeansprüchen neben, durch- und gegeneinander regieren. ... Dabei sind sie im Ganzen guten Willens, und ich kann von einem beträchtlichen Kapital von Respekt zehren, das man der Heeresgruppe und ihrem Oberbefehlshaber zu zollen bereit ist."

Am 4.3.45 schreibt er aus Stettin an seinen Vater, dass ihm die Arbeit, die viel eigene Initiative erfordere, Freude mache. Allerdings sei durch die Tatsache, dass die Russen die Front in Ostpreußen durchstoßen hätten, ein größerer Teil seines Arbeitsgebietes (in Pommern) entfallen. Außerdem müsse sich Stettin nun bald unmittelbar als Festung bewähren.

Dann folgt ein Brief an Mutter vom 10. März in dem er über die kritische militärische Lage, besonders an der Oderfront, berichtet. Stettin wurde nun offiziell zur Festung erklärt. „Freilich wird jetzt mit Macht geräumt; man will Frauen und Kinder annähernd vollständig herausbringen, verlegt auch viele militärische und zivile Dienststellen nach Vorpommern oder Mecklenburg und versucht auch, soweit der knappe Transportraum das zulässt, die recht beträchtlichen Bestände an Wirtschaftsgütern aller Art, vor allem natürlich der landwirtschaftlichen Produkte, die hier lagern, herauszuschaffen. Diese letztere Aufgabe steht nun auch im Mittelpunkt meiner Arbeit. Sie macht noch allerlei organisatorische und technische Schwierigkeiten, ist aber im Rahmen des überhaupt Möglichen doch schon ganz ordentlich angelaufen, und ist jedenfalls so dringlich und wichtig, dass es davor gar kein inneres Zögern geben kann." Auch die Wirtschaftsverwaltung des Wehrkreises, in deren Haus Vater arbeitete und wohnte, war mit Mann und Maus nach Schwerin abgerückt. An ihre Stelle war inzwischen der Festungskommandant mit Stab in das Haus eingezogen. „Fällt Stettin, so sehe ich nicht mehr, wo wir den Russen im Norden überhaupt noch aufhalten sollten. Das gibt dem Entschluss, hier nicht locker zu lassen, die notwendige Härte."

Eine Woche später, am 18.3.45, schreibt er immer noch aus Stettin: „Im Ganzen finde ich es immer wieder erstaunlich, wie normal und ungestört man so auch hinter der Front lebt. Mach Dir darum auch keinerlei Sorgen um mich; ich bin bisher hier sicherer aufgehoben als den letzten Bombenwinter über in Berlin. Natürlich sind Überraschungen im Krieg nie ausgeschlossen; gelingts den Russen, irgendwo durchzustoßen, so kann die Lage für die Stadt von einer Stunde zu anderen kritisch werden. Sehr wahrscheinlich ist das aber nach dem gegenwärtigen Stand der Dinge nicht."

Er spricht dann von der schwierigen Zusammenarbeit mit Oberst Droge bei der Räumung von Stettin. „Im Grunde ist diese Räumung ja ein todtrauriges Geschäft, aber wenn man, wie auch sonst im Krieg, einen eisernen Reif ums Herz legt, so wirds zu einer interessanten und oft im Wettlauf mit dem Feind sehr spannenden Aufgabe. Mein anderes Werkel, die Truppenversorgung aus dem Lande und der damit zusammenhängende Behördenverkehr, hat demgegenüber in dem Maße, in dem das zivile Leben in Stettin abstirbt, an Bedeutung verloren. So lässt sich, auch wenn die Front an der unteren Oder hält, eigentlich der Tag absehen, wo ich hier überflüssig werde. Aber noch ists nicht so weit, und wer kann heut schon auf 2-3 Wochen hinaus planen."

Am 23.3.45 schreibt er aus Stettin, nach zwei Tagen Artilleriebeschuss der Stadt durch die Russen: „Jetzt ist die Stadt so gut wie ausgestorben, fast alle Geschäfte geschlossen, die Betriebe stillgelegt, die Menschen verschwunden; es herrscht der Soldat im Guten wie im Bösen. Trotzdem fällt es bei der augenblicklichen Ruhepause an der Front und dem herrlichen Frühlingssonnenschein, mit dem wir seit gestern beglückt werden – soweit unsre Sinne und Herzen so zarte Anrufe überhaupt noch wahrzunehmen im Stande sind – einigermaßen schwer, daran zu glauben, dass nur wenige Kilometer über die Oder weg, in Nachmittagsspaziergang-Nähe also, der Russe mit seinem ganzen fürchterlichen Vernichtungsapparat lauert."

Seine eigentliche Aufgabe, d.h. die Beschaffung für den Truppenbedarf, hatte sich eigentlich erledigt, da es keine Betriebe, keine Produktion und auch keine entsprechenden Verwaltungsbehörden mehr gab. „Es bleibt die Räumungsarbeit, an der ich mitwirke, aber doch nur als einer von mehreren Köchen an einer aus vielen Gründen nicht sonderlich schmackhaften Suppe, also ohne klaren Auftrag und Verantwortung, mehr als Zuschauer oder Amateur-Mitspieler bei Oberst Droge, dem Hauptregisseur. ... So sind meine Tage in Stettin gezählt, und es kann sich nur fragen, ob ich schon bald allein, oder in 10-14 Tagen zusammen mit Oberst Droge, oder irgendwann vorher unfreiwillig die Stadt verlasse. Ich bin dabei, mich darüber mit der Heeresgruppe zu verständigen. Welche neue Tätigkeit mir dann zugewiesen wird, weiß ich noch nicht; es ist nicht ausgeschlossen, dass auch ich mein Standquartier in Mecklenburg, wenn nicht gar in Schwerin selbst erhalte. ... Jedenfalls scheints mir sehr unwahrscheinlich, dass ich die Ostertage noch in Stettin verleben werde. ... Aber der schreckliche Druck, den der Kriegsverlauf auf uns legt, ist, je näher die Front, desto besser zu ertragen, und das Bedürfnis, irgendwo endgültig stehen zu bleiben und sich lieber totschlagen zu lassen, als auszuweichen und der bolschewistischen Sintflut wieder und wieder Raum zu geben, ist so stark, dass es auch – nicht die Liebe, aber die Sehnsucht nach Deiner und der Kinder Nähe zu übertönen vermag. Verzeih mir dies Wort ... ."

Offenbar bestand die Absicht der Leitung in Prenzlau, Vater zum 31. März aus Stettin abzuziehen und dem Oberquartiermeister Wirtschaft der Heeresgruppe Weichsel für das Einsatzkommando Stettin-Schwerin mit Sitz in Schwerin zuzuteilen. Darauf bezieht er sich in seinem Brief vom 29.3.45: „Allerdings wird sich nun auch mein Stettiner Aufenthalt weiter verlängern, nachdem man in Prenzlau schon im Begriff gewesen war, mich auch – nach Schwerin zu versetzen. Aber aufgeschoben ist nicht aufgehoben, und die Lage kann sich hier auch rasch wieder ändern. Von den Ostertagen werde ich allerdings auf diese Weise nicht viel merken." Aber dann ging doch alles recht schnell. Nachdem die Russen südlich von Stettin die Oder überquert hatten, verlor Stettin seine strategische Bedeutung und wurde schließlich am 25. April aufgegeben. Am 2.4.45, dem Ostermontag-Abend, schreibt Vater: „Jetzt, da die Entscheidung vom Westen her zu kommen scheint, dränge ich doch darauf, vorher noch, also bald, meine Versetzung nach Schwerin wirksam werden zu lassen, um in den kritischen Zeiten bei Euch zu sein. Hoffentlich gelingts." Und vier Tage später kann er die „frohe Botschaft" verkünden: „Aus meiner Versetzung nach Schwerin wird nun Ernst! Ich muss morgen zum Generalrapport und neuem Befehlsempfang nach Prenzlau, will Sonntag noch einmal hierher kommen und am Montag nach Schwerin weiterfahren, zunächst im Auto, verbunden mit einer Dienstreise über verschiedene Orte, den Rest möglicherweise mit der Bahn. Frühestens Montagabend, vielleicht auch erst Dienstag, bin ich also bei Euch. Erschrick nicht wegen des Quartiers; ich werde mir Wehrmachtsquartier nehmen, da Du doch schwerlich noch Platz für mich hast, und auch weiterhin wohl kaserniert bleiben müssen."

Die letzten Wochen des Krieges verbrachte Vater also schon in Schwerin. Dort wurde er auch am 1. Mai 1945 offiziell entlassen. Als bisheriger Militärverwaltungsbeamter unterstand er nun nicht mehr den Befehlen der Heeresgruppe, bei der er eingesetzt war. Er befand sich daher als Zivilist in Schwerin, als die Amerikaner in Schwerin als erste der alliierten Verbände einmarschierten. Sie nahmen noch vor der Kapitulation die in Schwerin stationierten deutschen Verbände, insbesondere auch die Mitarbeiter der Wirtschaftsgruppe des Oberquartiermeisters, in Gefangenschaft. Ich erinnere mich an eine öffentliche Bekanntmachung der Amerikaner, mit der sie alle wehrfähigen Männer aufforderten, sich zur vorläufigen Gefangennahme zur Verfügung zu stellen. Auf diese Aufforderung hat Vater geantwortet; er ist später darauf aufmerksam gemacht worden, dass er sich gar nicht hätte melden müssen. Er sah darin jedoch eine Pflicht der Solidarität mit den Kameraden.

Versuch einer ersten Rückbesinnung und Überleitung

Mit Vaters Entlassung als Militärverwaltungsbeamter und der anschließenden Gefangennahme ist der Punkt erreicht, wo sich ein Rückblick auf seine ersten vierzig Lebensjahre nahelegt. Da ist auf der einen Seite die Prägung durch die wohlgeordnete, bürgerlich-liberale Welt seiner Familie und das Vorbild seines Vaters als eines tatkräftigen und erfolgreichen Unternehmers und Betriebsführers in der Versicherungswirtschaft. Aber schon früh drängte er aus dieser Welt und den an ihn gerichteten Erwartungen heraus. Er riskierte die Auseinandersetzung mit seinem Vater über die politische Einstellung zur neuen demokratischen Ordnung der Weimarer Republik; aber er blieb doch gefangen in den Vorstellungen nationalstaatlicher Konkurrenz und der weit verbreiteten Skepsis gegenüber der angelsächsisch geprägten internationalen Ordnung nach dem Ersten Weltkrieg. Kulturell fühlte er sich der französisch-romanischen Welt besonders verbunden, und die schon früh einsetzende kritische Auseinandersetzung mit der liberalen Tradition von Wirtschaft und Gesellschaft blieb ein bestimmender Zug seines Denkens.

In seiner Ausbildung und Berufswahl folgte er nicht dem traditionellen Modell des Rechtsanwalts bzw. des juristischen Staatsdienstes oder dem ihm vom Vater empfohlenen Weg in die Versicherungswirtschaft, sondern entschied sich für eine akademische Karriere, für die es in der familiären Umgebung kein Vorbild gab. Er verfolgte diesen Weg mit großer Arbeitsdisziplin und einem deutlichen Ehrgeiz. Dabei entdeckte er allmählich den Einsatz für Wahrheit und Gerechtigkeit in Sinne des Ideals der klassischen Universität als seine „Berufung" und empfand nach der erfolgreichen Habilitation seinen politisch bedingten Ausschluss als „Verbannung". Schon früh in seinem Studium erweiterte er seinen Zugang zur Rechtswissenschaft durch nationalökonomische Studien. Daher ergriff er nach anfänglichem Zögern den Ausweg in eine Leitungsaufgabe in der Versicherungswirtschaft als eine Chance, die er mit der ihm eigenen Tatkraft nutzte, ohne freilich seine eigentliche Berufung aufzugeben.

Die politischen Umwälzungen spätestens seit 1933 verfolgte er mit einer deutlichen inneren Distanz. Er befand sich mit seinen Freunden in Berlin und Stuttgart in klarer Gegnerschaft zum Nationalsozialismus und wählte die „innere Emigration". Er empfand sich als „machtloser Intellektueller" und hielt den bewussten Widerstand gegen das Regime ohne eine entsprechende Machtbasis für nutzlos oder gar selbstmörderisch. Die Basis für demokratisch-zivilgesellschaftliche Einwirkung hatte sich in den kurzen Jahren der Weimarer Republik noch nicht gefestigt; das alte obrigkeitliche Denken blieb jedenfalls unterschwellig weiterhin wirksam. Die Berufung an die Reichsuniversität Straßburg ergriff er als Chance zur Rückkehr in seinen eigentlichen „Beruf", trotz der politischen Konzession des Beamteneides auf Hitler.

Ambivalent blieb auch seine Haltung zur militärischen Dienstverpflichtung als Militärverwaltungsoberrat im Wirtschaftsstab Ost. Obwohl er sich nicht als „soldatischer Mensch" im nationalsozialistischen Sinn verstand, war für ihn die Rolle des Militärs in der Verteidigung des Vaterlands eine nicht hinterfragte Forderung. Die patriotische Identifikation mit dem Schicksal des eigenen Landes verdeckte bei ihm die grundsätzliche kritische Frage nach Recht und Unrecht des Krieges. Den Krieg erlebte er mehr und mehr als ein Verhängnis, dem er tapfer standzuhalten versuchte. Er hatte Achtung vor dem klassischen Berufsethos von Offizieren, aber die brutale deutsche Kriegsführung im Ostfeldzug und den unterschiedslosen alliierten Luftkrieg gegen deutsche Städte empfand er als Bruch elementarer sittlicher Ordnungen. Gegen Ende des Krieges verstärkte sich für ihn die Einsicht, dass die bisher noch tragende Werteordnung der bürgerlichen Gesellschaft in der Auflösung begriffen sei, und damit das Gefühl der Verpflichtung, sich mit allen Kräften für eine neue Ordnung einzusetzen.

Er war ein treuer, um das Wohl seiner Frau und der Kinder besorgter Ehemann und ein liberaler, verantwortungsbewusster Vater. Es gab für ihn in der Tradition der Familie kein Vorbild für die Gestaltung einer Ehe mit einer akademisch qualifizierten Frau, die in der Lage gewesen wäre, selber im erlernten Beruf als Ärztin tätig zu sein. Dass er Mutter wegen seines beruflichen Engagements und seiner häufigen Abwesenheit mit den Kindern und wechselnden Haushilfen allein lassen musste, empfand er als belastende Herausforderung, die zu meistern ihm nach eigenem Urteil nicht wirklich gelang.

Den physischen und seelischen Belastungen der Kriegsjahre und der Trennung von Frau und Kindern begegnete er mit großer innerer Selbstdisziplin und der unablässigen Bemühung, seine Frau und seine Eltern jedenfalls moralisch zu unterstützen. Dabei half ihm ein religiös begründetes Grundvertrauen, das er – wohl auch angeregt durch seinen Schwiegervater – durch intensive Auseinandersetzung mit der lutherischen theologischen Tradition zu festigen suchte. Die theologischen Positionen jedenfalls des radikalen Flügels der Bekennenden Kirche blieben ihm ebenso fremd wie eine pietistische Frömmigkeit. Der bewusste Bezug auf die von Gott gesetzte Ordnung wurde für ihn als Jurist und für sein Verständnis von Recht und Gerechtigkeit zur entschiedenen Richtschnur.

Nach der Wendung des Krieges im Osten in der ersten Jahreshälfte 1943, und vor allem, als sich nach den Ereignissen im Sommer 1944 (Landung in der Normandie, Zusammenbruch der Heeresgruppe Mitte an der Ostfront und Fehlschlag des Attentats vom 20. Juli) die vollständige Niederlage abzeichnete, hatte Vater sich innerlich auf das Ende aller bisher tragenden Strukturen seines Lebens vorbereitet. Im Oktober 1944 hatte er an seine Frau geschrieben: „Der Totale Krieg, in den wir nun eintreten, wird vollends alles verschlingen und vernichten, was wir bisher an materiellen und geistigen Werten von unseren Vätern überkommen haben. Sein Ende wird völlige Erschöpfung bedeuten; dass wirs (zum mindesten: wir Männer) überleben, ist weniger wahrscheinlich, als dass wir vorher eines gewaltsamen Todes sterben.

Der Überlebende wird fast buchstäblich auf der nackten Erde von vorn anfangen müssen."[41]

Das klingt fast wie eine Vorahnung dessen, was er jedenfalls in den ersten Wochen seiner Gefangenschaft erlebte. Vaters erste Nachricht aus der (noch) amerikanischen Kriegsgefangenschaft ist datiert vom 17. Mai 1945 und stammt aus Buchholz, einem Ort in der Nähe von Schwerin an der Straße nach Ludwiglust. Dort war er, zusammen mit Angehörigen von Einheiten der Heeresgruppe Weichsel, die sich nicht mehr nach Westen hatten absetzen können, unter freiem Himmel auf der „nackten Erde" untergebracht. Schon am 19. Mai schreibt er, dass sie von den Amerikanern an die Engländer übergeben und umgelegt werden sollten in ein neues Lager nördlich von Lübeck unter britischer Verwaltung. Denn inzwischen waren die amerikanischen Einheiten im Begriff, sich in die ihnen zugewiesene Besatzungszone im Süden Deutschlands zurückzuziehen. Am 22. Mai berichtet er dann, dass die Amerikaner alle 350.000 Gefangenen, die bisher um Schwerin herum festgehalten wurden, an die Engländer abgeben würden, die sie dann „auf einem halbinselartigen Landzipfel östlich der Linie Lübeck-Kiel unterbringen wollen, wo außer 85.000 Einwohnern bereits 250.000 Flüchtlinge hausen sollen". Die Kriegsgefangenen wurden daher verladen in Güterwagen zu je 50 Mann mit Zielort Scharbeutz nördlich von Lübeck. Von da aus waren es noch 10-15 km Fußmarsch bis zum neuen Lager. Vater drückte die Hoffnung aus, dass die Engländer eine ordentliche Registrierung der Gefangenen vornehmen und auch Entlassungen vorbereiten würden.

Seine nächste Nachricht ist datiert vom 6. Juni 45 und kam aus Pülsen, einem Dorf am Nordrand des Selentiner Sees, östlich von Kiel. Er bezeichnete dies als sein bereits elftes Quartier und sprach gleichzeitig von einer bevorstehenden Verlegung in ein reines Offizierslager in Putlitz, unmittelbar an der Kieler Bucht. Dann kam eine Karte vom 26. Juni, also drei Wochen später, in der er davon berichtete, dass er vor kurzem mit einem Kollegen (Dr. Weidemann) in ein Offizierslager etwas weiter westlich, in Putlos bei Oldenburg in Holstein, verlegt worden sei. Sie waren dort in neuen Kasernen untergebracht mit dem unerwarteten Komfort von Betten, Tisch, Stühlen, Schrank und Waschraum. Auch die Verpflegung war besser und es gab eine Bibliothek. Außerdem begegnete er dort einem früheren juristischen Kollegen aus Leipzig, Prof. Dr. Hans Thieme.

Mehr als zwei Monate später schrieb er am 11. September aus Eutin und berichtete, dass er bis Ende August in Putlos gewesen sei. Dr. Weidemann sei schon Anfang Juli, Prof. Thieme Mitte Juli entlassen worden. Da sein Familienbezugspunkt in der russischen Zone lag, wurde er bei den Entlassungen zunächst zurückgestellt; die britischen Militärstellen konnten Gefangene zunächst nur in die britische Zone entlassen. Zusammen mit Prof. Thieme hatte er angefangen, juristische Kurse für die Mitgefangenen anzubieten und hatte diese Praxis nach Prof. Thiemes Entlassung allein weitergeführt. Sein Vorlesungsangebot umfasste folgende Themen: „4-stündig über ‚Grundzüge des bürgerlichen Rechts‘, 2-stündig über ‚Rechtsfälle des täglichen Lebens‘ und 1-stündig über ‚Englisches Rechtsleben‘". Für dies alles gab es nur sehr primitive oder überhaupt keine gedruckten Hilfsmittel. Vater schrieb darüber im Rückblick: „Auf diese Weise war ich zeitlich, aber auch geistig und seelisch aufs glücklichste ausgefüllt; ich habe einen Mordsspaß daran gehabt und auch bei meinen Hörern offenbar Anklang und Dankbarkeit gefunden."

Ab dem 1. August waren Dolmetscher- bzw. Übersetzerpflichten für das zuständige englische Korps zur Erleichterung des militärischdienstlichen Schriftwechsels hinzugekommen. Ende August war dann im Lager der Befehl des englischen 8. Korps eingetroffen mit der Weisung, „mich zum 1. September nach Eutin zu schicken, wo ich von dem (für Hannover zuständigen) 30. Korps abgeholt werde, um von diesem in dessen Bereich entlassen zu werden". Seit dem 1. September war er daher zusammen mit einem Mediziner in eine Kaserne nach Eutin verlegt worden in der Erwartung seiner baldigen Entlassung. Bereits seit Anfang Juli hatte er zusammen mit Prof. Thieme an die juristischen Fakultäten in der britischen Besatzungszone geschrieben mit der Frage, ob sie Verwendung für seine Dienste hätten. Anfang August kam dann ein Brief „von Prof. Smend aus Göttingen, dem zu meiner Zeit in Berlin gewesenen und daher mir persönlich bekannten und mit der Geschichte meiner damaligen Habilitation und ihrem politischen Fiasko wohl vertrauten Staatsrechtler, der z.Zt. sogar Rektor in Göttingen zu sein scheint, mit der Nachricht, dass man mich dort gut brauchen könne und dass er mich daher bei der britischen Militärregierung angefordert habe".

Es gab dann noch weitere Verzögerungen, aber Vater war doch hoch erfreut über die Aussicht, endlich an die Hochschule und in die Lehrtätigkeit zurückkehren zu können. Die nächste Nachricht kam dann am 2. Oktober bereits aus Göttingen. Er schreibt: „Gestern bin ich endlich, endlich, nach einer wahren Odyssee in Hannover aus der Kriegsgefangenschaft und damit auch aus jeglichem Militärverhältnis entlassen worden. ... Jedenfalls hat mich der Dekan meiner hiesigen Fakultät gleich mit offenen Armen aufgenommen; morgen will ich zu Smend, der Rektor ist, und wenn ich nicht noch im letzten Augenblick vom Engländer abgelehnt werde (ängstlich ist man hier wegen meiner Tätigkeit beim Wi-Stab Ost), so werde ich wohl schon in ein paar Tagen mit meinen Vorlesungen beginnen können."

Zum besseren Verständnis der folgenden Berichte über die Göttinger Jahre seien hier noch einige Erläuterungen zu den politischen Strukturen nach dem Kriegsende und der Kapitulation der deutschen Wehrmacht eingefügt. Deutschland war mit der Kapitulation ein besetztes Land geworden, die NS-Regierung war entmachtet und die rechtliche Kontrolle und politische Verantwortung war auf die Oberbefehlshaber der vier Siegermächte übergegangen. Zwischen der sowjetischen, amerikanischen und britischen Führung hatte man sich bereits im September 1944 auf die Aufteilung Deutschlands in Besatzungszonen geeinigt; bei der Potsdamer Konferenz vom 17.7.-2.8.1945 wurde auch Frankreich eine Besatzungszone zugewiesen. Außerdem war bei der Potsdamer Konferenz die Westverschiebung Polens endgültig beschlossen worden mit der Folge, dass die noch verbliebene deutsche

Bevölkerung aus Ostpreußen, Hinterpommern und Schlesien ausgewiesen und vertrieben wurde. Die Oder-Neiße-Linie wurde damit zur östlichen Grenze des besetzten Deutschland. Die britische Besatzungszone umfasste die heutigen Länder Nordrhein-Westfalen, Niedersachen, Schleswig-Holstein, Bremen und Hamburg; die Amerikaner hatten die Verantwortung für die heutigen Länder Hessen und Bayern sowie für Nordwürttemberg/Nordbaden übernommen; den Franzosen waren Rheinland-Pfalz, Baden und Württemberg-Hohenzollern zugeteilt; und die heutigen östlichen Länder Mecklenburg-Vorpommern, Brandenburg, Sachsen-Anhalt und Thüringen bildeten die sowjetische Besatzungszone. Berlin wurde ebenfalls in vier Sektoren aufgeteilt.

Auf der Potsdamer Konferenz hatten sich Churchill, Truman und Stalin außerdem auf die wesentlichen Grundsätze für die gemeinsame Militärverwaltung Deutschlands geeinigt. Die Gesamtverantwortung war dem Alliierten Kontrollrat mit Sitz in Berlin übertragen worden. Die von ihm erlassenen Gesetze oder Direktiven schufen den Rahmen für die Ordnung des öffentlichen Lebens, nachdem alle NS-Gesetze aufgehoben worden waren. Wichtig waren besonders die Direktive Nr. 10 (Bestrafung von Personen wegen Kriegsverbrechen, Verbrechen gegen den Frieden und Verbrechen gegen die Menschlichkeit; dies war die Grundlage für den Nürnberger Kriegsverbrecherprozess im Herbst 1946), und die Direktive Nr. 24 zur Entfernung von NS-belasteten Personen aus öffentlichen Funktionen (Entnazifizierung). Zwar bestand zwischen den Alliierten Einigkeit über die allgemeinen Grundsätze, aber sie hatten unterschiedliche Vorstellungen von der zu schaffenden neuen staatlichen Ordnung in Deutschland. Die Briten und Amerikaner plädierten für eine parlamentarische, föderale Demokratie; die sowjetischen Vorstellungen zielten auf eine Ordnung des demokratischen Zentralismus mit einer Einheitspartei; die Franzosen traten für eine weitgehende Zerschlagung der zentralen staatlichen Strukturen in Deutschland ein.

Die vier Besatzungszonen waren streng voneinander abgegrenzt. Bewegungen über die Zonengrenzen waren nur mit spezieller Erlaubnis möglich. In Göttingen hatte Vater es mit der britischen Militärverwaltung zu tun, die ihren Bereich zentral unter Einsatz der traditionellen lokalen und regionalen Strukturen leitete. Bereits im Sommer und Herbst 1946 bildeten die britischen Behörden nach der Auflösung des ehemaligen preußischen Staatsgebiets die Länder Nordrhein-Westfalen, Niedersachen und Schleswig-Holstein. Als die amerikanisch/britischen Versuche zum Aufbau einer zentralen wirtschaftlichen Verwaltung für ganz Deutschland am französischen und sowjetischen Widerspruch scheiterten, gründeten die amerikanischen und britischen Besatzungsbehörden am 1. Januar 1947 die Bi-Zone zur gemeinsamen wirtschaftlichen Verwaltung, was dann auch die Bewegung innerhalb dieser westlichen Regionen erleichterte.

Die Göttinger Aufbau-Jahre 1945-51

Als Vater in Göttingen ankam, trug er, wie viele der Studenten, noch immer seine nach fünf Monaten Gefangenschaft recht abgeschabte Uniform. Seine gesamte Habe war in einem Rucksack verstaut. Am 7. Oktober 1945 berichtete er in einem Brief, dass er jetzt ein Zimmer gefunden habe, aber noch auf die Lieferung des Strohsackes warte, um dort einziehen zu können. Das Zimmer lag in der Bühlstraße 26a. Am 10. Oktober hielt er seine ersten Vorlesungen über Erbrecht und Wertpapierrecht; außerdem war er verantwortlich für Anfängerübungen.

Die britischen Besatzungsbehörden hatten auf eine rasche Wiedereröffnung der allgemeinen Bildungseinrichtungen gedrängt. Die Universität Göttingen war daher wohl als erste der westdeutschen Universitäten am 1. September eröffnet worden und der Lehrbetrieb hatte bereits am 19. September begonnen. Vater kam also verspätet zum Lehrbetrieb des Wintersemesters, aber er war glücklich, endlich in dem ersehnten Beruf als Hochschullehrer angekommen zu sein. Er wurde zunächst als Lehrbeauftragter angestellt, bis sein Status als ehemaliger Ordinarius in Straßburg und anschließend als Militärverwaltungsoberrat im Wirtschaftsstab Ost geklärt worden war. Von der großen politischen Entlassungswelle in der britischen Zone im Januar 1946 blieb er glücklich verschont, und nach dem Ende des Wintersemesters wurde er im März vorläufig als ordentlicher Professor für bürgerliches Recht, Wirtschafts- und Handelsrecht und als Mitglied der juristischen Fakultät ernannt. Offenbar hatte er sich anfänglich auch auf einen Lehrstuhl in Freiburg beworben; doch letztlich entschied er sich dafür, in Göttingen zu bleiben. Damit wurde er vorläufig ebenfalls in den Beamtenstatus übernommen, und zwar weitgehend zu den seinerzeit für die Berufung nach Straßburg ausgehandelten finanziellen Bedingungen. Nach weiteren politischen Entlastungsbescheiden vom 21. November 1947 und noch einmal vom 13. Juni 1949, d.h. nachdem er bereits ein Jahr als Rektor der Universität amtiert hatte, wurde die Berufung in das Beamtenverhältnis endgültig bestätigt. Sein Einkommen unterlag freilich zunächst einer Vermögenssperre wegen seiner früheren Zugehörigkeit zum Wirtschaftsstab Ost, sodass er am Anfang nur 300 RM im Monat verbrauchen konnte. Diese Sperre wurde jedoch bald nach der Ernennung zum ordentlichen Professor aufgehoben.

In der weiteren Korrespondenz mit Mutter in Schwerin standen die Sorgen um die dortige Lage der Familie und über die schwierige Kommunikation im Vordergrund. Vater unterstrich seinen entschiedenen Wunsch, Mutter und uns Kinder so bald als möglich nach Göttingen zu holen, obwohl noch völlig ungeklärt war, wie die Familie dort unterkommen und ernährt werden könnte.

Am 29.10.1945 tauchte in einem Brief zum ersten Mal der Vorschlag auf, dass Mutter vielleicht zunächst alleine nach Göttingen kommen könnte, um den Weg über die Zonengrenze und die Bedingungen in Göttingen zu erkunden, bevor sie mit den Kindern käme. Am 31.10. folgten dann genauere Angaben über die möglichen Wege über die „grüne Grenze". Mutter ist danach wohl in der Tat einmal allein über die grüne Grenze nach Göttingen gekommen. Sie verband die Reise offenbar mit einem Besuch in Magdeburg, um dort nach dem Rechten zu sehen. Vater deutete in seinem Brief an, dass die Magdeburger Versicherungs-Kollegen ihn überreden wollten zurückzukommen. Außerdem berichtete er, dass er eine dringende Einladung an die Bonner juristische Fakultät bekommen habe.

Am 8. November schrieb er dann, dass er den Ruf nach Bonn abgelehnt habe und dass nun das regelrechte Berufungsverfahren für Göttingen eingeleitet werde, nachdem er bisher nur als „Lehrbeauftragter" angestellt war. Außerdem hatte er eine Zuzugsgenehmigung für Frau und Kinder nach Göttingen ergattert. Im Dezember 1945 gelang ihm dann selber die eigentlich unerlaubte Reise von der britischen in die sowjetische Besatzungszone, um zu Weihnachten zur Familie nach Schwerin zu gelangen. Die Reise begann mit einem Fußmarsch über die „grüne Grenze" bei Heiligenstadt und dann in Etappen mit der Bahn über Halle, Magdeburg, Stendal und Wittenberge nach Schwerin, wo er nach drei Tagen am 23. Dezember ankam, sodass wir Weihnachten zusammen feiern konnten. Durch glückliche Umstände gelang es, dass sich die ganze fünfköpfige Familie am 30.12. einem offiziellen Flüchtlingstransport nach Westen anschließen konnte. Am 31.12. landeten wir in einem großen Flüchtlingsauffanglager nördlich von Lübeck. Dort haben wir auf dem Stroh einer großen Flüchtlingsbaracke den Jahreswechsel 45/46 erlebt.

In einem Brief an seinen Vater vom 15. Januar 1946 schreibt er: „Am 3.1. konnten wir uns von dort [d.h. Lübeck] lösen und auf eigene Faust die Fahrt nach Göttingen antreten, wo wir auch im Lauf des 4.1. eintrafen (nachdem wir von Lübeck bis Hannover 15 Stunden im offenen Güterwagen unterwegs gewesen waren) – durchgefroren, dreckig und müd, aber glücklich am Ziel zu sein. Und die Gesundheit und Munterkeit der Kinder hat darunter nicht im mindesten gelitten. So bin ich unsäglich erleichtert, dass alles gut abgelaufen ist und ich dabei sein und mithelfen konnte. An Kleidern, Wäsche und Hausrat konnten wir natürlich nur den dringendsten Notbedarf mitschleppen, aber auch das haben wir heil ohne Plünderung und Verlust durchgebracht."

Mutter und wir drei Kinder kamen in Göttingen in zwei Dachstuben bei sehr netten Leuten Am Weißen Stein 5 unter. Für Vater war dort kein Platz, und so schlief er zunächst weiter in seiner Bude in der Bühlstraße und arbeitete im juristischen Seminar. In demselben Brief an seinen Vater schreibt er: „So ists zwar nach bürgerlichen Begriffen noch eine recht beschränkte Existenz, aber wir sind so glücklich, endlich nach Jahren der Trennung wieder vereint, und dem russischen Elend entronnen zu sein, dass wir die verbliebenen Unbequemlichkeiten leicht tragen. Schrittweise wird's auch damit wieder bergauf gehen. (Unsere Magdeburger Wohnung mit den Möbeln, Büchern etc. ist noch heil, wenn schon ständig von russischer Einquartierung bedroht; dagegen ist das von Renate nach Perleberg ,gerettete' Gut – Bettwäsche, Anzüge, Vorhänge, das ganze Silber – bis auf kleine Reste ausgeplündert)."

Mitte Februar wurde uns dann in unserer Unterkunft ein kleines drittes Zimmer zur Verfügung gestellt, sodass Vater sein Zimmer in der Bühlstraße aufgeben und zu uns ziehen konnte.

Nur eines der Zimmer unserer Behausung konnte geheizt werden. Dort spielte sich vor allem im Winter das ganze Familienleben ab: An dem einzigen Tisch wurde gegessen; dort wurden auch Gäste empfangen; abends wurde dort die kleine Almut gewaschen und für die Nacht fertig gemacht; aber an diesem Tisch bereitete auch Vater abends seine Vorlesungen vor, nachdem wir Kinder schon ins Bett gegangen waren. Oft saß er dort noch lange bei Kerzenschein, wegen der häufigen Stromsperren.

Die Ernährung der Familie stellte die Eltern vor erhebliche Herausforderungen. Zwar gab es, wie in den Kriegsjahren, Lebensmittelmarken, die eine Grundversorgung sicherstellen sollten. Dennoch musste man oft lange vor den Läden anstehen, um etwas von den notwendigen Lebensmittel zu ergattern. An dieser Aufgabe hat sich auch Vater beteiligt. Das galt besonders für die Versorgung mit Brot. Bei der Bäckerei musste man sich bereits ab fünf Uhr morgens anstellen, um dann schließlich ab acht Uhr einen Laib gelbes Maisbrot zu bekommen. In den sehr kalten Wintermonaten Anfang 1946 lösten Vater, Mutter und ich uns wegen der Kälte, und weil wir nur ein Paar fest Stiefel hatten, in der Schlange vor der Bäckerei ab.

In unserer Wohnung gab es für uns keine richtige Kochmöglichkeit. Wir mussten daher unser tägliches warmes Essen aus der Volksküche holen. Nach seiner offiziellen Ernennung zum ordentlichen Professor erhielt Vater ein vorläufiges Arbeitszimmer im Erdgeschoss des Mathematischen Instituts in der Bunsenstraße. Ich war in die 2. Klasse der nahegelegenen Herbart-Schule eingeschult worden. Nach dem Ende des Unterrichts holte ich Vater in der Bunsenstraße ab, um dann mit ihm in die Volksküche in der Heilig-Geist-Straße zu gehen, wo wir in mitgebrachten Töpfen das Mittagessen für die Familie holten. Auf dem langen Fußweg von der Volksküche bis zu unserer Wohnung erzählte mir Vater sehr lebendig und anschaulich die ältere deutsche Geschichte mit den verschiedenen Geschlechtern von Königen und Kaisern von den Ottonen oder Sachsen-Kaisern über die Salier bis zu den Stauffern. Seine umfassende Kenntnis der Geschichte hat mich schon damals und danach immer neu sehr beeindruckt.

Vater war mit Überzeugung Jurist und hatte sich seinerzeit sehr bewusst für den Beruf des Hochschullehrers entschieden. In diesen ersten Nachkriegsjahren verstand er es daher als seine Berufung, durch die Ausbildung einer neuen Generation von Juristen zum (Wieder)-Aufbau einer tragfähigen Ordnung für das Zusammenleben in der von Rechtlosigkeit, Ausgrenzung und Kriegszerstörungen gezeichneten Gesellschaft beizutragen. Angesichts der Aushöhlung bzw. Lähmung aller staatlichen Strukturen sah er es als eine, jedenfalls indirekte politische Verantwortung der Universität als eigenständiger gesellschaftlicher Institution an, geistige Impulse für die Grundlegung einer neuen kulturell-gesellschaftlichen und politischen Ordnung zu vermitteln.

Diese Entscheidung für die Universität als vorrangiges Instrument für den gesellschaftlichen Wiederaufbau hatte langfristige Konsequenzen für sein weiteres berufliches und öffentliches Leben. Seine früheren Kollegen aus der Versicherungswirtschaft hatten ihn in Göttingen ausfindig gemacht und suchten seinen Rat und Unterstützung, vor allem angesichts von Bestrebungen zur Verstaatlichung von Versicherungsunternehmen, die glücklicherweise abgewendet werden konnten. Der Aufsichtsratsvorsitzende seiner alten Magdeburger Versicherungsgesellschaft bot ihm sogar an, die Leitung der Gesellschaft zu übernehmen. Aber trotz aller Anhänglichkeit an die alte Aufgabe gab es für Vater keinen Zweifel: „die neue Aufgabe [der Ausbildung einer neuen Generation von Juristen] ist schöner und, aufs Ganze gesehen, in unserem jammervollen Zustand auch noch wesentlicher und dringlicher. Was natürlich nicht hindern soll, dass ich den alten Freunden nach Kräften mit Rat und Tat beizustehen bereit und gewillt bin."

Daher setzte Vater sich neben seiner unmittelbaren Lehraufgabe tatkräftig für die Wiederherstellung der gesamtgesellschaftlichen Rolle der Universität ein. So kamen für ihn über die Arbeit in der juristischen Fakultät mit den Prüfungen zum Abschluss des Wintersemesters und den Vorbereitungen für das Sommersemester hinaus neue Anforderungen hinzu. Schon im März 1946 wurden ihm zusätzliche Aufgaben übertragen im Zusammenhang mit der sogenannten „Entnazifizierung" des Lehrkörpers sowie der politischen Überprüfung bzw. den Zulassungsformalitäten für Studenten.

In Göttingen war, wie in allen Städten der britischen Besatzungszone, ein Hauptausschuss gebildet worden für die Aufgabe der Entnazifizierung von Personen, die während der NS-Zeit im Staatsdienst oder im öffentlichen Leben verantwortliche Funktionen ausgeübt hatten. Für die Angehörigen des Lehrkörpers der Universität wurde ein Unterausschuss unter Vaters Vorsitz eingerichtet, der sich aus sechs Professoren und sechs Vertretern der Öffentlichkeit zusammensetzte. In seinem Rückblick auf „Fünfzig Jahre Juristenleben" sagt er dazu: „Es war klar, dass die Arbeit geleistet werden musste, nicht nur wegen des Befehls der – in der britischen Zone einigermaßen verständigen – Besatzungsmacht, sondern als ein Akt der Selbstreinigung, um unsere Glaubwürdigkeit gegenüber unseren Studenten, der Öffentlichkeit und der wissenschaftlichen Welt außerhalb Deutschlands zurückzugewinnen. Aber es bedurfte immer neuer Prüfung des eigenen Gewissens, um über dieser Arbeit nicht zum Menschenverächter zu werden. Dass sie mich bei manchen hartgesottenen alten Nazis verhasst machte, habe ich damals und auch später immer wieder einmal mit verleumderischen Angriffen zu spüren bekommen."[42]

Mit dem Problem der Entnazifizierung hat Vater sich in einem Aufsatz im Januar 1947 in der Göttinger Universitätszeitung (GUZ) grundsätzlicher auseinandergesetzt. Die von einer aus Dozenten und Studenten bestehenden Redaktion herausgegebene GUZ war bereits im Wintersemester 1945/6 zum ersten Mal erschienen. Vater hat, zusammen mit einem befreundeten Kollegen, Dietrich Goldschmidt, die Gestaltung dieses von der britischen Besatzungsmacht unterstützten Diskussionsforums von Anfang an aktiv begleitet und war in den ersten zehn Jahrgängen von 1945/6 bis 1955/6 einer der häufigsten Autoren. Diese Zeitung war ein Instrument, um die öffentliche Verantwortung der Universität wahrzunehmen. Die GUZ gewann sehr bald eine weite Verbreitung an den wiedereröffneten Universitäten; schon im dritten Jahrgang hatte sie eine Auflage von 10.000 Exemplaren und wurde nach der Währungsreform und der Verabschiedung des Grundgesetzes umbenannt zur Deutschen Universitätszeitung (DUZ), die bis heute besteht. Ab dem sechsten Jahrgang 1951 diente sie auch als Mitteilungsblatt des deutschen Forschungsrates und später der Deutschen Forschungsgemeinschaft.

Vaters Aufsatz mit dem Titel „Entnazifizierung – Politische Säuberung oder Bestrafung?" bietet eine detaillierte Übersicht über die gemeinsamen, aber z.T. auch unterschiedlichen Anordnungen der Besatzungsmächte zum Verfahren der Entnazifizierung und ihrer Ziele. Zum grundsätzlichen Problem schreibt Vater: „Selbst unter denen, die mit der Entnazifizierung amtlich befasst oder von ihr betroffen sind, pflegt über ihr Wesen wenig Klarheit zu bestehen. Indessen gehört sie zu den wichtigsten Vorgängen des politischen Lebens; ihr Einfluss auf die politische Willensbildung des deutschen Volkes in Gegenwart und Zukunft kann nicht leicht überschätzt werden. Einer blutigen Operation am todwunden Volkskörper vergleichbar, greift sie tief in die seelische und materielle Existenz von Millionen deutscher Familien ein, merzt manche Eiterstelle aus und beschneidet Wucherungen, um wohltätiger Heilung die Bahn freizumachen, erzeugt aber auch Tränen, Not und Verbitterung bei den Unzähligen, die von ihrer vollen Härte getroffen werden. Jeder Missgriff des Gesetzgebers und der von ihm mit der Durchführung betrauten Stellen kann darum verhängnisvolle Folgen haben. Die Lösung der schier unlösbaren Aufgabe wird noch dadurch erschwert, dass sie wie alle politische Gestaltung nicht dem deutschen Volk selbst überlassen ist, sondern bei den Besatzungsbehörden ruht, deren Auffassungen vom Ziel, Umfang und Tempo der Bereinigungsmaßnahmen untereinander wie von der deutschen Auffassung mehrfach spürbar abweichen."[43]

Das übergeordnete Ziel der entsprechenden gesetzlichen Anordnungen der Besatzungsbehörden war „die Entfernung aller Mitglieder

der NSDAP, die ihr aktiv und nicht nur nominell angehört haben, und aller derjenigen Personen, die den Bestrebungen der Alliierten feindlich gegenüberstehen, aus öffentlichen und halböffentlichen Ämtern und aus verantwortlichen Stellungen in bedeutenden privaten Unternehmungen."[44] Die entsprechende, bereits erwähnte Direktive Nr. 24 enthielt eine lange Liste von Personengruppen, die aufgrund ihrer Stellung im öffentlichen Leben während der Nazizeit zu entlassen waren; nur wenn eine Nachprüfung hinreichende Entlastungsmomente ergab, konnten sie wieder eingestellt werden. Bei weiteren Personengruppen war es dem Ermessen der Militärregierung überlassen, sie je nach dem Grad der Belastung zu entlassen oder im Amt zu bestätigen. Die für das Verfahren gebildeten Ausschüsse mit deutschen Mitgliedern hatten nur die Stellung von Gutachtern ohne das Recht auf Einsicht in das vorliegende Belastungsmaterial; an ihre Vorschläge war die Militärregierung nicht gebunden. Entlassung aus dem Amt bedeutete für die Betroffenen den Verlust des Anspruchs auf Ruhegehalt oder sonstiger Beamtenrechte sowie die Vermögensbeschlagnahmung.

Während diese Direktive für die britische Zone maßgebend blieb, bildete sich in den südlichen Ländern der amerikanischen Zone ein davon abweichendes Verfahren heraus. Es betraf nicht nur bestimmte, im öffentlichen Leben hervorgetretene Personengruppen, sondern sollte die gesamte erwachsene Bevölkerung erfassen. Die Entscheidung über den jeweiligen Grad der Belastung wurde in einem förmlichen Rechtsverfahren deutschen Spruchkammern übertragen, die auch über die den Schuldigen aufzuerlegenden „Sühnemaßnahmen" zu entscheiden hatten. Hier trat daher der Straf- und Sicherungszweck an die Stelle des Bereinigungszwecks der Direktive 24.

Beim Vergleich der Maßnahmen in den beiden Besatzungszonen billigte Vater als Jurist dem Verfahren in der amerikanischen Zone zu, dass es rechtlich befriedigender sei mit der Anlehnung an die Ordnung eines Strafprozesses. Allerdings stellte er dann die grundsätzliche Frage „nach Sinn und Berechtigung des ganzen Vorgangs, insbesondere des geschilderten Wechsels vom Bereinigungs- zum Strafzweck"; und er fährt fort: „Bereinigung des öffentlichen Lebens von all den Persönlichkeiten, die in ihm bis 1945 als Stützen des Regimes eine aktive Rolle gespielt haben, das ist ein klares Programm, das von jedem Deutschen Anerkennung fordern kann, dem an einem sicheren und sauberen Fundament unseres kommenden neuen staatlichen Wesens gelegen ist."[45] Dennoch bleibe die Frage, wie weit man den Kreis der Betroffenen ziehen solle, „und ob es gerechtfertigt ist, Männern, denen Torheit, Schwäche, Mangel an Verantwortungsbewusstsein und Zivilcourage, aber keine Verbrechen vorzuwerfen sind, nicht nur die Stellung, sondern auch jegliche Versorgung abzusprechen und damit sie und ihre Familien dem Elend auszuliefern. ... Denn diese Folgen drohen den politischen Erziehungszweck, auf den es auch den Alliierten vor allem anderen ankommen sollte, zu ersticken, wenn nicht ins Gegenteil zu verkehren."[46]

Dann kommt er auf die Frage der Bestrafung zu sprechen: „Lässt die politische Schuld, von der bisher die Rede war, auch eine Bestrafung zu?" Als Begründung könne die „Erfolgshaftung für schuldhaft falsch gewählten politischen Kurs" nicht genügen. So verlagere sich das Argument auf die geforderte Sühne für die moralische Schuld. „Wer es gut mit unserem Volke meint, darf auch diese Schuld nicht leugnen. Aber er muss sie dann ehrlicherweise zunächst einmal bei sich selber suchen, so weiß sein Fragebogen auch aussehen mag. Und Gegenstand eines öffentlichen Strafrechts kann und darf sie nicht sein, wenn anders die Straftatbestände nicht völlig verwischt ... werden sollen." Denn noch immer bleibe die Spannung zwischen weltlichem Recht als einer „Notordnung" auf der einen und der „göttlichen Satzung" auf der anderen Seite. Sie zu verwischen, „weigert sich unser Gewissen entschieden, gerade wenn es seine Mitschuld bekennt."[47] Hier erscheint wieder der Bezug auf die von Gott gesetzte Ordnung, die für Vater die entscheidende Richtschnur für sein Verständnis von Recht und Gerechtigkeit geworden war.

So bleibe als letzte Begründung für die Bestrafung die eigentlich *kriminelle* Schuld. Die entscheidenden strafrechtlichen Maßstäbe habe die Kontrollratsdirektive Nr. 10 vom 20. Dezember 1945 gesetzt mit der Nennung der zentralen Anklagepunkte in den Nürnberger Kriegsverbrecherprozessen 1946: Kriegsverbrechen, Verbrechen gegen den Frieden und Verbrechen gegen die Menschlichkeit. „Aber es hieße kriminelles Unrecht um seine wahre soziale Bedeutung, seine Bestrafung um ihre ethische Begründung und Autorität bringen, wollte man ihm die von einem ganzen Volk millionenfach begangenen ‚Verbrechen‘ der Partei- oder Formationszugehörigkeit unterschiedslos gleichstellen.“ Damit würde das Rechtsbewusstsein des Volkes weiter geschwächt statt gestärkt.

Als Jurist wollte Vater die letztlich verantwortlichen Besatzungsbehörden auf die Gefahr eines falsch verstandenen und betriebenen Entnazifizierungsprozesses hinweisen. Aber noch wichtiger war ihm, davor zu warnen, die Entnazifizierung „zum Macht- und Propagandamittel des politischen Tageskampfes zu machen. Ihre reinliche Beendigung ist Sache des ganzen Volkes, nicht einzelner Parteien. ... Nur wenn diese ... nationale Erziehungsaufgabe gelingt, wird das Werk dem politischen Aufbau frommen; bewältigen wir sie nicht, so wird es noch auf Jahrzehnte hinaus unser ganzes politisches Leben vergiften.“[48]

Wie mit den zitierten kurzen Sätzen aus dem Aufsatz über Entnazifizierung deutlich wird, ging es Vater weniger um eine Abrechnung mit den verantwortlichen Stützen des NS-Regimes als um eine Bereinigung des politischen Umfeldes, um damit die Voraussetzungen *für den Neuaufbau der gesellschaftlichen und politischen Ordnung* zu schaffen. Eine der elementaren Voraussetzungen war für ihn als Jurist die Wiederherstellung des Rechtsstaates und die Überwindung der Verirrungen der nationalsozialistischen Rechtspflege. Diesen beiden vorrangigen Aufgaben widmete er später im Jahr 1947 zwei weitere, während eines Gastsemesters in Berlin geschriebene Aufsätze in der Göttinger Universitätszeitung.

Im ersten dieser Aufsätze zum Thema „Nationalsozialistische Rechtspflege“ schreibt er, vom „Rechtsstaat“ werde gesprochen, wenn „der Staat den Gebrauch der seinen Organen anvertrauten Macht dem

Recht unterstellt, sich selbst Schranken auferlegt und an Verfahrensregeln bindet, um den Staatsbürger vor willkürlichem, unberechenbaren Machtgebrauch zu schützen."[49] Der autoritäre NS-Staat habe das rechtsstaatliche Prinzip der Rechtssicherheit und das Vertrauen in die Gültigkeit richterlicher Entscheidungen bewusst und systematisch untergraben. Zwar habe es genug Beispiele tapferen Widerstandes von Richtern und Staatsanwälten gegen die Legalisierung des Unrechts und die Willkürherrschaft des Parteiapparates gegeben. Aber: „Schuldig sind wir Juristen gleichwohl. Wir versagten vor der Aufgabe, das Recht vom Unrecht zu scheiden, waren zu schwach und oft zu feige im Kampf für die Gerechtigkeit. Aber wer mit uns rechten will, prüfe zuvor, ob er an seinem Platz getan hat, was not tat."[50]

Und er fährt fort: „Heute ist der Nationalsozialismus als Herrschaftssystem zerschlagen; aber die geistige und sittliche Krankheit, die ihn herbeigeführt hat, besteht fort, und nicht bloß in Deutschland, das nur den günstigsten Nährboden für ihren schrecklichen Ausbruch abgegeben hat. Das mindert nicht unsere Schuld, aber es erschwert die Heilung."[51] Natürlich sei es eine dringliche Aufgabe, die rechtsstaatlichen Institutionen wiederherzustellen. „Aber sie allein bringen den Rechtsstaat nicht zurück, von dem wir heute noch weit entfernt sind. Das Verhältnis von Recht und Macht, von Naturrecht und positiver Satzung muss neu durchdacht und auf Grund der Erfahrungen dieser letzten Jahre bis in die praktischen Folgerungen hinein aufgehellt werden. Das Wichtigste, aber auch das Schwerste wird sein, uns selbst und unser ganzes Volk zu innerer Anerkennung des Rechts und zur Achtung seiner Heiligkeit zu erziehen. Freilich, der Mensch in einer entgötterten Welt, der die Weisheit des alten Spieglers, dass ‚Gott selber Recht ist', verloren hat, wird zu einem absoluten Maßstab des Gerechten nicht leicht zurückfinden. Aber wir deutschen Juristen haben in der furchtbaren Erschütterung der vergangenen Zeit wenigstens ein kostbares Gut gewonnen: ein waches, empfindliches Rechtsgewissen. Es soll unser Kompass sein auf dem Weg zur Erkenntnis wahrer Gerechtigkeit und im Kampf um ihre Verwirklichung."[52]

In dem im gleichen Jahrgang der GUZ veröffentlichten zweiten Aufsatz mit dem Titel „Der Rechtsstaat. Primat des Rechts vor staatlicher Gewalt"[53] geht Vater in einer sorgfältigen Analyse dem Verhältnis von Staat und Recht und der notwendigen kritischen Weiterentwicklung der Institutionen des überkommenen bürgerlichen Rechtsstaates nach. Aber dann fragt er: „Ist die gerechte Ordnung, nach der wir suchen, nicht überhaupt eine Utopie? ... Die Saat, die der Nationalsozialismus gesät hat, ist furchtbar aufgegangen. Was seine rohe Verachtung des Rechts im Volk noch nicht verdorben hat, das wird heute von der Not überwältigt. ... Im politischen Bereich droht blinde Parteileidenschaft jeden Augenblick das zarte Pflänzchen des Rechtsstaates mit der Wurzel auszureißen. Die unselige Verquickung von Recht und Politik im Entnazifizierungsverfahren vergiftet beide Bereiche. Es ist unverkennbar, dass der Schatten des so hart bekämpften totalen Staates und seiner Methoden, oft wider besseres Wissen und Wollen, auch noch auf den Siegern als Besatzungsmächten lastet, gleich welches politische Credo sie im Übrigen bekennen. Das Zusammenleben der Völker endlich wird weiterhin vom Machtdrang der Großen, nicht von den Forderungen der Vernunft und der Gerechtigkeit bestimmt."[54]

Und er schließt diesen Aufsatz, wie schon die beiden vorangegangenen, mit einer Art Bekenntnis: „Der Wille zur Gerechtigkeit hat seinen letzten Ursprung im Glauben. Christliches Weltverständnis lehrt uns, dass alle menschliche Ordnung unter dem Gericht steht, nicht vollkommenes Abbild göttlicher Schöpfung, sondern nur eine von der Macht des Bösen immer wieder überwältigte Notordnung darstellen kann. Christliche Gotteserkenntnis gibt uns den Schlüssel zum Sinn aller Geschichte und zum Wesen der Gerechtigkeit. Christlicher Glaube verleiht uns die Kraft in unserer illusionslos gesehenen Zeitlichkeit für das gerechte Recht und den gerechten Staat zu kämpfen."[55]

Die als Selbstverpflichtung übernommene Aufgabe, den (Wieder-) Aufbau einer tragfähigen, rechtsstaatlichen Ordnung voranzutreiben, durfte sich daher nicht darauf beschränken, die Institutionen des bürgerlichen Rechtsstaats, wie sie bis zur nationalsozialistischen Machtergreifung bestanden, wiederherzustellen. Von Anfang an sah Vater die Aufgabe, die überkommenen Institutionen kritisch weiterzuentwickeln. Er sprach von der neu zu gewinnenden Achtung vor der „Heiligkeit" des Rechts und der kritischen Unterscheidung von Recht und Macht, nicht zuletzt um der Verwirklichung von wahrer Gerechtigkeit willen. Dies blieben entscheidende Grundsätze für seine Arbeit als Jurist in der Mitgestaltung der gesellschaftlichen Ordnung nach dem Krieg.

Am 30. November 1946 hielt Vater dann seine Antrittsvorlesung in Göttingen mit dem Thema „Der Gleichheitsgrundsatz im Privatrecht"[56]. In diesem programmatischen Text über das Gleichheitsgebot als elementaren Ausdruck der Gerechtigkeit kommt seine entschiedene Suche nach den tragenden Grundlagen der Rechts- und Gesellschaftsordnung zum Ausdruck. Am Ende des Vortrags heißt es: „… wen nicht beständig hungert und dürstet nach der Gerechtigkeit, der ist nicht zum Dienst am Recht geboren. Zumal heute in der Not unseres Volkes müssen wir der Forderung nach besserer Gleichheit, nach gerechterer Verteilung der uns verbliebenen Güter offen ins Auge sehen, sie mit Herz und Verstand zugleich auffassen und zu bewältigen versuchen. … Die hergebrachten Maßstäbe für Gleichheit und Willkür sind bestenfalls in Bruchstücken erhalten; ihr innerer Zusammenhang ist zerstört, und nicht erst seit dem Zusammenbruch von 1945, der den Trümmerhaufen unserer Sozialordnung nur vollends ans Licht gebracht hat. Hier ist ein neues Wertsystem aufzurichten. Alle Zeichen der Zeit deuten darauf hin, dass es sozialistisch geprägt sein und damit auch jenem revolutionären Gleichheitsstreben mehr Raum geben wird als die vergangenen Ordnungen. Das tut not. Aber zugleich tut zu wissen not, dass Gleichheit allein nicht die Summe der Gerechtigkeit ausmacht. Wer nur sie im Auge hat und radikal nivelliert, der läuft Gefahr, indem er aufzubauen meint, auch die letzten gesunden Strukturelemente unseres Volkes zu zerstören." Vielmehr bestehe die Aufgabe dieser Generation darin, „Gleichheit und Freiheit über den Bereich nackter Daseinsvorsorge hinauszuheben und im Sittlichen neu zur Einheit zu verbinden."[57]

Die in den zitierten Beiträgen zur GUZ und in seiner Antrittsvorlesung entfaltete Klärung der rechtlichen und ethischen Grundlagen für die Mitwirkung am Aufbau einer neuen gesellschaftlichen Ordnung hat der Entwicklung seines Lebens als Professor in Göttingen ein wenig vorgegriffen. Zwar war Göttingen von Kriegszerstörungen weitgehend verschont geblieben, aber die räumlichen Verhältnisse der Universität waren sehr beengt. Das größte Hörsaalgebäude war noch von den englischen Besatzungsbehörden belegt, und so mussten die Lehrveranstaltungen für die große Zahl von Studierenden auf den ganzen Tag, vom frühen Morgen bis in den späten Abend, verteilt werden. Vater gehörte zu denen, die ihre Vorlesungen gerne früh am Morgen hinter sich brachten, um dann während des Tages genug Zeit für eigene Arbeit und für die Bewältigung der dringenden Organisations- und Verwaltungsaufgaben im Zusammenhang der Neuordnung der Universität zu haben.

Trotz aller Einschränkungen des alltäglichen Lebens waren die Eltern glücklich, nach den Jahren der kriegsbedingten Trennung wieder vereint zu sein und unbefangen neue menschliche Beziehungen suchen und pflegen zu können. In Göttingen hatten sich, angezogen von der unzerstörten Universität sowie von der vermuteten größeren Sicherheit in der britischen Besatzungszone, viele sehr besondere und interessante Menschen versammelt, vor allem aus den östlichen Teilen des alten deutschen Reiches. Hier entwickelten sich für beide Eltern gemeinsam und auch jeweils einzeln Freundschaften, die für das ganze weitere Leben Bestand hatten. Das galt etwa für das Ehepaar Walther und Irmgard Zimmerli. Der aus der Schweiz stammende Theologieprofessor Walther Zimmerli, der als Alttestamentler in Göttingen lehrte und mehr als zehn Jahre nach Vater Rektor in Göttingen war, blieb Vater verbunden durch gemeinsame Verantwortungen in den verschiedenen Rektorenkonferenzen. Seine Frau Irmgard, geb. von der Ropp, die aus einer angesehenen baltischen Familie stammte, stand Mutter nahe aufgrund alter familiärer Verbindungen. Zu den freundschaftlichen Beziehungen gehörten auch die zu Wissenschaftlern, die mit der

1948 in Göttingen neu gegründeten Max-Planck-Gesellschaft verbunden waren, wie z.b. Werner Heisenberg und Carl Friedrich von Weizsäcker mit ihren Familien. So schreibt Vater in einem Brief vom 12. April 1946 an Mutter, die nach Schwerin gereist war, um sich um ihren Vater zu kümmern, dass er Carl Friedrich von Weizsäcker getroffen habe und sie sich zum Abendessen verabredet hätten. Er kannte C.F. von Weizsäcker aus Straßburg und zudem gab es die früher erwähnte Beziehung zur Familie von Weizsäcker. Weizsäcker war damals einer der Direktoren am Max-Planck-Institut für Physik in Göttingen und hielt im Sommersemester 1946 seine später berühmt gewordene Vorlesung für Hörer aller Fakultäten über die „Geschichte der Natur". Gesprächsstoff jedenfalls gab es genug zwischen den beiden und die Beziehung schloss in den folgenden Jahren auch die Frauen ein. Carl Friedrich von Weizsäcker erinnerte sich später daran, dass er einmal auf dem Göttinger Wall hinter einem groß gewachsenen Mann und drei Kindern hergegangen sei und überhört habe, wie der Mann zu seinen Kindern sagte: „Nun bin ich ein schwäbischer Vater und habe drei norddeutsche Kinder".

Das Sommersemester 1946 und das Wintersemester 1946/7 waren vor allem geprägt von kontroversen Diskussionen und Verhandlungen im Blick auf die künftige Zusammensetzung des Lehrkörpers der Universität. Im Zuge des Entnazifizierungsprozesses waren 53 Professoren und Dozenten genötigt worden, ihre Lehrtätigkeit einzustellen. Viele hatten gegen diese Entscheidung Einspruch erhoben, der nun geprüft werden musste. Gleichzeitig erhob sich die Frage, was aus den 39 früheren Göttinger Professoren und Dozenten geworden sei, die nach 1933 aus politischen Gründen ausgeschiedenen bzw. vertriebenen worden waren, und ob sie zur Rückkehr ermutigt werden könnten. Darüber hinaus hatten zahlreiche Professoren von Universitäten in den früheren deutschen Ostgebieten in Göttingen Zuflucht gefunden und hofften auf die solidarische Aufnahme durch ihre Göttinger Kollegen. Angesichts der großen Zahl von Studierenden musste die Universität sich bemühen, die frei gewordenen Lehrstellen möglichst bald neu zu besetzen. Bei allem Verständnis für die Notlage von vielen der Betroffenen musste die Universität sich jedoch an die von den Besatzungsbehörden genehmigten Regeln für Berufungsverfahren halten. In einem Aufsatz für die DUZ vom Juni 1951 unter dem Titel „Standesprobleme"[58] geht Vater auf die komplexen rechtlichen Probleme im Blick auf den Status der verschiedenen Gruppen von betroffenen Hochschullehrern ein.

Vater war stark eingebunden in die entsprechenden Diskussionen und Verhandlungen. In einem prägnanten Zwischenruf in der GUZ unter dem Titel „Kritik"[59] setzte er sich mit den kontroversen Diskussionen über notwendige Maßnahmen einer Hochschulreform auseinander. Von den Studierenden wurde die große Zahl noch nicht wieder besetzter Lehrstühle, das Fehlen von gegenwartsnahen Vorlesungsthemen und der Mangel eines sinnvollen inneren Zusammenhangs im Lehrangebot moniert. Vater gesteht zu, dass vieles an dieser Kritik berechtigt sei, aber verweist auf die Grenzen möglicher Abhilfe. Er sah in der Tat im „Fehlen des verbindenden Sinnes" die schwächste Stelle der Universität. „Die Unsicherheit über das Bildungsideal ist nur eine ihrer Folgen. Freilich trifft diese Krise nicht nur Göttingen und nicht nur die Universitäten, sondern unsere gesamte Kultur. Wissenschaftliche Erkenntnis allein vermag sie auch nicht zu überwinden. Die Kraft zu neuer Sinngebung muss aus tieferen Quellen kommen. Gelingt es, sie nach der langen seelischen Dürre wieder zu öffnen, so wird auch die Wissenschaft im Ganzen ihr Ziel wiedergewinnen und eine neue Rangfolge der Wichtigkeit die Beliebigkeit des Fragens und der Stoffwahl verdrängen."

Im Sommersemester 1947 folgte er der Einladung seiner alten Berliner Universität zu einem Gastsemester. Es war eine Genugtuung für ihn, dass er nun dort, wo ihm 1934 die Lehrbefugnis verweigert worden war, als Professor lehren konnte. Am 27. April, offenbar kurz nach Ankunft in Berlin zum Beginn des Sommersemesters, schrieb er Mutter, dass er ein Zimmer bei Frau Jessen gefunden habe, der Witwe seines früheren Berliner Kollegen, der nach dem 20. Juli 1944 hingerichtet worden war. Er plante folgende Lehrveranstaltungen: Handelsrecht (vierstündig), Familienrecht (dreistündig) und ein BGB-Praktikum (zweistündig). Er berichtet von den Schwierigkeiten der Organisation des Lebens und der Ernährung. Er würde gerne in einer Vortragsreihe der juristischen Fakultät über „Rechtsformen der Sozialisierung" sprechen; das Thema Sozialisierung beschäftigte ihn weiter. Außerdem arbeitete er offenbar an dem (bereits erwähnten) Aufsatz über „Rechtsstaat" oder „Rechtssicherheit" für die GUZ. Dafür lese er Emil Brunners 1943 erschienenes sozialethisches Werk „Gerechtigkeit: eine Lehre von den Grundgesetzen der Gesellschaftsordnung" und denke nach über Gerechtigkeit und Gleichheit.

Am 30. April schrieb er, dass er in Berlin noch nicht warm werde. Die Räumlichkeiten der Universität und der juristischen Fakultät seien wenig überzeugend und die Studentenzahlen viel geringer als in Göttingen. Es gebe kaum Kontakt unter den Dozenten und es bleibe ein Gefühl der Fremdheit.

Am 11. Mai schrieb er: „In der Nacht zum Sonntag schrieb ich einen Aufsatz über den ‚Rechtsstaat'. Er ist so für die GUZ nicht zu brauchen, diente auch erst mal mehr der eigenen Orientierung. Daraus wird aber jedenfalls bis Pfingsten etwas zu machen sein. Ich wälze noch einiges an Literatur dazu; gleichzeitig lässt mich der (inzwischen zu Ende gelesene) Brunner nicht los und verlangt einige Vertiefung durch zusätzliche Lektüre, und endlich bossele ich an den Sozialisierungsfragen herum. Wohin mich das führt, ist noch ganz offen; jedenfalls füllts mich aus".

Am 16. Mai berichtete er, dass er für sich den Interzonenpass mit Gültigkeit bis zum 20. November erhalten habe; nun müsse in Göttingen der Antrag auf einen solchen Pass (Kurzfristiger Interzonenpass für 30 Tage mit Verlängerungsmöglichkeit) für Mutter in die Wege geleitet werden.

Am 5. Juni schrieb er in Erwartung von Mutters Besuch: „Schön, dass Du den Brunner liest. Wir werden davon reden müssen, wenn Du da bist. Ich verdanke ihm viel. Aber ich sehe mit geheimer Freude, dass auch Du ihn bei allem Einverständnis mit einem Gran Ungeduld liest.

Mit einem kurzen, zu plumpen Stichwort würde ich seine Bürgerlichkeit als das bezeichnen, was mich stört. Ich weiß natürlich, wie bürgerlich ich selber bin. Aber ich will los davon und suche nach denen, die mir dabei helfen. Da kommt aus dem Brunner kein Echo."

Am 10. Juni erreichte ihn die Nachricht von Mutter über die Zuteilung einer Wohnung in Göttingen (offenbar das Haus in der Calsowstraße 59, von dem noch die Rede sein wird); sie habe die obere Wohnung gewählt, wo allerdings noch eine Küche eingebaut werden müsse. Außerdem berichtete sie über die Planungen für den Umzug der Möbel und Bücher von Magdeburg nach Göttingen. Was noch fehle, sei die „Freigabebescheinigung" des Magdeburger Wohnungsamtes. Sobald diese vorliege, könne die Transportgenehmigung beantragt werden.

Mutter hat Vater dann Ende Juni, zusammen mit Almut, in Berlin besucht, während Christine und ich in einem Kinderheim in Mariaspring unterhalb der Burg Plesse in der Nähe von Göttingen untergebracht waren und dort auch zur Schule gingen. Mutter hatte die Gelegenheit der genehmigten Reise in die russische Besatzungszone genutzt, um nach den im Magdeburger Haus zurückgelassenen Möbeln, Büchern etc. zu schauen. Aufgrund der offiziellen Einladung für Vater nach Berlin gelang es den Eltern, im Jahr 1948 einen regelrechten Umzug für das Inventar des Magdeburger Hauses aus der russischen Besatzungszone nach Göttingen zu organisieren. – Vater hat im Oktober 1947 in der GUZ einen sehr lebendigen Aufsatz über seine politischen und kulturellen Beobachtungen und Erfahrungen in „Berlin zwischen Ost und West. Als Gastprofessor an der Humboldt-Universität" geschrieben.[60]

Nach seiner Rückkehr aus Berlin wurde Vater im Oktober 1947 zum Rektor der Göttinger Universität für das Amtsjahr 1948/9 gewählt. Er hat dieses Amt, das er nach Ablauf des ersten noch ein weiteres Jahr lang ausübte, im Mai 1948 angetreten und bei der Amtsübernahme am 5. Mai eine Rede über „Wirtschaftsverfassung als Rechtsproblem" gehalten.[61] Wie schon seine Antrittsvorlesung, hat auch diese Rede einen durchaus programmatischen Charakter und entwickelt anhand des

Verhältnisses von Wirtschaft und Recht seine grundlegenden Überzeugungen zur Forderung sozialer Gerechtigkeit.

Ausgehend von den inzwischen angenommenen Verfassungen der neu gebildeten Länder und ihren unterschiedlichen Optionen im Blick auf die Wirtschaftsverfassung zwischen Plan- und Marktwirtschaft, bestimmt er zunächst Wirtschaft und Recht als „Teilbereiche ein und derselben Kultur, Schöpfungen eines Geistes". Was sie unterscheidet, „sind die Zwecke, denen sie dienen, oder die obersten Werte, von denen sie beherrscht werden. Um es in einer kurzen Formel vorwegzunehmen: Zweck aller Wirtschaft ist die Befriedigung materieller Bedürfnisse bei Knappheit der gegebenen Mittel, Zweck des Rechtes die Verwirklichung von Gerechtigkeit."[62] Die Rolle des Rechts für die Wirtschaftsordnung beschränke sich daher nicht allein auf die Formulierung von zweckmäßigen rechtlichen Instrumenten und verlässlichen Regeln zur Verwirklichung wirtschaftlicher Ziele, sondern das Recht verweise auf ein „Reich autonomer Werte von absolutem Geltungsanspruch. Hier geht es nicht um formale, sondern um inhaltserfüllte, materiale Gerechtigkeit." Diese „soll die eigentliche Bestimmung des Menschen erfüllen, setzt also eine Einsicht in das Wesen des Menschen und den Sinn seines Daseins voraus, die aus philosophischer Überzeugung oder letztlich aus religiöser Glaubensgewissheit stammt. Nach der Überbewertung des Individuums und seiner Vernunftkräfte durch die liberale Ideologie, nach seiner Entwertung durch den totalitären Staat versuchen wir, zwischen beiden Extremen das rechte Maß neu zu finden."[63] Als Beispielfelder für die rechtliche Gestaltung einer Wirtschaftsverfassung, die der Forderung nach sozialer Gerechtigkeit entspricht, nennt er das Problem der unternehmerischen Freiheit und ihrer Begrenzung, das Problem des Privateigentums und der Kontrolle von wirtschaftlicher Macht, sowie die Rechtsstellung des arbeitenden Menschen und damit das Verhältnis von Kapital und Arbeit. „Demgegenüber kann die Frage, ob Markt- oder Planwirtschaft vorzuziehen sei, nicht als ein Problem materialer Gerechtigkeit bezeichnet werden. ... Es mehren sich die Stimmen, die eine Kombination beider Systeme für möglich und fruchtbar, jeden Zwang zu durchgängiger Verwendung des einen oder anderen Systems für verfehlte Prinzipienreiterei halten. Der Jurist hat darüber nicht zu befinden, solange nur die Postulate der Gerechtigkeit in dem angedeuteten Sinn sich durchzusetzen vermögen."[64]

Nach Vaters Wahl zum Rektor wurde uns 1948 in dem Haus in der Calsowstraße eine größere, eigene Wohnung zur Verfügung gestellt. Wir teilten uns die Räume in den zwei Stockwerken dieses großzügig gebauten Hauses für zwei Jahre mit der Familie des Theologieprofessors Günther Bornkamm. Mit den vier Kindern der Bornkamm-Familie entwickelte sich ein sehr lebhaftes Großfamilienleben. Die freundschaftlichen Verbindungen blieben auch erhalten, nachdem die Familie Bornkamm nach Heidelberg gezogen war. Ihnen folgte die Familie des Historikers Werner Conze, die bis zu unserem Umzug nach Bad Godesberg unsere Hausgenossen blieben.

Es gibt einen schönen Brief von Herrn Bornkamm zu Vaters 60. Geburtstag, in dem er das Zusammenleben in dem gemeinsamen Haus in der Calsowstraße schildert: „Als nach einigem Warten und Bangen – dank der tatkräftigen Hilfe von Frau Köhler – darüber entschieden wurde, dass Raisers und Bornkamms in die Göttinger Calsowstraße 59 ziehen sollten, war die Alternative, vor die wir beide gestellt wurden, ja wohl eindeutig: sich zu befreunden oder – sich hoffnungslos zu verkrachen. Tertium non erat. Auf engstem Raum zusammenleben, wie es uns aufgegeben war, ist ja nicht jedermanns Sache. Aber Gott sei Dank, die Entscheidung fiel von beiden Seiten entschlossen und reuelos für das Erste, ja sie war vom ersten Augenblick für uns und unsere Kinder eigentlich überhaupt keine Frage. Aber dass es gelang, und so schön und bis heute nachwirkend, ist ja wohl keine Selbstverständlichkeit und wert, mit Dankbarkeit an solchem Tage wie dem heutigen gepriesen zu werden. Sie werden sich erinnern: wo waren da eigentlich die Grenzen unserer Lebens- und Arbeitsbereiche? Vor meinem Studierzimmer unter dem Dach, kaum um Fußbreite von meinen eigenen Büchern getrennt, standen die Entscheidungen des Reichsgerichts; jeder Weg zu Raisers führte durch Bornkamm'sches Hoheitsgebiet: Küche, Waschküche und Garten wurden zum Schauplatz schönster Kommunikation Ihrer und meiner Frau. … Bilder über Bilder, die einem die Erinnerung wachruft: die abschüssige Calsowstraße, Kampfbahn der Olympiade unserer Rollschuhläufer, die gemeinsamen Fahrten zum Stoppeln und Hamstern ins Gartetal, das Rübenschälen und Sirup Kochen [der beiden Väter] im dichten Dunst der Waschküche und manches andere bis zu unserem Auszug nach Heidelberg, bei dem Konrad als wackerer Begleiter und Packer mit uns fuhr."

Vaters Aufgaben als Rektor und damit auch die Ereignisse und Entwicklungen in der Universität prägten natürlich auch unser Leben als Familie. Wir bestaunten Vaters amtlichen Ornat mit Talar, Barett und der schweren, goldenen Kette des Rektors. Seine unmittelbaren Mitarbeiter, z.B. Frau Köhler, seine Sekretärin, und Herr Trezogs, sein Fahrer, der Vater in einem alten und schon recht klapprigen Hanomag zu offiziellen Terminen fuhr, wurden zu vertrauten Bekannten. Hin und wieder lud Vater auch offizielle Gäste zu uns nach Hause ein; so z.B. im März 1950 den Moderator der Kirche von Schottland, Prof. Duncan, dessen Auftritt mit Kniebundhosen, weißen Seidenstrümpfen und Schnallenschuhen einen großen Eindruck auf uns machte. Auch Mutter konnte an Vaters Leben als Rektor teilnehmen. So waren beide die Gastgeber bei dem traditionellen jährlichen Universitätsball, dem Professorium. Mit großem Vergnügen sangen beide mit im Universitätschor, der von dem Philosophen und Herausgeber der Motetten von Heinrich Schütz, Wilhelm Kamlah, geleitet wurde. Vor allem gab es nun auch genug Platz, um regelmäßig Studenten zum Mittagessen zu uns einzuladen. Manche von ihnen, wie Rosemarie Tüffers, Martin Hünecke oder Uwe Jessen, sind auch nach ihrem Studium Freunde der Eltern und der Familie geblieben.

Die Lebenssituation der Studierenden war für Vater in den Jahren seines Rektorats eine beständige Sorge. In Göttingen hatte sich eine verhältnismäßig große Zahl von entlassenen Soldaten zum Studium eingeschrieben. Sie lebten in einer materiell und sozial sehr prekären Situation, da sie weder auf Familienrückhalt noch auf finanzielle

Rücklagen zurückgreifen konnten, außer vielleicht ein wenig ange-spartem Wehrsold. Für sie Wohnraum und Angebote zur Ernährung zu schaffen, war eine der vordringlichen Aufgaben für die Leitung der Universität. Vater hat sich eingesetzt für das Angebot erschwinglicher Mahlzeiten durch die Mensa. Dabei war die Zusammenarbeit mit dem Akademischen Hilfswerk besonders wichtig. Die Angehörigen des Lehrkörpers und Angestellte der Universität wurden ermutigt, einen Mittagstisch für Studenten anzubieten. Vieles in diesen Jahren war nur möglich durch unbürokratische und freiwillige Initiative.

Der Leiter des Akademischen Hilfswerkes, der ehemalige Greifs-walder Ordinarius für Archäologie Prof. Dr. Erich Boehringer, war auch der Initiator der privatrechtlichen Stiftung zur Errichtung der „Akade-mischen Burse" in Göttingen. Durch unkonventionelles Einwerben von finanziellen Zuschüssen gelang es ihm in den Jahren von 1947 bis 1952 unter tätiger Mithilfe von Studierenden, die vier Trakte der Burse als Wohnheim für Studenten und Dozenten aufzubauen und als alterna-tiven Ort akademischer Lebens- und Bildungsgemeinschaft nach dem Vorbild englischer Colleges zu eröffnen. Vater hat sich in seiner Zeit als Rektor sehr für das Projekt der Akademischen Burse eingesetzt.

Ein anderes Umfeld für das Einüben eines geistigen Aufbruchs war die Evangelische Studentengemeinde in Göttingen. Die pastorale Lei-tung lag bis 1948 in den Händen von Studentenpfarrer Adolf Wisch-mann und wurde dann an Pfarrer Dieter Andersen übergeben. Vater hat schon bald nach seiner Ankunft in Göttingen Anschluss an diese Hochschulgemeinde gesucht und sich in der Teilnahme an den stark besuchten Bibelstunden seiner eigenen religiösen Grundüberzeugun-gen zu vergewissern gesucht.

Die Situation der Studierenden wurde besonders schwierig durch die Währungsreform, die am 20. Juni 1948, also knapp zwei Monate nach dem Beginn von Vaters Rektorat, eingeführt wurde. Zwar wurde allen Personen pro Kopf ein Handgeld von 40 DM ausgezahlt und Löh-ne, Renten und Mieten etc. wurden eins zu eins auf die neue Währung umgestellt. Aber wer, wie die Studierenden, kein regelmäßiges Einkommen hatte, war zunächst zu bitterer Armut verurteilt. Angesichts von weit verbreiteter Arbeitslosigkeit, nicht zuletzt unter jungen Menschen, waren auch die Möglichkeiten, durch einen Gelegenheitsjob etwas zum Lebensunterhalt hinzuzugewinnen, sehr begrenzt. In einem Beitrag zur GUZ mit dem Titel „Initiative"[65] unmittelbar nach Inkrafttreten der Währungsreform skizzierte Vater als Rektor die von der Universität ergriffenen Maßnahmen zur Hilfe für die Studierenden. Aber er fügte hinzu: „Wer glaubt, von Universität und Staat seine Versorgung erwarten zu dürfen, befindet sich in einem Irrtum. Das Entscheidende muss aus der Initiative, Wendigkeit und Anpassungsfähigkeit jedes Einzelnen und aus der Opferwilligkeit und Hilfsbereitschaft der Gesamtheit der Universitätsangehörigen kommen. Nur in diesem Geist, aber auch zuversichtlich in ihm werden wir überleben."[66]

Aber Vaters Sorge galt nicht nur der unmittelbaren, materiellen Lebenssituation der Studierenden, sondern auch ihrer eher skeptischen Grundeinstellung, vor allem ihrer Zurückhaltung gegenüber der Aufgabe einer geistigen und politisch-gesellschaftlichen Erneuerung nach dem Krieg. In einem Beitrag zur DUZ aus dem Jahr 1950 mit dem Titel „Appell an die Alten"[67] spricht er davon, dass sich nach der Wahrungsreform ein „Klima bürgerlicher Restauration" herausgebildet habe, das jede Erneuerungsbewegung hemme. Auch bei der studentischen Jugend gebe es solche restaurativen Tendenzen, die sich im Wiederaufleben der studentischen Korporationen (Studentenverbindungen) zeigten. Er war davon überzeugt, dass für den größten Teil der studentischen Jugend „dieses Klima der Restauration eine wesentliche Ursache ihrer auffälligen Lethargie und Zurückhaltung bildet: sie fühlt sich nicht angesprochen." Doch so skeptisch, so unbeteiligt und so schwunglos diese junge Generation erscheinen möge, sie „ist jedenfalls nicht in sich selbst verliebt, und hat nichts von Weltschmerz und Weltfluchtideen an sich. … Ihr nüchterner Realismus ist durchaus bereit, sich eines Besseren belehren zu lassen. Nur dürfen es nicht nur Worte, sondern müssen Taten sein."[68] Hier sah er die Aufgabe für die ältere Generation und besonders für die akademischen Lehrer, die durch ihr glaubwürdiges Verhalten neues Vertrauen in die tief erschütterten geistigen und sittlichen Werte schaffen und durch die Bereitschaft zur ernsthaften Auseinandersetzung mit den gesellschaftlichen Problemen neue Hoffnungsperspektiven erschließen könnten.

Gerade im Blick auf die Förderung der Verantwortungsbereitschaft auf Seiten der Studierenden bereitete Vater das Wiederaufleben der konservativen studentischen Korporationen in der Universität besondere Sorgen. Im Februar 1950 sahen sich Rektor und Senat der Universität genötigt, „ein Wort an die Studenten" zu veröffentlichen.[69] Sie sprachen zunächst davon, dass jeder Student „mit dem Erwerb des akademischen Bürgerrechts" in eine Korporation [eintrete], die an ihre Glieder hohe geistige und sittliche Ansprüche" stelle. „Achtung vor dem akademischen Lehrer, Rücksicht und Hilfsbereitschaft gegenüber Kommilitonen, Wahrhaftigkeit und Sauberkeit in allen menschlichen Beziehungen sind Grundelemente des akademischen Gemeinschaftslebens." Wer gegen diese Pflichten verstoße, habe ihren Geist gröblich missverstanden „und schädigt durch Missbrauch der Freiheit die eigene Ehre und das Ansehen der Universität."

Der dann folgende, entscheidende Absatz lautet: „Wir begrüßen es, wenn sich Studenten freiwillig zu Vereinigungen von vielerlei Art zusammenschließen. Jede solche Gemeinschaft dient der menschlichen Bildung, wenn sie von einem geistigen Prinzip und nicht nur von gesellschaftlichen Rücksichten getragen ist. Die Universität wird das gesunde studentische Gemeinschaftsleben gegen Missdeutungen schützen. Sie lebt selbst aus alter Tradition und achtet die Tradition studentischer Vereinigungen. Aber sie kann es nicht gut heißen, wenn unserer Zeit fremd gewordene Formen der Geselligkeit künstlich wiederbelebt werden, ... wenn sie durch die Auswahl ihrer Mitglieder oder durch die Art ihres Auftretens, wie etwa durch öffentliches Farbentragen, einer sozialen Absonderung Vorschub leisten, oder wenn sie sich wieder den standesgebundenen, überspannten und veräußerlichten Ehrbegriff vergangener Zeiten zu eigen machen. Unserer, in bitterer Erfahrung geläuterten Einsicht in das Wesen menschlicher Ehre und Würde muss der frühere studentische Waffengebrauch heute als grober Missbrauch gelten. Wer noch immer für Ehrenhändel Satisfaktion im Zweikampf sucht oder zur vermeintlichen Bewährung seines Mutes mit der blanken Waffe ficht, verwirkt darum den Schutz der Universität und das akademische Bürgerrecht."

Zum Schluss heißt es: „Rektor und Senat sind überzeugt, mit diesen Grundsätzen für das gesunde Empfinden der akademischen Jugend nichts Unerwartetes zu sagen. Möge es genügen, sie nur auszusprechen."

Aber nicht nur die konservativen Studentenverbindungen bereiteten dem Rektor Sorge. In einem heftigen schriftlichen Wortwechsel zwischen Vater und Manfred Büttner, dem damaligen Vorsitzenden der Sozialistischen Studentengruppen in Niedersachsen, in Form von zwei Artikeln im „Neuen Vorwärts" zum Jahreswechsel 1948/9 ging es um die Praxis von Demokratie an der Universität, insbesondere im Studentenparlament.[70] Büttner hielt offenbar die politischen Studentengruppen für den einzigen Hort der Demokratie und verurteilte diejenigen, die sich diesen Gruppierungen nicht anschlossen bzw. im Studentenparlament gegen sie stimmten, als unpolitisch und reaktionär. Die Begrenzung des Spielraums der studentischen Selbstverwaltung durch das Entscheidungsrecht von Rektor und Senat – für Vater Ausdruck „der gestuften Ordnung, in der die Studenten als Lernende stehen" – betrachtete Büttner als Alarmsignal für die Wiederkehr eines totalitären Regimes.

Vater räumte ein, dass es in der Studentenschaft eine beklagenswerte Scheu vor jeglicher Art von politischer Betätigung und Verantwortung gebe. Hier habe die Universität eine Bildungsaufgabe und die politischen Studentengruppen könnten dabei willkommene Bundesgenossen sein. Aber es könne nicht das Ziel dieser politischen Bildungsarbeit an der Universität sein, den politischen Parteien und ihren Studentengruppen „williges Stimmvieh" zuzuführen oder selbst „im politischen Tageskampf für eine Seite Stellung zu beziehen". Vielmehr müsse es darum gehen, „die akademische Jugend zum Verständnis politischer Probleme und zur Bereitschaft zu erziehen, künftig politische Verantwortung zu übernehmen. Das ist ihr [scl. der Universität] Beitrag zur Demokratie, um den sich viele Kräfte ehrlich bemühen. Es ist weder sauber noch klug diese Kräfte immer nur als reaktionär zu brandmarken."

Die Polemik von Büttner richtete sich offenbar auch gegen das Akademische Hilfswerk und Mängel bei der Erfüllung der Aufgabe, Tausenden von fast mittellosen Studenten in ihren vielfältigen Daseinssorgen zu helfen. Aber die bedrückende materielle Notlage, die sich in den ersten beiden Jahren nach der Währungsreform noch verschärfte, betraf nicht allein die Studierenden, sondern auch die Universität im Ganzen. Im November 1949 veröffentlichte Vater als Rektor im Auftrag des Senats eine Denkschrift an die Adresse der Regierung und des Landtages des Landes Niedersachsen und darüber hinaus an die gesamte Öffentlichkeit, um auf die Notlage der Universität Göttingen aufmerksam zu machen. Die Denkschrift war sich zwar bewusst, dass auch das Land Niedersachsen mit der allgemeinen Armut sowie mit Besatzungs- und Fürsorgelasten zu kämpfen hatte und daher zu äußerster Sparsamkeit im öffentlichen Haushalt gezwungen war. In dieser Situation für die Universität den Anspruch auf eine Vergrößerung des Anteils an staatlichen Mitteln zu erheben, musste auf Kritik stoßen. Aber die Denkschrift ist von der Überzeugung getragen, „dass die [der Universität] anvertraute Aufgabe der wissenschaftlichen Forschung und Lehre kein bloßer Luxus ist, den sich ein Volk nur in Zeiten gesicherten Wohlstandes und politischen Aufschwungs leisten kann. Das geistige Erbe der Nation lebendig zu erhalten, zu pflegen und zu mehren, ist ein Dienst, der unserem Volke unabdingbar nottut, wenn es sich in den großen weltanschaulichen Auseinandersetzungen unserer Zeit behaupten und seinen eigenen Weg in die Zukunft finden will. Überdies sind die sozialen, ökonomischen und technischen Probleme der modernen Welt ohne wissenschaftliche Forschung nicht mehr zu bewältigen."[71]

Die Denkschrift gibt dann einen detaillierten Überblick über den Stand der Gesamtaufwendungen für die Universität im Jahr 1949.

Dann zeigt sie, wie sich die Haushaltsansätze zum tatsächlichen Bedarf verhalten und vergleicht damit die finanzielle und personelle Ausstattung in den Jahren von 1925-1949. Nach einer Schilderung der notwendigen Wiederaufbauarbeiten und baulichen Investitionen, um die Forschungsarbeit in den Instituten der Universität zu fördern, schließt die Denkschrift mit folgender Mahnung: „Es hat den Anschein, als werde der Ausweg aus der Finanznot der öffentlichen Hand gegenüber der Wissenschaft an manchen Stellen darin gesehen, dass die Universität bewusst auf die Unterrichtsaufgabe beschränkt und die Forschungsaufgabe bei wenigen reinen Forschungsinstituten konzentriert wird. Das ist ein schwerer Irrtum, der auch diesen Forschungsinstituten zum Verhängnis werden könnte. Das Geheimnis der Erfolge der deutschen Wissenschaft hat seit jeher gerade in der Verbindung von Forschung und Lehre bestanden, die sich gegenseitig befruchteten. ... Ohne Universitäten gibt es in Deutschland keine Forschung."[72]

Vaters Aufgaben als Rektor in Göttingen brachten es mit sich, dass er in diesen Aufbaujahren aktiv an hochschul- und wissenschaftspolitischen Diskussionen und der Neugründung der entsprechenden Organisationen und Institutionen beteiligt war. So war er nach 1948 „geborenes" Mitglied der im September 1945 gegründeten Nordwestdeutschen Rektorenkonferenz, und als Göttinger Rektor war er beteiligt an der Gründung der Westdeutschen Rektorenkonferenz im April 1949 sowie 1950 an der Neugründung des Hochschulverbandes als Berufsvertretung aller Wissenschaftler und Wissenschaftlerinnen in Deutschland, zu dessen erstem Vorstand er gehörte. Ein vorrangiges Thema in diesem Zusammenhang war die Frage der Hochschulreform. Die Diskussionen darüber hat Vater in mehreren Beiträgen zur GUZ/DUZ vorgestellt und in ihrer Bedeutung für die öffentliche Rolle der Universitäten interpretiert. Sie haben ihn auch in den Jahren nach dem Ende seines Rektorats weiter begleitet und wurden zu einem der vorrangigen Themen seines Wirkens. Insbesondere im 1953 gegründeten „Hofgeismarer Kreis für Hochschulreform" hat er sich eingesetzt für eine weitreichende Reform der Hochschulen, vor allem durch Mitarbeit an der Denkschrift des Hofgeismarer Kreises von 1956 mit „Gedanken zur Hochschulreform".[73] Darauf wird später noch einzugehen sein.[74]

Ein weiteres hochschulpolitisch wichtiges Feld war die gezielte Förderung von begabten Studierenden. Schon von 1925 bis 1934 hatte es die „Studienstiftung des Deutschen Volkes" gegeben. Sie war unter dem NS-Regime aufgelöst worden. An ihrer Neugründung im Frühjahr 1948 war Vater direkt beteiligt und wurde in das Kuratorium und den Arbeitsausschuss gewählt. Zum zehnjährigen Jubiläum der Studienstiftung hat er einen sehr aufschlussreichen Text über den „Dienst der Studienstiftung für die Hochschule" veröffentlicht, der einen guten Einblick in seine Überzeugungen zum Bildungsauftrag der Universität im Zusammenspiel von Forschung und Lehre bietet.[75] Vater ist der Studienstiftung als langjähriges Mitglied des Kuratoriums während seines ganzen Wirkens als Hochschullehrer verbunden geblieben und hat in den späteren Jahren in Tübingen als Vertrauensdozent der Studienstiftung viele Studierende intensiv begleitet. Immer wieder werden wir von ehemaligen Tübinger Studierenden auf ihre sehr persönliche Beziehung zu Vater und beiden Eltern in diesen Jahren angesprochen.

Ebenfalls in den Jahren seines Göttinger Rektorats wurde die Frage der Forschungsförderung zu einem drängenden Thema. Schon nach dem Ersten Weltkrieg war die sogenannte „Notgemeinschaft für die deutsche Wissenschaft" als Instrument für die Förderung wissenschaftlicher Forschung gegründet und bald danach in „Deutsche Forschungsgemeinschaft" umbenannt worden. In der NS-Zeit akzeptierte sie ihre Gleichschaltung, gab ihre selbstverwaltete Struktur mit der Einführung des Führerprinzips auf und leistete Beiträge zur kriegs- und rassenbezogenen Forschung, insbesondere zur Entwicklung und Umsetzung des „Generalplans Ost". Diese unrühmliche Rolle wurde, nach zunächst folgenlosen Ansätzen in der Frühzeit, erst in den Jahren 2000-2007 von einer eigens eingesetzten Forschungsgruppe aufgearbeitet und dokumentiert.[76] Jedenfalls spielte eine kritische Auseinandersetzung mit diesem Thema keine erkennbare Rolle bei der Neugründung der Notgemeinschaft im Jahr 1949 in Zusammenarbeit mit dem ebenfalls 1949 neu gegründeten Stifterverband für die deutsche Wissenschaft, dessen Ziel die Unterstützung wissenschaftlicher Forschung mit Mitteln aus der Privatwirtschaft war.

Durch die Initiative von Werner Heisenberg als Vertreter der Max-Planck-Gesellschaft in Verbindung mit den Akademien der Wissenschaft in Göttingen, Heidelberg und München wurde im März 1949 ebenfalls der Deutsche Forschungsrat gegründet mit eindeutig wissenschaftspolitischen Zielsetzungen, d.h. der Forderung von öffentlicher, staatlicher Unterstützung wissenschaftlicher Forschung, vor allem in den entsprechenden außeruniversitären Forschungseinrichtungen. Er hatte sein Vorbild in ähnlichen Organisationen in den angelsächsischen Ländern und verstand sich als Beratungsinstrument staatlicher Stellen und als Vertretung der gemeinsamen Anliegen der deutschen Wissenschaft im In- und Ausland.[77] Vater war als Göttinger Rektor und Mitglied des Hauptausschusses der Notgemeinschaft, sowie aufgrund seiner inzwischen erworbenen wissenschafts- und hochschulpolitischen Sachkenntnis, in die schwierigen Bemühungen einbezogen, die miteinander konkurrierenden Ansätze der Notgemeinschaft und des Deutschen Forschungsrates konstruktiv zu verbinden. Daraus ging schließlich im August 1951, nach der Fusion der Notgemeinschaft und des Deutschen Forschungsrates, die neugegründete Deutsche Forschungsgemeinschaft hervor. Vater wurde, während er noch Prorektor in Göttingen war, zunächst zum nebenamtlichen Vizepräsidenten der Forschungsgemeinschaft gewählt. Da der gewählte Präsident, Prof. Flachsbarth, aus Krankheitsgründen das Amt nicht antreten konnte, musste Vater alsbald als sein Vertreter den Aufbau und die Leitung der Forschungsgemeinschaft in Bad Godesberg übernehmen. Bei der nachfolgenden Mitgliederversammlung wurde er 1952 als Präsident offiziell bestätigt und übte dieses Amt bis 1955 aus. Damit endeten für ihn, und im Sommer 1952 auch für uns als Familie, die fast sieben Göttinger Jahre.

Vor dem Abschluss dieses Kapitels über die Göttinger Jahre ist es angebracht, noch auf eine Episode einzugehen, die Vater am Ende seiner Zeit als Prorektor beschäftigte und die noch bis 1955 nachwirkte. Die Hauptfigur war ein gewisser Franz Leonhardt Schlüter.[78] Er war nach dem Krieg und nach einem ohne Examen abgeschlossenen Jurastudium für kurze Zeit Kriminalkommissar in Göttingen gewesen und hatte sich mit den Besatzungsbehörden und auch seinen Oberen in der Stadtverwaltung überworfen bis hin zu Ermittlungsverfahren wegen verschiedener Dienstvergehen. Er hatte sich dann der Politik zugewandt und war 1951 zunächst als Abgeordneter der rechtsnationalen Deutschen Reichspartei in den niedersächsischen Landtag gewählt worden, um dann jedoch alsbald zur FDP zu wechseln und dort stellvertretender Fraktionsvorsitzender zu werden. Als solcher wirkte er maßgeblich an der Vorlage eines Gesetzes zur Schulpolitik mit. Außerdem hatte er begonnen, sich als Verleger zu etablieren und hatte im September 1951 die „Göttinger Verlagsanstalt für Wissenschaft und Politik" gegründet. In diesem Verlag veröffentlichte er Bücher von Autoren mit bekannter NS-Vergangenheit, darunter auch den Titel „Hochschullehrer klagen an. Von der Demontage deutscher Wissenschaft" von Dr. H. Grabert, einem ehemaligen Würzburger Dozenten und Vorsitzenden des Verbandes „amtsverdrängter Professoren".

Schlüter machte sich 1951 auch selbst zum Anwalt der aus dem Amt entlassenen Göttinger Professoren durch zwei Artikel in der „Kasseler Post". In einem der Artikel mit dem Titel „Der Freiheit eine Gasse" griff er Vater als Prorektor und früheren Vorsitzenden des Entnazifizierungsausschusses persönlich an und bezeichnete ihn als „V-Mann der öffentlichen Kläger" (d.h. der Besatzungsbehörden). Er warf ihm vor, in geheimen Gutachten ehemalige Kollegen als Nazis diffamiert zu haben. Vater erwähnte außerdem, dass Schlüter versucht hatte, ihn wegen seiner Berufung an die Straßburger juristische Fakultät für offenkundig selbst politisch belastet darzustellen. Vater erstattete Anzeige gegen Schlüter wegen Verleumdung und der Rechtsstreit dauerte noch an, nachdem Vater bereits nach Bad Godesberg gegangen war.

Er wurde dann freilich überlagert von der größeren Affäre, zu der es im Jahr 1955 kam, nachdem Schlüter für die FDP wieder in den Landtag gewählt worden und zum Fraktionsvorsitzenden gemacht worden war. In den anschließenden Koalitionsverhandlungen unter dem designierten neuen Ministerpräsidenten Hellwege verlangte die FDP das Kulturressort und nominierte Schlüter als Kultusminister. Darauf erhob sich energischer Widerspruch von Seiten der Göttinger Universität, d.h. sowohl von Rektor Woermann und Senat, wie auch vom ASTA der Universität. Schlüter wurde als Kultusminister unter Verweis auf seine frühere Rolle in Göttingen und als Verleger als nicht vertrauenswürdig bezeichnet. Nachdem seine Ernennung durch Ministerpräsident Hellwege bekannt geworden war, legten Rektor und Senat der Universität ihre Ämter in der akademischen Selbstverwaltung nieder und der ASTA organisierte eine große Demonstration mit Fackelzug als Ausdruck des Protestes gegen die Ernennung Schlüters. Schlüter war überzeugt, dass diese Proteste „ferngesteuert" seien und erwähnte gegenüber Journalisten den Namen von Vater in Bad Godesberg. Schließlich musste Schlüter nach nur vier Tagen im Amt des Kultusministers am 6. Juni 1955 zurücktreten. So kam dieses Nachspiel von Vaters Rolle im Entnazifizierungsprozess an ein denkwürdiges Ende.

Junge Familie Sommer 1938 in Magdeburg

Junger Vater mit dem kleinen Sohn 1939

Militärverwaltungsoberrat, März 1944

In Göttingen 1947

Rektoratsübergabe 1948

Antritt einer Dienstfahrt

Amtszimmer des Rektors

Kundgebung am 1. Mai 1949 in Göttingen

In der Neuen Aula Göttingen

Universitätsgebäude Göttingen

Einweihung des Gebäudes der Forschungsgemeinschaft mit
Bundespräsident Heuss 1953

Präsident der Forschungsgemeinschaft

Besuch in Venedig zum Abschluss einer Rehabilitationszeit im
Tessin 1959

Die juristische und wirtschaftswissenschaftliche Fakultät in Tübingen
1959

Seminarausflug auf die Schwäbische Alb 1962

An der Gartentreppe des Tübinger Hauses 1963

Empfang bei Bundespräsident Lübke 1965 aus Anlass der Übergabe
des Vorsitzes im Wissenschaftsrat an Prof. Dr.-Ing. Hans Leussink

Osterspaziergang im Schwarzwald 1967

Der viel geforderte Vorsitzende

Im Tübinger Arbeitszimmer

Mit Bischof Scharf 1972

Mit den Enkelsöhnen im Chalet in St. Luc 1972

Ferienausflug zum Lac Champex im Wallis 1972

Im Garten des Hauses in der Bohnenbergerstraße

Fackelzug zur Emeritierung im Februar 1973 vor dem Haus in
Tübingen

Emeritierungsfeier 1973 in Stuttgart mit Prof. Eschenburg und
Kultusminister Hahn

Mit Prof. G. Picht, Leiter der FEST, in Arnoldshain 1975

Letzte Familienferien in St. Luc August 1978

Mit dem jüngsten Enkel Christoph 1979

Das Intermezzo in Bad Godesberg 1951-55

Die ursprünglich gar nicht vorgesehene Übernahme des Präsidentenamtes der Deutschen Forschungsgemeinschaft (DFG) war Vaters nachhaltigster Beitrag zum Wiederaufbau eines funktionsfähigen Hochschulsystems. Sie bedeutete allerdings für ihn ein „schweres Opfer", wie er in seinem persönlichen Rückblick sagt. Aber, fügte er hinzu, „die Arbeit war interessant, weil sie einen einzigartigen Überblick über den ganzen Kosmos der Wissenschaften gewährte; sie war dankbar, weil man vielen Forschern, vor allem auch dem wissenschaftlichen Nachwuchs helfen konnte, und sie war politisch reizvoll, weil es darauf ankam, Vertreter der Wissenschaft mit Politkern und Regierungsbeamten aus Bund und Ländern zum gemeinsamen Dienst zusammenzubringen."[79]

Die Verantwortung für den Neuaufbau der Forschungsgemeinschaft war eine komplexe Herausforderung.[80] Es ging einerseits darum, die auf die Freiheit der Forschung bedachten Wissenschaftler von der Notwendigkeit eines organisatorischen Zusammenschlusses zu überzeugen und die bis 1933 bestehende Selbstverwaltungsstruktur der früheren Notgemeinschaft wiederherzustellen, ohne damit die Freiheit der Wissenschaft zu beschränken.[81] Andererseits musste eine neue Modalität der staatlichen Forschungsförderung entwickelt werden, wobei die Interessen der Universitäten und der spezialisierten Forschungsinstitute gleichgewichtig zu berücksichtigen waren. Besondere Probleme bereitete die Aufteilung der staatlichen Förderung zwischen den Ländern und dem Bund. Die Länder hatten mit dem Königsteiner Abkommen vom März 1949, also noch vor der Gründung der Bundesrepublik, die finanzielle Verantwortung für die Forschungsförderung übernommen; der Bund andererseits hatte ein gesamtstaatliches Interesse an gezielter Zweckforschung.[82] Schließlich wurde es notwendig, das Verhältnis von „reiner" und „angewandter" Forschung zu klären und durch kooperative Planung die wissenschaftlichen, politischen und wirtschaftlichen Interessen auszugleichen. Für diese Aufgabe wurde von der DFG ein Ausschuss für angewandte Forschung gebildet mit Vertretern der wichtigsten Träger der angewandten Forschung, d.h. der Wissenschaft, der Wirtschaft und des Staates. Vater hat selbst den Vorsitz dieses Ausschusses übernommen und sich auf diese Weise in eine Vielzahl von spezialisierten Feldern angewandter Forschung eingearbeitet.[83]

Nach Vaters Tod 1980 sagte der damalige Präsident der Forschungsgemeinschaft, Prof. Seibold, bei einer akademischen Gedenkfeier in Tübingen im November 1980: „Er war insgesamt nur vier Jahre Präsident; und doch hat er dieses Amt und die gesamte Arbeit der DFG bis heute geprägt: Als Rechtsgelehrter sah er darauf, dass alle Entscheidungen im Rahmen der geltenden Bestimmungen fielen; er war sich dabei aber stets bewusst, dass Verordnungen für den Menschen da sind und nicht umgekehrt. Seine klaren Ziele, seine Ruhe, seine Kraft, seine persönliche Bescheidenheit und seine Menschlichkeit gaben ihm natürliche Autorität. Bei aller Treue zu seinen Grundsätzen konnte er Brücken bauen."[84]

Als Vater im Herbst 1951 nach Bad Godesberg gegangen war, um die Verantwortung für den Aufbau der Deutschen Forschungsgemeinschaft zu übernehmen, befand sich auch die Bundesrepublik noch in der Phase der Selbstfindung. Die westlichen Alliierten hatten schon 1948 erste Schritte zur Errichtung einer selbständigen wirtschaftlichen Verwaltung in ihrem Bereich unternommen und damit den Bruch mit der sowjetischen Militäradministration in Kauf genommen. Auch hatten sie nach der Währungsreform und der anschließenden Berlin-Blockade trotz Widerstand auf der Ausarbeitung einer Verfassung bestanden. Mit der Annahme und Verkündigung des Grundgesetzes und der nachfolgenden ersten Bundestagswahl wurde die (vorläufige) Teilung Deutschlands in zwei Staaten besiegelt.

All das lag im Herbst 1951 erst zwei Jahre zurück. Die Bundesrepublik war geprägt durch die Regierung von Bundeskanzler Adenauer und erlebte das „Wirtschaftswunder". Adenauer verfolgte eine Politik der klaren Westbindung. Er wurde darin bestätigt durch die ersten Initiativen zur europäischen Einigung („Montanunion" 1951) unter Einschluss der Pläne für eine Europäische Verteidigungsgemeinschaft (EVG) mit deutscher Beteiligung. Vater war skeptisch gegenüber der Politik Adenauers und lehnte den schon früh an ihn herangetragenen Vorschlag, sich für ein Bundestagsmandat der CDU aufstellen zu lassen, ab. Nachdem Gustav Heinemann, Mitbegründer der CDU und Innenminister im ersten Kabinett Adenauers, aus Protest gegen die Politik der Westintegration und der von Adenauer betriebenen Wiederbewaffnung der Bundesrepublik 1950 als Innenminister aus der Regierung ausgeschieden war und 1952 mit einigen Freunden die Gesamtdeutsche Volkspartei gegründet hatte, wurde Vater vor der Bundestagswahl 1953 eingeladen, sich dieser Partei als Kandidat für ein Bundestagsmandat anzuschießen. Auch diesen Vorschlag, in die aktive Politik zu gehen, lehnte er ab. In seinem schon mehrfach zitierten persönlichen Rückblick bei seiner Emeritierung sagt er dazu: „Was mich ... umtrieb, war die politische Verantwortung des Nichtpolitikers; ihr meinte ich mit der Ordnungs- und Gestaltungskraft des Juristen zunächst einmal in dem Lebens- und Berufskreis, in dem ich stand ... gerecht werden zu können."[85]

Er wurde darin von Bundespräsident Heuss ausdrücklich gewürdigt, der ihm bei seinem Abschiedsbesuch im Jahr 1955 in einer denkwürdigen Szene das Bundesverdienstkreuz überreichte. Vater erzählte uns, dass Heuss am Ende des im schwäbischen Tonfall geführten Gesprächs und bei der Verabschiedung sagte: „Herr Raiser, wartet se no, i hab da no was für Sie" – und er zog aus einer Schublade seines Schreibtisches den kleinen Kasten mit dem Bundesverdienstkreuz hervor. Aus Anlass seines 60. Geburtstages und in Würdigung seines Wirkens im Wissenschaftsrat wurde Vater dann 1964 noch das große Verdienstkreuz mit Stern verliehen.

In Bad Godesberg war für die Familie ein Haus in der Ubierstraße 71 gemietet worden, in das wir nun einzogen. Es war ein großer Wechsel: Zum ersten Mal hatten wir ein ganzes Haus mit sieben Zimmern für uns allein und außerdem einen großen Garten mit schönen Obstbäumen und einer freien Rasenfläche zum Spielen. Das Haus war wohl von einem vermögenden Besitzer in den 20er oder 30er Jahren gebaut worden und hatte im Erdgeschoss drei repräsentative Räume, die alle mit Türen auf eine Terrasse und in den Garten hinaus gingen. Darüber lagen im 1. Stock drei Schlafzimmer und es gab noch ein kleines Zimmer unter dem Dach mit Blick auf den Rhein. Man konnte von dort sehr schön die Schiffe auf dem Fluss beobachten. Alle drei Kinder konnten so zum ersten Mal ein eigenes Zimmer haben.

Die Ubierstraße verläuft parallel zum Rhein und diente damals als Durchgangsstraße von der Rheinfähre in Godesberg für Fahrten nach Bonn. So fuhr z.B. der Bundeskanzler Adenauer von seinem Haus in Rhöndorf über die Rheinfähre durch die Ubierstraße mit Polizeibegleitung durch „weiße Mäuse" zu seinem Dienstsitz nach Bonn. Vater hatte in den ersten Jahren sein Büro in einer alten, herrschaftlichen Villa in der Nähe am Rheinufer. Sein Arbeitszimmer dort war holzgetäfelt und hinterließ einen etwas angestaubten Eindruck; aber wir konnten ihn dort sehr leicht besuchen und er kam zu den Mahlzeiten nach Hause. Nach zwei Jahren wurde dann das vom Architekten Sepp Ruf geplante neue Verwaltungsgebäude der Forschungsgemeinschaft bezogen, in das wir freilich nur selten kamen.

Im Unterschied zu Vaters Rektoratszeit in Göttingen gab es zwar auch in Godesberg einen Dienstwagen für den Präsidenten; aber er hatte keinen Fahrer, sondern Vater fuhr den Wagen selber. Es war zuerst ein grauer, älterer Mercedes, den wir die „graue Eminenz" nannten. Später bekam er dann einen standesgemäßen, schwarzen Mercedes 220, der uns damals als das „non plus ultra" vorkam; wir tauften ihn „schwarze Galeere". Vater konnte den Wagen auch für private Zwecke nutzen, und so hat er uns in den Godesberger Jahren vor allem für die sommerlichen Ferienreisen sehr gute Dienste geleistet. Ich habe in diesem Wagen meine ersten Fahrversuche unternommen. Vater war sehr liberal in seinen Vorstellungen von Erziehung. In der Schweiz, wo es erlaubt ist, auch ohne Führerschein aber mit Begleitung zu fahren, ließ er mich in den Ferien häufiger das Auto steuern und half mir geduldig, wenn ich in schwierige Situationen geriet, wie z.b. die Begegnung mit einer Kuhherde auf einer schmalen Bergstraße oder mit einer Straßenbahn in der engen Altstadt von Lausanne.

Trotz dieser eigentlich sehr günstigen äußeren Umstände erwies sich der Umzug der Familie nach Godesberg als eine sehr ambivalente Erfahrung. In Göttingen hatte Vater sein eigentliches Arbeitszimmer auch in den Rektoratsjahren zu Hause gehabt und war wenigstens sichtbar Teil der Familie gewesen. In Godesberg verbrachte er seine Arbeitszeit in seinem Büro und wir sahen ihn nur zu den Mahlzeiten und natürlich an den Wochenenden. Worum es in seiner Arbeit ging, war für uns Kinder und auch für Mutter sehr fern und wenig anschaulich, und er nahm nur selten spürbaren Anteil an unserem Erleben. Wir konnten ihm freilich beim Essen alle Fragen und Unklarheiten vorlegen, die wir aus unserer Schule mitbrachten, und er blieb uns nie eine Antwort schuldig, auch wenn sie manchmal erst mit Verzögerung kam, während die Gespräche schon zu anderen Themen gewandert waren.

Die Aufbaujahre der Forschungsgemeinschaft verlangten seinen vollen Einsatz und es gab, anders als in Göttingen, kaum noch Einladungen oder gesellschaftliche Anlässe. In Göttingen hatten wir, Eltern und Kinder, in einem lebendigen Netz von nachbarschaftlichen Beziehungen gelebt. Dies fehlte in Godesberg, worunter vor allem Mutter sehr gelitten hat. Sie war für ihr Wohlbefinden und ihr inneres Gleichgewicht auf verlässliche menschliche Beziehungen angewiesen; auch die Kirchengemeinde konnte diese Lücke nicht ausfüllen. Vor allem hätte sie in dieser Situation den festen Halt in der Beziehung zu Vater gebraucht, um ihre latente, aus frühen Erfahrungen stammende Verlassenheitsangst zu bewältigen. Aber Vater war durch seine Arbeit absorbiert. So durchlebte Mutter Momente akuter Depression, die durch gesundheitliche Beschwerden verstärkt wurden. Wir Kinder, und vor allem ich als Sohn und als Ältester, sahen uns ziemlich hilflos konfrontiert mit Spannungen, deren Ursache wir nicht wirklich verstanden. Vater, dem die Dynamik in der Familie natürlich zu schaffen machte, ohne sie grundsätzlich ändern zu können, half wenigstens mir, mit der mir unfreiwillig zugewachsenen Rolle zwischen den Eltern zurecht zu kommen.

Mutter musste sich dann in der Bonner Universitätsklinik auf dem Venusberg einer größeren Operation unterziehen. Im Anschluss daran verbrachte sie eine für Leib und Seele sehr stärkende Erholungs- und Rehabilitationszeit in Glion am Genfer See. Die dort entstandene Bekanntschaft mit einer anderen Patientin trug ihr und uns den Hinweis auf das Dorf St. Luc im Wallis als einem geeignetem Ort für Familienferien in den Bergen ein. Nach ihrer Rückkehr war Mutter bereit und entschlossen, ihrem Leben einen neuen und eigenen Inhalt zu geben, da wir Kinder sie zunehmend weniger brauchten. So hat sie erfolgreich versucht, sich im Rahmen des Roten Kreuzes ein begrenztes eigenes Tätigkeitsfeld außer Hauses zu schaffen durch das Angebot von Kursen über „Häusliche Krankenpflege" oder „Mutter und Kind", womit sie wenigstens indirekt an ihre medizinische Ausbildung anknüpfen konnte.

Angesichts des Umstandes, dass in den vier Jahren in Godesberg nur wenige nachbarschaftliche, freundschaftliche oder gesellschaftliche Beziehungen entstanden, wurden die Zeiten und Gelegenheiten, bei denen wir als Familie mit dem Vater zusammen sein konnten, umso kostbarer. Das galt vor allem für die Abende, an denen Vater uns vorlas. Er war ein guter und ausdauernder Vorleser und wir haben an diesen Abenden viele eindrückliche Bücher kennengelernt. Es begann mit „Pu der Bär" und der „Reise des Nils Holgersson"; dann folgten „Jürnjakob Swehn, der Amerikafahrer" und Fritz Reuter. Mit starker Anteilnahme haben wir die Romane von Jeremias Gotthelf aufgenommen und uns erregt über die Ungerechtigkeiten in den Beziehungen seiner Charaktere. Der absolute Höhepunkt waren die „Pickwick Papers" von Charles Dickens. Es war ein Buch, das wunderbar auf Vater passte, und er konnte Mr. Pickwick und seine Gefährten, die Herren Snodgrass, Winkle, Tupman und Sam Weller, unnachahmlich lebendig werden lassen. Vater saß dabei in seinem Ohrenstuhl und wir Kinder lagen meist auf dem Teppich und hörten ihm zu. Sonntagsausflüge waren seltener als noch in Göttingen. Dafür begann nun die Reihe von denkwürdigen gemeinsamen Sommerferien, meistens nach der Tradition der Raiser-Familie im „Gebirge", d.h. in den Bergen in Österreich, Italien oder der Schweiz.

Schon von Göttingen aus waren wir zweimal im Sommer verreist. Zum ersten Mal 1950 an den Ammersee, wo Mutters Bruder Peter sich ein kleines Haus am Seeufer gebaut hatte, das er uns für den Sommer überließ. Am Ende der Ferien kam auch der Vater dazu und hat mit mir für einige Tage eine Radtour an den Walchensee unternommen, wo wir Heisenbergs in ihrem Haus besuchten und auch den Herzogstand bestiegen. Im Jahr 1951 waren wir nur mit Mutter in Kellenhusen an der Ostsee, unser einziger Sommerurlaub am Wasser. Im Sommer unseres Umzugs nach Godesberg, 1952, fuhren wir für die Ferien mit dem grauen Mercedes zum ersten Mal in die Berge, und zwar nach Gaschurn im österreichischen Montafon, und im Jahr darauf nach Neustift im Stubaital mit der Besteigung des Habicht, unserem ersten Dreitausender. In besonderer Erinnerung blieben für uns die Sommerferien im Jahr 1954 in Saas-Almagell, wegen der von einem Bergführer begleiteten Tour auf das Allalinhorn (4027 m). Im letzten der Godesberger Jahre führten uns die Sommerferien mit Vater in die Dolomiten, in das kleine Dorf Penia. Wir haben damals die Seiser Alm, das Langkofel-Massiv, den Rosengarten und andere eindrückliche Berge erkundet und sind gemeinsam auf die Marmolata gestiegen, immer mit dem Vater als Anführer. Er war dabei in seinem Element.

Meist begannen die Ferienwochen damit, dass Vater zwei oder drei Tage im Wesentlichen durchschlief, um wieder zu Kräften zu kommen. Dann wurden wir in diesen Jahren vom Vater in die althergebrachten Raiser'schen Rituale von Ferien im Gebirge eingeführt: alle zwei Tage wird eine Wanderung unternommen, ungeachtet der Wetterverhältnisse, und zwischendurch gibt es einen Ruhetag; beim Aufstieg sollte man möglichst keine Pausen machen und nur wenig trinken, um nicht zu viel zu schwitzen (Vater hatte einen plattgedrückten Becher in der

Hosentasche, aus dem es einen Schluck Wasser mit einem „Zuckerle"
gab); gegen das Austrocknen des Mundes sollte man einen Backpflau-
menkern im Mund behalten; erst auf dem Gipfel oder am Ziel gab es
eine Rast; zu den mitgenommenen Stärkungsmitteln gehörten u.a.
Studentenfutter und Ölsardinen; der Abstieg oder die Rückkehr sollte
nach Möglichkeit auf einem anderen Weg erfolgen – notfalls auch ohne
Weg. Oft musste auf dem Weg noch eine „Bergnase" oder eine Schwel-
le erreicht und überschritten werden wegen der vermuteten besonderen Aussicht, die sich freilich nur selten zeigte. Vater war dennoch tief
befriedigt, während wir Kinder kaum Verständnis für diese Umwege
hatten. Vor jedem Abmarsch wurde überprüft, ob auch alle „zweck-
mäßiges Schuhwerk" an den Füßen und „etwas gegen den Regen" im
Rucksack hatten. Nie zuvor waren wir dem Vater so nah, und er so ganz
präsent, wie in diesen Bergferien, und deshalb sind sie eine kostbare
Erinnerung für uns alle.

Die ersten Jahre in Tübingen und die Arbeit im Wissenschaftsrat

Als sich Vaters Amtszeit als Präsident der Deutschen Forschungsgemeinschaft dem Ende zuneigte, erhielt er mehrere Einladungen auf juristische Lehrstühle, so aus Köln, aus Heidelberg und auch aus Tübingen. Er war fest entschlossen, nach diesen anstrengenden Jahren der hochschul- und forschungspolitischen Verwaltungsarbeit wieder in seinen eigentlichen Beruf des Hochschullehrers zurückzukehren. Nach kurzem Abwägen entschloss er sich, den Ruf an die juristische Fakultät in Tübingen anzunehmen. Er sagt dazu in seinem persönlichen Rückblick: „Mich zog die heimatliche Landschaft, zogen die alten Stuttgarter Freunde [des Volkacher Bundes], zog die erhoffte Ruhe der Kleinstadtuniversität, meiner Landesuniversität, an der ich ja nie studiert hatte."[86] So begann Vater im Wintersemester 1955/6 seine Lehrtätigkeit in Tübingen, die er trotz der vielen Ehrenämter, die ihm in diesen Jahren übertragen wurden, bis zu seiner Emeritierung im Jahr 1973 mit großer Hingabe und Leidenschaft wahrgenommen hat. Aber das Jahr 1955 markierte nicht nur für Vater und die Familie, sondern auch für das Land und das öffentliche Leben einen deutlichen Einschnitt.

Zehn Jahre nach dem Ende des Krieges war die Wiederaufbauphase abgeschlossen. Vater hatte mit der Familie in Tübingen seinen endgültigen Lebensmittelpunkt gefunden. Aber auch das Land, d.h. die 1949 gegründete Bundesrepublik, hatte mit den am 5. Mai 1955 in Kraft getretenen „Pariser Verträgen" einen entscheidenden Schritt zur staatlichen Eigenständigkeit getan. Das von einer Außenministerkonferenz in Paris im Oktober 1954 beschlossene Paket von Verträgen umfasste vor allem den „Deutschlandvertrag", durch den das Besatzungsstatut aufgehoben wurde und der Bundesrepublik ihre internationale Souveränität zuerkannt wurde, vorbehaltlich der alliierten Rechte im Blick auf Berlin und Gesamtdeutschland, die erst nach Inkrafttreten des Zwei-plus-Vier-Vertrags am 15.3.1991 aufgehoben wurden. Die bisherige Alliierte Hohe Kommission wurde aufgelöst und die Kommissare wurden zu Botschaftern der drei früheren Besatzungsmächte.

Mit dem Deutschlandvertrag waren zwei weitere vertragliche Vereinbarungen verbunden, nämlich der Beitritt der Bundesrepublik zur Westeuropäischen Union und zur NATO. Damit war die Entscheidung über die Wiederbewaffnung der Bundesrepublik vollzogen. Die Westeuropäische Union (WEU) war ein militärischer Beistandspakt zwischen Großbritannien, Frankreich, den Benelux-Staaten und nun auch Deutschland, der an die Stelle der ursprünglich geplanten Europäischen Verteidigungsgemeinschaft (EVG) trat, die 1954 von der französischen Nationalversammlung ablehnt worden war. Das eigentliche Verteidigungsbündnis war jedoch die 1949 gegründete NATO, in die die Bundesrepublik nun ebenfalls integriert wurde unter ausdrücklichem Verzicht auf atomare, biologische und chemische Waffen.

Um die mit den Pariser Verträgen vollzogene eindeutige Westanbindung der Bundesrepublik hatte es in der politischen Öffentlichkeit eine heftige Kontroverse gegeben. Sehr verbreitet war die Sorge, dass mit der Wiederbewaffnung das Ziel der Wiederherstellung der staatlichen Einheit Deutschlands kaum mehr erreichbar sei. Neben dem Widerstand durch die parlamentarische Opposition der SPD bildete sich die außerparlamentarische Paulskirchenbewegung, getragen von SPD, DGB und kirchlichen Gruppen. Sie verabschiedeten auf einer Versammlung mit mehr als 1000 Teilnehmern am 29.1.1955 in der Frankfurter Paulskirche das „Deutsche Manifest" gegen die Pariser Verträge. Einer der Initiatoren war Gustav Heinemann, der schon 1950 aus Protest gegen die von Adenauer zielstrebig betriebene Wiederbewaffnung als Innenminister das Kabinett verlassen und 1952 die Gesamtdeutsche Volkspartei gegründet hatte. Das Pariser Vertragswerk wurde dennoch am 27.2.1955 gegen die Stimmen der SPD im Bundestag ratifiziert.

Widerstand gegen diese entscheidende politische Weichenstellung für die Bundesrepublik und Europa war auch von der Sowjetunion als ehemaliger Besatzungsmacht gekommen. Nach dem Tod Stalins im März 1953 war nach internen Machtkämpfen im September 1953 Nikita S. Chruschtschow als Parteichef an die Macht gekommen. Durch diplomatische Noten versuchte die sowjetische Führung den Abschluss der Pariser Verträge zu verhindern: Sie schlug Verhandlungen über die Wiedervereinigung Deutschlands oder eine europäische Sicherheitskonferenz vor. Diese Vorschläge fielen bei der deutschen Opposition auf fruchtbaren Boden, aber sie blieben ohne Echo bei den Vertragsparteien. Die Sowjetunion reagierte schließlich auf das Inkrafttreten der Pariser Verträge durch die Gründung des Warschauer Paktes am 14.5.1955 als Kooperations- und Verteidigungsbündnis mit Albanien, Bulgarien, der DDR, Polen, Rumänien und der Tschechoslowakei. Außerdem lud die sowjetische Führung Bundeskanzler Adenauer im September 1955 zu einem Besuch nach Moskau ein. Die Verhandlungen dort führten zur Freilassung der restlichen 10.000 deutschen Kriegsgefangenen und zur Vereinbarung über die Aufnahme diplomatischer Beziehungen.

Die Beschaffung einer Wohnung in Tübingen für die Familie erforderte zunächst längere Verhandlungen. Tübingen lag in der französischen Besatzungszone und war Zentralort für das nach dem Krieg geschaffene Land „Süd-Württemberg-Hohenzollern" gewesen. Im Jahr 1952 wurde nach einer Volksabstimmung das Land „Baden-Württemberg" gebildet und im Jahr 1954 war auch das Besatzungsstatut aufgehoben worden. Dennoch waren in Tübingen noch viele Häuser und Wohnungen von französischem Militärpersonal belegt. Das galt auch für das Haus, das für unsere Familie vorgesehen war, und das damals noch von einer französischen Offiziersfamilie besetzt war. Als das Haus dann endlich frei wurde, verlangte der Besitzer, Herr Beck, zunächst eine so hohe Miete, dass die Eltern begannen, sich nach Alternativen umzusehen. Schließlich gelang eine Einigung mit Herrn Beck und so konnten wir Mitte Oktober 1955 in das Haus in der Rappenberghalde 16 einziehen. Es lag am Hang des verlängerten Schlossbergs über dem Neckar mit einem herrlich weiten Blick auf die Schwäbische Alb. Für fast 20 Jahre ist dieses Haus der Mittelpunkt der Familie gewesen, bis die Eltern im Januar 1975 in ein kleineres Haus auf der Waldhäuser Höhe einzogen, das sie nach Vaters Emeritierung gekauft hatten.

Unser neues Zuhause stammte aus den 30er Jahren und war in den Hang hineingebaut. Das Erdgeschoss hatte nur nach Süden, zum Garten hin, drei Zimmer, während der rückwärtige Teil Kellerräume enthielt. Die eigentliche Wohnung befand sich im ersten Stock mit Küche, Bad und wiederum drei schönen Zimmern nach Süden. So ergab sich die bewährte Einteilung: Elternschlafzimmer (neben dem Bad), Vaters Arbeitszimmer, und Wohn/Esszimmer im ersten Stock. Die beiden Schwestern Almut und Tine hatten ihre Zimmer im Erdgeschoss, mein Zimmer befand sich ganz oben unter dem Dach. Daneben gab es noch eine kleine Kammer, die häufig von befreundeten Studenten oder Studentinnen bewohnt wurde (z.B. Katharina und Aleida Bornkamm). Auch das erste der Zimmer im Erdgeschoss war oft vermietet, manchmal auch an Ausländer (wie dem Herrn „Siam" aus Thailand), die in Tübingen sonst Schwierigkeiten hatten, Zimmer zu finden. Auch eine Reihe von Mutters „Fällen", d.h. jungen Frauen, um die sie sich kümmerte, fanden hier Aufnahme (z.B. Annedore Hopp, genannt „Höppchen").

Um von der Straße zum Haus zu gelangen, musste man eine lange Treppe hochsteigen. Auch der Garten vor dem Haus war abschüssig und eignete sich nur beschränkt zu gärtnerischen Experimenten, wie Mutter sie in Göttingen und Bad Godesberg gepflegt hatte. Wir haben uns schnell in diesem Haus eingelebt und es wurde zu einem Treffpunkt für viele unserer Freunde und Freundinnen sowie für Generationen von Studierenden, z.B. den Mitgliedern der von Vater betreuten Gruppe von Studienstiftlern. Mehrmals haben wir dort Tanzfeste veranstaltet, bei denen auch Vater dabei war und manchmal vor dem Abschluss noch etwas Geistreiches oder Nachdenkliches vorlas.

Ein besonderer Vorzug des Hauses war der Umstand, dass man in wenigen Minuten auf dem Rücken des Schlossbergs und im Wald war und dann lange Spaziergänge bis zur Wurmlinger Kapelle machen konnte. Sehr oft bin ich an Sonntagnachmittagen oder auch an Sommerabenden mit dem Vater diese Wege gelaufen und wir hatten dabei unsere besten Gespräche. Er erzählte dann manchmal von seiner Arbeit im Wissenschaftsrat oder in kirchlichen Gremien und war immer sehr interessiert, von meinen Studien zu hören. Sehr oft haben wir auch über Politik geredet, besonders in der Zeit, als die lange Ära Adenauer zu Ende ging und sich der spätere „Machtwechsel" vorbereitete.

In den ersten zwei Jahren bis zum Herbst 1957 war Vater einfach nur Professor in Tübingen und arbeitete daher meist zuhause. Tief hat sich in meiner Erinnerung das Bild von Vater beim Nachdenken oder Formulieren in seinem Arbeitszimmer eingeprägt. Er saß dann völlig konzentriert mit einem ausdruckslosen Gesicht an seinem Schreibtisch, spielte mit Gummis, Heftklammern oder anderen Geduldsspielen und sah und hörte nichts. Man konnte direkt neben ihm Musik machen oder sich unterhalten – es störte ihn nicht; und langsam reihte sich Satz an Satz im meist handschriftlichen Manuskript, häufig ohne Korrekturen. Später dann hat Mutter seine Texte nach Diktat auf der Maschine geschrieben, wobei er lange in seinem Zimmer auf und ab ging; einen Versuch der Benutzung eines Diktaphons hat er schnell wieder abgebrochen, weil ihn der Apparat zu sehr an der Bewegung beim Nachdenken und Diktieren hinderte.

Er hatte sich vorgenommen, nach dem Ende seiner Leitungsaufgabe in der Forschungsgemeinschaft ein Versprechen einzulösen, das er seinem alten Berliner Lehrer Martin Wolff gegeben hatte, nämlich die Neubearbeitung des großen Sachenrechts-Lehrbuches, durch dessen intensives Studium er nach eigenem Zeugnis seinerzeit zum Juristen geworden war. Aber die Berufung in den 1957 neu gegründeten Wissenschaftsrat durchkreuzten seine Pläne, und er konnte 1957 nur die von ihm noch in Gemeinschaft mit Martin Wolff bearbeitete 10. Auflage des Lehrbuchs fertigstellen.[87] Die geplante grundlegende Neubearbeitung des Lehrbuches, die den tiefgreifenden Wandlungen in der Rechtsordnung Rechnung tragen sollte, hat er zwar begonnen, aber nicht mehr abschließen können.

Mutter setzte in diesen Jahren ihre Rotkreuz-Kurse fort und erweiterte das Angebot mit Kursen für Schwesternhelferinnen und für
Kursleiterinnen, die in der Rotkreuz-Schule in Pfalzgrafenweiler statt-
fanden. Das Familienklima hellte sich langsam wieder auf. Dazu trug
auch das gemeinsame Musizieren an Sonntagnachmittagen bei: Vater
am Cello, Tine an der Geige (manchmal auch durch Mutter verstärkt,
die früher gut gegeigt hat), Almut mit der Flöte und ich am Klavier.

Besondere Erinnerungen sind verbunden mit den unvermeidli-
chen Hausarbeiten in der Rappenberghalde. Mutter war nicht nur sehr
auf Sauberkeit bedacht, sondern hat uns Kinder sehr selbstverständlich in die Arbeiten einbezogen. Vaters Pflichten betrafen vor allem die
Heizung im Keller. Es gehörte zum häuslichen Ritual im Herbst und
Winter, dass Vater, nachdem er von der Universität kommend das Haus
betreten hatte, zunächst nach der Heizung sah. Wenn man das Stocher-
geräusch im Heizkessel hörte, dann war das ein untrügliches Zeichen,
dass Vater nach Hause gekommen war. Es hatte sich auch eingebürgert,
dass das Abwaschen in der Küche eine Männerdomäne war; Mutter
wusch ungern ab, aber Vater war ein hingebungsvoller „Wäscher" und
ich übernahm dann die Rolle des „Tröckners". Da Mutter die Ange-
wohnheit hatte, das gebrauchte Geschirr eines ganzen Tages bis zum
Abend zu stapeln, hatten wir oft nach dem Nachtessen eine längere
Abspülzeremonie, die zugleich eine bevorzugte Gelegenheit zu ruhigen
Gesprächen zwischen Vater und Sohn war.

In Tübingen wurde auch zum ersten Mal ein Auto für die Familie angeschafft. Bis dahin hatten wir profitiert von Vaters Dienstwagen.
Die Wahl fiel 1956 auf einen VW Käfer (das Export-Modell), der zwar
für die ganze Familie etwas eng, aber dafür zuverlässig und sparsam
war. Für acht Jahre blieb dies unser Familienauto und wir haben mit
ihm unsere Ferienreisen und auch mehrfach Kultur- und Bildungsreisen nach Italien und Frankreich unternommen. Vater war ein guter
und verlässlicher, aber manchmal, entgegen seinem sonst eher bedäch-
tigen Verhalten, ein recht forscher Fahrer. Kurz nachdem das Auto angeschafft worden war, absolvierte ich meine Fahrprüfung und konnte

daher Vater beim Fahren ablösen, wenn Mutter gegen seinen Fahrstil protestierte. Immer wieder habe ich in den Jahren, als ich noch oder wieder in Tübingen bei den Eltern wohnte, Vater zu Sitzungsterminen oder zum Flugplatz nach Stuttgart und Mutter zu ihren Rotkreuz-Kursen nach Pfalzgrafenweiler im Schwarzwald gefahren. Diese gemeinsamen Fahrten im Auto wurden zu kostbaren Momenten des ungestörten Gesprächs und Austausches. Im Jahr 1964 wurde dann ein neues, sehr verlässliches Auto, ein Peugeot 403, angeschafft, der uns gute Dienste geleistet hat, bis er nach einem von Vater unverschuldeten Unfall 1969 aufgegeben und durch einen Volvo ersetzt werden musste, dem die Eltern bis zum Schluss treu geblieben sind.

Auch in den Tübinger Jahren waren die gemeinsamen Sommerferien wichtig für den Zusammenhalt in der Familie, jedenfalls solange wir drei Kinder noch zu Hause und in der Schule waren. Vor allem die Ferien im Sommer 1960 verdienen hervorgehoben zu werden, denn damals waren wir zum ersten Mal in St. Luc, dem kleinen Walliser Bergdorf, das später zu unserem bis heute bewährten Familien-Zufluchtsort wurde, nachdem die Eltern dort 1968 ein Chalet haben bauen lassen.

Die ersten Jahre in Tübingen boten ebenfalls die Gelegenheit, die Verbindungen zu den Freunden des Volkacher Bundes wieder aufzunehmen und sich am Leben des Bundes aktiv zu beteiligen. Von den Anfängen des Volkacher Bundes und seiner kritischen Bedeutung für Vater in den Jahren 1932-35 war bereits die Rede. Im Oktober 1933 hatte der Bund sich aufgelöst, um einem Verbot zuvorzukommen. Die Verbindungen zwischen den Freunden blieben zwar bestehen, aber für die Eltern war es nicht zuletzt wegen der räumlichen Entfernung nicht möglich, die Kontakte aufrechtzuerhalten. Nach dem Ende des Krieges wurde der Bund von Otto Küster 1946 neu gegründet. Als „Sprecher" blieb Otto Küster bis 1953 die zentrale Bezugsperson, danach wechselte das Amt des Sprechers jedes Jahr. Außerdem entwickelte der Bund die Praxis, sich für jedes Jahr ein Studienthema vorzunehmen, das in abendlichen Zusammenkünften und einer Frühjahrs- sowie Herbsttagung über ein langes Wochenende bearbeitet wurde.

Für das Bundesjahr 1957/8 hatte Vater die Rolle des Sprechers übernommen und hatte die „Selbstbehauptung der Person" als Studienthema vorgeschlagen. Das Thema, in dem es um die ethischen Fragen der rechten Lebensführung unter den Bedingungen der Massengesellschaft ging, erwies sich als so komplex und vielfältig, dass die Diskussionen unter Vaters Leitung auch im folgenden Jahr 1958/9 fortgesetzt wurden. Vater hat dann bei der Frühjahrstagung 1959 als Sprecher selbst ein größeres Referat vorgetragen und darin den Versuch gemacht, die bisher angestellten Überlegungen zusammenzufassen. Unter dem Titel „Wege zur Selbstbehauptung der Person" fragte er zunächst: „Was heißt ‚Selbstbehauptung'? Ich will weder abschließend definieren, noch mit irgendeinem Anspruch auf Vollständigkeit systematisieren, sondern nur die Richtungen anzeigen, in die unsere Überlegungen gegangen sind oder noch gehen sollten:

1. Selbstbehauptung heißt einmal, nach innen gewendet, Selbstvergewisserung des Ich, Wahrung der Einheit und Kontinuität der Person in allen wechselnden Situationen. ...
2. Selbstbehauptung ist zweitens Selbstbewahrung, Verteidigung des als eigen und wesentlich Erkannten gegen alle Anfechtung von innen oder außen, die uns abzieht, hindert, überwältigt und verfremdet. ...
3. Selbstbehauptung ist aber drittens auch die Selbstverwirklichung, die den eigenen Willen anspannt und die Kräfte einsetzt im aktiven Handeln, um ein als wichtig erkanntes Ziel zu erreichen."

Das Referat entfaltete diese drei Dimensionen der Selbstbehauptung und nahm immer wieder auf biblische und theologische Aspekte Bezug. Vor allem im dritten Teil, der sich mit der Selbstverwirklichung befasste, nahm Vater im Blick auf das Handeln des Menschen in der Welt Bezug auf Luthers Lehre vom Beruf als Leitlinie für eine Ethik der Verantwortung. Er schloss sein Referat mit den folgenden Sätzen: „Erinnern wir uns, dass Selbstbehauptung der Person nicht im Handeln allein zu erreichen ist. Daneben steht die Selbstvergewisserung, die ja wesentlich Besinnung auf den Ursprung und auf die Möglichkeit der Vergebung ist, deren der Handelnde bedarf. Auch wird alles Handeln eingegrenzt und der Handelnde vor einer Überschätzung seines Tuns bewahrt durch Wege der Selbstbewahrung, die ihm die innere Freiheit und Verfügbarkeit sichern. Indem jede dieser drei Verhaltensweisen die beiden anderen ergänzt, bilden sie zusammen einen Halt für die Selbstbehauptung der Person."[88]

In den dann folgenden Jahren trat der Volkacher Bund für Vater wieder etwas in den Hintergrund, da seine Zeit und Kraft zu sehr von anderen Aufgaben beansprucht wurde. Mutter jedoch hat sich weiter aktiv am Leben des Bundes beteiligt. Für beide Eltern war besonders der freundschaftliche Kontakt zu den in Tübingen lebenden Mitgliedern, wie z.B. Willy und Ruth Birn, Hedwig Maier, sowie Emma und Hellmut Brunner, ausgesprochen wichtig.

Der Wissenschaftsrat 1958-65

Im September 1957 wurde durch ein Verwaltungsabkommen zwischen Bund und Ländern der Wissenschaftsrat gebildet und Vater, der an den vorbereitenden Verhandlungen beteiligt gewesen war, wurde im Januar 1958 von Bundespräsident Heuss für zunächst vier Jahre als Mitglied des Wissenschaftsrates berufen. Die Bildung des Wissenschaftsrates war ein Symbol für die veränderte politische und gesellschaftliche Atmosphäre. Bis 1954/55 war es in erster Linie um den Wiederaufbau funktionsfähiger Strukturen gegangen. Nun musste auf diesen erneuerten Fundamenten weitergebaut werden. Zugleich war es notwendig, den veränderten Bedürfnissen und Anforderungen von Wirtschaft und Gesellschaft Rechnung zu tragen. Öffentliche Verwaltung musste durch bewusste Planung ergänzt werden.

Der Wissenschaftsrat ist bis heute das wichtigste wissenschaftspolitische Beratungsgremium in Deutschland. Er berät Bund und Länder in Fragen der inhaltlichen und strukturellen Weiterentwicklung des Hochschulsystems sowie der staatlichen Förderung von Forschungseinrichtungen. Der Wissenschaftsrat arbeitet in zwei Kommissionen, einer Wissenschafts- und einer Verwaltungskommission, die in regelmäßigem Rhythmus zu Plenarsitzungen unter dem Vorsitz des Präsidenten zusammentreten. Vater war in der ersten Wahlperiode von 1958-61 Vorsitzender der Wissenschaftlichen Kommission. Nach seiner erneuten Berufung 1961 durch Bundespräsident Lübke und dem Rücktritt des ersten Präsidenten, Prof. Coing, wurde er zum Präsidenten des Wissenschaftsrates gewählt und nahm dieses Amt bis 1965 wahr. Die Geschäftsstelle des Wissenschaftsrates mit dem Generalsekretär Dr. Friedrich Schneider befand sich in Köln.

Über seine Mitwirkung im Wissenschaftsrat und über dessen Aufgaben hat Vater im Januar 1963 bei der Arbeitsgemeinschaft für Forschung des Landes Nordrhein-Westfalen einen Vortrag gehalten.[89] Er bezeichnete es dort als Aufgabe des Wissenschaftsrates, „auf der Grundlage der vom Bund und den Ländern im Rahmen ihrer Zuständigkeiten aufgestellten Pläne einen Gesamtplan für die Förderung der Wissenschaften zu erarbeiten und hierbei die Pläne des Bundes und der Länder aufeinander abzustimmen." Ferner war ihm aufgegeben, „jährlich ein Dringlichkeitsprogramm aufzustellen und Empfehlungen für die Verwendung der in den Haushaltsplänen des Bundes und der Länder für die Förderung der Wissenschaft verfügbaren Mittel auszusprechen." Vater meinte, dass man daher den Wissenschaftsrat „als einen Planungsstab für die Entwicklung der deutschen Wissenschaft bezeichnen" könne.[90]

Hinter dieser Aufgabenstellung für den Wissenschaftsrat standen drei Einsichten. Zunächst die Erkenntnis, dass die „physische und wirtschaftliche Existenz, wie die geistige und sittliche Haltung einer großen Nation ausschlaggebend davon abhängt, dass die Forschung die Wege zur Herstellung einer gesunden sozialen Ordnung und zur Ausnutzung aller Stoffe und Kräfte der Natur erschließt und alle Wissenschaften ihren Beitrag zu der gemeinsamen Aufgabe leisten, geistige Horizonte zu eröffnen und Maßstäbe zu setzen." Dazu kam die nüchterne Fest-stellung, dass die deutsche Wissenschaft ihre ehemals führende Rolle verloren habe und es daher außergewöhnlicher Anstrengungen bedür-fe, „die Leistungsfähigkeit unserer wissenschaftlichen Einrichtungen wieder voll herzustellen und zu steigern." Schließlich hatte es sich als notwendig erwiesen, die unterschiedlichen Entwicklungspläne des Bundes und der Länder zusammenzuführen und dafür ein zentrales Organ von hoher Sachkunde zu bilden, um einen umfassenden und auf längere Sicht angelegten Plan auszuarbeiten. Der Wissenschaftsrat konnte freilich nur Empfehlungen und keine bindenden Weisungen aussprechen.[91]

Vater berichtete dann, dass der Wissenschaftsrat sich in seiner ersten Arbeitsperiode bis 1961 darauf konzentriert habe, „sich um die Lage der wissenschaftlichen Hochschulen und um die möglichen Wege zur Erhöhung ihrer Leistungsfähigkeit, faktisch also zu ihrem perso-nellen und räumlichen Ausbau zu kümmern."[92] Als Ergebnis seiner Untersuchungen legte der Wissenschaftsrat 1960 einen umfangreichen Band mit Empfehlungen zum Ausbau wissenschaftlicher Hochschulen vor, dem später weitere Empfehlungen zur „Gestalt neuer Hochschu-len" sowie zum Ausbau des Lehrkörpers und zur Neugliederung des Studiums folgten.[93] Seit 1961 wandte sich der Wissenschaftsrat auch den sonstigen wissenschaftlichen Einrichtungen, d.h. wissenschaftli-chen Akademien, hochschulfreien Forschungsinstituten, wissenschaft-lichen Bibliotheken, Museen und Archiven zu. Im weiteren Verlauf seines Vortrags schilderte Vater dann die Untersuchungen des Wissen-schaftsrates zu den unterschiedlichen wissenschaftlichen Hochschulen, zur Frage der Finanzierung und zum personellen Bedarf. Er schloss mit einem Ausblick auf die Notwendigkeit, die internationale Zusammen-arbeit in Europa zu fördern, und unterstrich seine Überzeugung, „dass an Aufgaben für den Wissenschaftsrat noch auf lange Zeit kein Mangel sein wird."[94]

In einer Reihe weiterer Vorträge, insbesondere im Kollegenkreis von Hochschullehrern, erläuterte Vater ausführlicher die Leitgedanken und Grundsätze, an denen sich der Wissenschaftsrat bei der Ausarbeitung seiner Empfehlungen orientierte, und setzte sich mit kritischen Anfragen und Einwänden auseinander.[95] Eine der häufig geäußerten kritischen Reaktionen betraf die „mild konservative" Grundausrichtung der Empfehlungen, die auf eine grundlegende Reform der Hochschule verzichteten und sich auf praktisch gangbare Wege konzentrierten, um die drängenden Probleme der Universitäten als Folge der Überfüllung zu bewältigen. Wie Vater erläuterte, stand dahinter die Überzeugung, „dass die Empfehlungen des Wissenschaftsrates, indem sie die Hochschulen aus ihrer bisherigen Bedrängnis befreien, die Tür zu weiteren, tiefer greifenden Reformen nicht zuschlagen, sondern gerade umgekehrt erst eigentlich eröffnen."[96] In Anlehnung an die Stoßrichtung einer Streitschrift von Helmut Schelsky zur Schulpolitik mit dem Titel „Anpassung oder Widerstand" fragt Vater: „Hat der Wissenschaftsrat seine Aufgabe, die uns aus einer alten und großen Tradition überkommene Einrichtung der Universität wieder leistungsfähig zu machen, mehr im Sinne einer Anpassung an neue gesellschaftliche Verhältnisse oder mehr im Sinne des Widerstandes gegen den Zeitgeist und die von ihm ausgehenden Tendenzen gelöst?"

Seine Antwort auf diese Frage ist eine gute Zusammenfassung seiner Erläuterungen zu den Empfehlungen des Wissenschaftsrates: „Es gibt eine Reihe von Punkten, in denen wir die Anpassung vielleicht für unvermeidlich, jedenfalls für richtig und notwendig gehalten und gemeint haben, daraus die Konsequenz ziehen zu müssen. Also z.B. Anpassung an die bleibend große Zahl von Studenten durch die Erweiterung der Lehrkörper und der Ausbildungsmöglichkeiten. Anpassung an neue Ausbildungsbedürfnisse, die sich in Staat und Wirtschaft zeigen mit dem Vorbehalt, dass nicht alles, was mehr aus Prestige- als aus sachlichem Bedürfnis zur Universität drängt, dort versorgt werden soll. Anpassung vielleicht auch an eine etwas geringer gewordene geistige Selbständigkeit der Studenten. Aber auf der anderen Seite rät der Wissenschaftsrat auch zum Widerstand: Widerstand gegen die Tendenz, Forschung und Lehre voneinander zu trennen, Widerstand gegen den

Trend unserer Zeit zum bloßen Spezialisten, Widerstand gegen allzu schnelle und voreilige Verschulungstendenzen, Widerstand gegen den Wunsch nach reinen Forschungs- oder Elitehochschulen. Zieht man ein Fazit, so bestätigt sich meine Feststellung, dass der Wissenschaftsrat nicht Reform um jeden Preis gesucht, sondern tiefe Einschnitte lieber vermieden hat und bei aller Aufgeschlossenheit bestrebt war, das alte Bild unserer Universitäten auch in unserer Zeit so zu erhalten, wie wir sie übernommen haben und wie wir hoffen, sie der nächsten Generation weitergeben zu können."[97]

Kurz vor seinem Ausscheiden aus dem Amt als Präsident des Wissenschaftsrates wurde Vater am 17. Februar 1965 von der Philosophischen Fakultät der Universität Freiburg der philosophische Doktorgrad ehrenhalber verliehen. Bei diesem Anlass hielt er einen Vortrag zum Thema „Das Bildungsziel der heutigen Universität".[98] Der Vortrag geht davon aus, dass die enge Verbindung von Forschung und Lehre ein Wesensmerkmal der heutigen Universität in Europa und daher auch vom Wissenschaftsrat ausdrücklich festgehalten worden sei. In der Praxis lasse sich diese Idealvorstellung freilich nicht immer durchhalten. Traditionell sei es das Bildungsziel der Universitäten gewesen, „Bildung durch Wissenschaft" zu ermöglichen, bzw. Studierende zur Teilnahme an der Forschung ihrer Lehrer zu befähigen. Heute diene das Hochschulstudium demgegenüber vor allem dem Erwerb der notwendigen Qualifikation für einen gesellschaftlich anerkannten, „akademischen" Beruf. Die Lehre habe also einen klaren gesellschaftlichen Bezug. Aber auch die Forschung habe heute eine wichtige gesellschaftliche Funktion erlangt. „Sie ist zur Voraussetzung unserer Wirklichkeitserkenntnis und damit schlechthin zur Bedingung für den Fortgang des Lebens geworden. ... Das erklärt und rechtfertigt den Andrang so vieler junger Menschen zur Universität als dem Ort umfassender wissenschaftlicher Information und Ausbildung, schließt es aber zugleich aus, die Studenten mit der Vermittlung eines scheinbar sicheren, abgeschlossenen Wissens abzuspeisen. Was vielmehr nottut, ist, sie der prinzipiellen Fragwürdigkeit und Begrenztheit alles Wissens auszusetzen."[99]

Auch eine den gesellschaftlichen Erwartungen und Bedürfnissen entsprechende akademische Lehre müsse den Lernenden helfen, sich mit unvorhersehbaren Anforderungen an ihr berufliches Urteilsvermögen auseinanderzusetzen.

Diese doppelte gesellschaftliche Funktion von Forschung und Lehre hat Vater als Ausdruck des „politischen Auftrags" der Universität interpretiert; denn lernbares Wissen reiche nicht aus, um die Probleme der heutigen Gesellschaft zu bewältigen. Auf eine kurze Formel gebracht, sei es daher das Bildungsziel der Universität, „junge Menschen geistig zu formen und in ihnen die Fähigkeiten zu selbständigem, kritischem Denken zu entwickeln, um sie damit auf künftiges, verantwortliches Handeln vorzubereiten. ... Ich bin auch der Ansicht, ... dass die wissenschaftliche Hochschule, indem sie diese Formung junger Menschen leistet, einen gesellschaftlichen oder ... einen politischen Auftrag wahrnimmt."[100]

In seinem Freiburger Vortrag unterstreicht Vater: „Dieses Ziel, das man selbständiges, kritisches Denken im Medium der Wissenschaft nennen mag, muss die Universität auch heute allen ihren Studenten stecken. Dagegen sollte sie das weitergehende Ziel, Studenten als Partner an der Forschungsarbeit ihrer Hochschullehrer zu beteiligen und schließlich zu selbständigem Umgang mit der Forschung und ihren Methoden zu führen, einem engeren Kreis der dazu befähigten, fortgeschrittenen Studenten überlassen."[101] Wissenschaftliche Bildung sei ein Prozess, der sich schrittweise vollziehe; daher könne auch das wissenschaftliche Studium in Stufen oder Phasen gegliedert werden, wie es an den englischen und amerikanischen Universitäten bereits seit langem geschehe. Vater fasst seine Überlegungen zum Bildungsziel folgendermaßen zusammen: „Der Bildungsauftrag der deutschen Universität ist nur durch eine von der Forschung bestimmte und von der Freiheit der Forschung mitgetragene Lehre zu erfüllen, aber die auf diesem Wege gewonnene geistige Formung erreicht ihr Ziel erst, wenn sie die jungen Menschen zugleich auf ihr verantwortliches Handeln in der Gesellschaft vorbereitet."[102]

Die Empfehlungen des Wissenschaftsrates, an deren Formulierung Vater einen wesentlichen Anteil hatte, sind in den 60er Jahren mit viel Zustimmung und Bereitschaft zur Umsetzung aufgenommen worden. Sie haben zu einer umfassenden Neugestaltung des Hochschulwesens und zur Neugründung zahlreicher Universitäten geführt, wie z.b. der Universität Konstanz, deren Gründungsausschuss Vater angehörte. Für ihn kamen dabei auch die „Gedanken zur Hochschulreform" aus der Denkschrift des Hofgeismarer Kreises von 1956 zum Tragen, an deren Ausarbeitung er maßgeblich mitgewirkt hatte. Auch seine Erfahrungen als ehemaliger Präsident der Deutschen Forschungsgemeinschaft, vor allem im Blick auf die Verhandlungen mit Politikern und Regierungsbeamten, kamen ihm dabei zugute. Die Probleme der Hochschulreform begleiteten ihn weiter bis in die Zeit seines Rektorats an der Tübinger Universität (1968-69) und seines Vorsitzes in der Europäischen Rektorenkonferenz (1975-79).

In seinem späteren persönlichen Rückblick sagt Vater zur Arbeit des Wissenschaftsrates: „Sicher konnte er keine Wunder bewirken, so wenig wie bis heute irgendeine andere Instanz in unserem vertrackten bildungspolitischen System der zersplitterten und sich gegenseitig blockierenden Zuständigkeiten. Aber er hat Wesentliches dazu beigetragen, unsere Universitäten und sonstigen wissenschaftlichen Einrichtungen wieder leistungsfähiger und modernen Anforderungen gewachsen zu machen. Seit der studentischen Protestbewegung ist auch er ins Gerede gekommen, wie alles, was nach Establishment aussieht, und eine Zeitung hat von der anderen abgeschrieben, erst diese Protestbewegung habe die Hochschulreform in Gang gebracht. Ich kann dazu jetzt nur sagen: Ich weiß es besser!"[103]

Bei der akademischen Gedenkfeier in Tübingen nach Vaters Tod 1980 sagte der damalige Präsident des Wissenschaftsrates, Prof. Heldrich: „Unter den Mitgliedern des Wissenschaftsrates ist heute niemand mehr, der Raiser noch als Vorsitzenden erlebt hätte. Trotzdem wirkt seine Amtsführung auch in unserer gegenwärtigen Arbeit nach. Der offene und sachliche Dialog zwischen Wissenschaft und Politik und –

was fast bemerkenswerter ist – zwischen den Politkern der verschiedenen Lager geht offenbar wesentlich auf sein stilbildendes Vorbild zurück. Ludwig Raiser hat mit der Lauterkeit seines Wesens auch einer so fluktuierenden Institution wie dem Wissenschaftsrat seinen Stempel aufgedrückt. Nicht zuletzt dafür schulden wir ihm Dank."[104]

In den acht Jahren seiner Mitgliedschaft und dann auch Leitung des Wissenschaftsrates hat Vater jeweils die zweite Hälfte der Woche in Köln oder bei Sitzungen und Verhandlungen des Wissenschaftsrates zugebracht und seine Lehrveranstaltungen in Tübingen auf die verbleibenden zwei bis drei Tage am Anfang der Woche konzentriert. Er hat diesen Arbeitsrythmus mit eiserner Disziplin durchgehalten und niemals Lehrveranstaltungen wegen dieses „Nebenamtes" ausfallen lassen. Die starke physische Belastung machte sich trotz seiner widerstandsfähigen Konstitution natürlich bemerkbar. Im Jahr 1959 erlitt er einen Schwächeanfall und musste zur Erholung einige Wochen aussetzen, die er in Ronco oberhalb von Ascona am Lago Maggiore im Tessin verbrachte. Wir haben ihn dann dort abgeholt und sind anschließend mit ihm für ein paar Tage zu einem schönen Besuch nach Venedig gefahren.

Der Wissenschaftsrat war freilich keineswegs das einzige von Vaters zahlreichen öffentlichen Nebenämtern, von denen gleich noch die Rede sein wird. Sie alle zusammen bedeuteten, dass er in den Jahren von 1957 bis 1965 oftmals mehr unterwegs als zu Hause war. Das belastete nicht nur ihn, sondern auch Mutter und, wie schon in den Jahren in Bad Godesberg, das Zusammenleben in der Familie. Für die Schwestern jedenfalls rückte er zunehmend fern; beide verließen Tübingen nach dem Abitur 1960 bzw. 1962 und kehrten auch nicht mehr zurück. Damit löste sich auch der bisherige Rahmen der Familie auf. Ich hatte nach dem Abitur 1957 den größeren Teil meines Studiums außerhalb von Tübingen verbracht und kehrte nur zum Abschluss des Studiums noch einmal für zwei Jahre 1961-63 ins Elternhaus zurück.

Mutter litt unter der Einsamkeit, da ihr die akademische Welt in Tübingen fremd geblieben war, trotz ihrer früheren Zuneigung zu der

Stadt. Anstelle ihrer eigenen, sich langsam auflösenden engeren Familie widmete sie sich der fürsorglichen Begleitung von Studentinnen, die zeitweise im Haus wohnten, oder dem Austausch mit befreundeten jüngeren Frauen, die ihren Rat suchten. Diese informelle Beratungsarbeit trat immer mehr an die Stelle der Rotkreuz-Kurse, die nach zehn Jahren ihren Reiz verloren hatten. Sie entschloss sich daher zu einer Ausbildung am 1964 gegründeten Evangelischen Zentralinstitut für Ehe- und Familienberatung in Berlin, um die Qualifikation für eine berufliche Aufgabe in der Ehe- und Familienberatung zu erwerben.

Ein besonderes Privileg waren für mich die Reisen mit den Eltern nach Frankreich und Italien, manchmal verbunden mit Gastvorlesungen oder Vorträgen an Universitäten, zu denen Vater eingeladen war. Die erste dieser Reisen führte im Frühjahr 1957, nach meinem Abitur, durch Oberitalien bis nach Ravenna. Beim Besuch von Bologna wurde vor allem die Tatsache gewürdigt, dass an der dortigen Universität die älteste juristische Fakultät Europas bestand. Im Jahr darauf war Burgund das Ziel. Bei diesen Reisen konnte Vater nach Herzenslust seiner Begeisterung für alte Kirchen und Paläste nachgehen. Vortrags- oder Vorlesungseinladungen führten uns 1960 nach Perugia und 1961 nach Aix-en-Provence. Für mich waren es eindrucksvolle Bildungsreisen, aber auch wichtige Gelegenheiten, den Vater außerhalb seiner dienstlichen Verpflichtungen zu erleben und sich von seinen kunstgeschichtlichen und historischen Interessen und umfassenden Kenntnissen anregen zu lassen.

Zu den verschiedenen „Folgelasten" seiner Mitwirkung im Wissenschaftsrat gehörte u.a. die Mitarbeit im beratenden Ausschuss für Forschungspolitik, den Gerhard Stoltenberg als Bundeswissenschaftsminister gebildet hatte. Aufgrund einer Empfehlung von Stoltenberg wurde Vater darüber hinaus herangezogen als Rechtsberater des letzten Trägers des Namens Krupp, Alfried Krupp von Bohlen und Halbach (1907-1967), bei der von ihm angestrebten rechtlichen Neuordnung bzw. Umwandlung seines industriellen Imperiums in eine Stiftung, die „Ausdruck der dem Gemeinwohl verpflichteten Tradition des Hauses

Krupp" sein sollte. In seinem persönlichen Rückblick schreibt Vater: „Die Geschichte dieser, über rund fünf Jahre (1963-68) sich hinziehenden Umwandlungsarbeit mit ihren rechtlichen, wirtschaftlichen und nicht zuletzt menschlichen Implikationen kann ich hier nicht erzählen. Was mich daran gereizt hat, war das gesellschafts- und rechtspolitische Problem, wie ein industrielles Familienvermögen dieses Ausmaßes ohne Erschütterungen von den menschlichen Zufälligkeiten der Familie abgelöst und in eine Rechtsform gebracht werden kann, die das Unternehmen als gewachsene Einheit erhält und die unternehmerische Verantwortung seiner Leitung nicht lähmt, die aber erlaubt, den Unternehmensertrag gemeinnützigen Zwecken zuzuführen. Meine Mitverantwortung beschränkt sich seit Anfang 1968 auf eine Mitgliedschaft im Stiftungskuratorium. Übrigens hat ein ähnliches Problem eine annähernd vergleichbare Lösung im Hause Bosch in Stuttgart gefunden; ich war daran nicht beteiligt, gehöre aber heute [d.h. 1973] auch dort dem Stiftungskuratorium an."[105] Die mehrfachen Besuche von Berthold Beitz, dem Generalbevollmächtigten des Krupp-Unternehmens, in Tübingen bescherten mir und meiner Frau ein silbernes Zucker- und Sahne-Service als Geschenk zu unserer Hochzeit, das noch heute in Ehren gehalten wird.

Studienaufenthalt in den USA 1965

Nachdem Vater im Frühjahr 1965 sein Amt im Wissenschaftsrat abgegeben hatte, ermöglichte ihm ein großzügiges Stipendium der Ford Foundation im Sommer 1965 einen halbjährigen Studienaufenthalt in den Vereinigten Staaten, der ihm „viele Einblicke in den amerikanischen Universitäts- und Forschungsbetrieb gewährte, aber auch [seine] Kenntnis des amerikanischen Rechts mit seinen Einrichtungen und der amerikanischen Rechtssoziologie erweiterte."[106] Er hat über die ersten Monate in den USA eine Art Tagebuch geführt, das einen lebendigen Eindruck von seinen Erkundungen und Begegnungen vermittelt. Sein Interesse bei diesem Studienaufenthalt galt einerseits dem amerikanischen System der akademischen Ausbildung, insbesondere dem Zusammenspiel von Colleges und Graduate Schools, und andererseits dem amerikanischen Handels- und Wirtschaftsrecht.

Er kam am 5. April 1965 in New York an und bezog ein Apartment nahe der Columbia University. Die ersten zwei Wochen verbrachte er in der Law School, hörte Vorlesungen amerikanischer Kollegen, vertiefte sich in amerikanische juristische Literatur in der Bibliothek, informierte sich über die amerikanischen Methoden des akademischen Unterrichts und erkundete die Stadt. Nach Ostern reiste er für ein paar Tage nach Washington. Dort besuchte er die National Science Foundation und die National Academy of Science, wo er als ehemaliger Präsident der Forschungsgemeinschaft sehr freundlich empfangen wurde. Dann hatte er Gelegenheit zu Führungen in der großen Library of Congress, im Supreme Court, dem Department of Justice, dem Weißen Haus sowie dem Kapitol. Als besonders interessant erwähnt er einen Besuch bei der Federal Trade Commission, dem amerikanischen Kartellamt. Nach seiner Rückkehr nach New York verbrachte er die zwei folgenden Wochen vor allem mit intensiven Studien zum amerikanischen Handels- und Unternehmensrecht sowie zum Kartellrecht.

Im Mai folgten Besuche in Yale, wo er Friedrich Keßler wiedertraf, seinen in die USA emigrierten alten Berliner Kollegen aus der gemeinsamen Zeit im Rabel'schen Institut; dann ging es weiter nach Hannover/New Hampshire, wo er im Dartmouth College einen unmittelbaren Eindruck von den Colleges in Neuengland gewann und auch einen Abend bei Prof. Eugen Rosenstock und Freya von Moltke verbrachte. Vor der Rückkehr nach New York besuchte er noch die Harvard University und das Massachusetts Institute of Technology und erweiterte damit seine Einblicke in die amerikanische Hochschullandschaft. Zurück in New York, berichtet er von interessanten Gesprächen mit dem deutsch-amerikanischen Historiker Fritz Stern, insbesondere über die Jugend- und Studentenbewegungen in Amerika und Deutschland.

Es war von Anfang geplant, dass Mutter nachkommen sollte. Sie wollten gemeinsam die Reise durch den Kontinent nach Kalifornien unternehmen, wo Vater ab August in Stanford am Center für Advanced Studies in the Social and Behavioral Sciences die letzten zwei Monate seines Studienaufenthaltes verbringen wollte. Am 1. Juni kam Mutter dann nach New York und Vater führte sie in die Besonderheiten der großen Stadt ein. Mutter war begeistert; sprichwörtlich wurde ihr Ausspruch: „Wenn eins von uns stirbt, zieh ich nach New York." Am 1. Juli begannen sie ihre große Reise mit einem gebraucht gekauften kleinen Ford Falcon mit Automatikgetriebe, der ihnen, trotz einiger Pannen, auf der langen Reise treue Dienste geleistet hat. Sogar Mutter, die sonst nie selbst gefahren ist, hat auf dieser Reise gelegentlich das Steuer übernommen.

Die Reise führte zunächst nach Washington und dann durch das „Amish Country" nach Norden über Harrisburg bis nach Buffalo, wo wieder die Law School der Universität das wichtigste Ziel war. Dann ging es weiter über Detroit nach Ann Arbor, dessen große Universität intensiv erkundet wurde. Fast eine ganze Woche brachten sie in Chicago zu, wo sie alte Bekannte und Kollegen trafen und mit ihrer Hilfe die vielfältige dortige Hochschullandschaft kennenlernten. Nach einer Fahrt durch Iowa, den „mittleren Westen" und über den Mississippi erreichten sie Denver und die Universitätsstadt Boulder in Colorado, wo sie von Vaters altem Freund und Kollegen Dietrich Goldschmidt in die Situation dieser großen staatlichen Universität eingeführt wurden. Die letzte Woche der Reise führte über den Yellowstone-Nationalpark, Salt Lake City, die Sierra Nevada und den Yosemite-Nationalpark nach Stanford, wo sie nach rund 8.600 km Autofahrt am 31. Juli ankamen. Vater erzählte später, dass sie im Center for Advanced Studies in derselben Gästewohnung untergebracht waren, in der 50 Jahre zuvor auch Lenin gewohnt habe. In Stanford hat Vater seine juristischen Studien fortgesetzt, aber kein Tagebuch mehr geführt. Beide Eltern haben den Aufenthalt dort nach ihren Erzählungen sehr genossen.

Vater hat im November 1965 in einem Vortrag an der Universität Kiel über „Deutsche Hochschulprobleme im Lichte amerikanischer Erfahrungen" den hochschulpolitischen Ertrag seines Aufenthaltes in den

USA zusammengefasst.[107] Er zeichnet in dem Vortrag zunächst ein Bild der sehr vielgestaltigen Hochschullandschaft in den USA. Den „Unterbau" bilden die sogenannten „liberal arts colleges", die in erster Linie Bildungs- und Erziehungsanstalten sind und nach einem streng gegliederten vierjährigen Studium mit dem Bachelor of Arts abschließen. Auch an den großen Staats- oder Privatuniversitäten seien zwei Drittel der Studierenden College-Studenten. Den im eigentlichen Sinn wissenschaftlichen „Überbau" bilden die Graduate Schools oder Professional Schools, die für eine ausgewählte Zahl von Studierenden die wissenschaftliche Ausbildung für bestimmte akademische Berufe anbieten. Einen Hochschulentwicklungsplan habe es in den USA nie gegeben. Nach Vaters Urteil wird der ganze Bereich der universitären Ausbildung den freien Kräften der Gesellschaft überlassen, einschließlich des Wettbewerbsprinzips zwischen den Hochschulen. Das gelte auch für die Finanzierung der Universitäten, die freilich in zunehmendem Maß von staatlich finanzierten Forschungsaufträgen für bestimmte, vor allem naturwissenschaftliche und unmittelbar anwendungsorientierte Bereiche abhängig seien. Nach seiner Einschätzung hat dieses System gegenüber der deutschen Tradition der Staatsuniversität den Vorzug größerer Flexibilität. Aber auch in Deutschland wäre es wichtig, ein besseres Gleichgewicht zwischen den gesellschaftlichen und staatlichen Aufgaben und Leistungen für die Hochschulen herzustellen.

Nach seinem Eindruck ist das amerikanische System, das auf der College-Erziehung aufbaut, „mit seiner Vereinigung von Breiten- und Auslesewirkung und seiner Differenzierung der Studiengänge nach den Fähigkeiten der Studierenden den Bedürfnissen einer modernen Industriegesellschaft besser [angepasst] als unser System, das sich in der Breite nicht genügend entfalten kann und trotzdem heute auf allen Stufen unter den Folgen der Überfüllung ächzt."[108] Freilich, hier wie dort müsse das Verhältnis von Forschung und Lehre immer neu austariert werden. „Man ist in Amerika sehr viel weniger als bei uns geneigt, der Schwierigkeit dadurch auszuweichen, dass man die Forschung in selbständige Institute außerhalb der Universitäten verlegt."[109] So gebe es in den USA kein Gegenstück zur Max-Planck-Gesellschaft; vielmehr versuche man dort so weit wie möglich neue Forschungsprogramme einer Universität ein- oder mindestens anzugliedern. Das setzt freilich bei den Universitäten „eine Elastizität in organisatorischer und finanzieller Hinsicht voraus, zu der man sich in Deutschland bisher nicht hat durchringen können."[110]

Der letzte Teil dieser Auswertung seiner Beobachtungen in den USA betrifft die rechtliche Gestalt und den organisatorischen Aufbau der amerikanischen Universitäten. Seit der Gründung der ersten Colleges im 17. und 18. Jahrhundert habe sich eine höchst einfache Organisationsform in Gestalt von privatrechtlichen Stiftungen entwickelt, die sich deutlich unterscheide von der Grundform der Genossenschaft oder Körperschaft mit Selbstverwaltung in der deutschen Tradition. An der Spitze der amerikanischen Universitäten stehe wie bei Wirtschaftsunternehmen ein Verwaltungsrat, der den Präsidenten bestelle. Die amerikanischen Universitäten würden daher klar und kontinuierlich geführt. Das habe offenkundige Vorteile gegenüber dem System akademischer Selbstverwaltung im komplizierten Zusammenspiel mit staatlichen Behörden. Freilich, in beiden Fällen komme es darauf an, die geistige Einheit der Universität gegenüber der bloßen organisatorischen Verbindung von Departments zum Ausdruck zu bringen.

Er schließt mit der Feststellung: „Im letzten Grunde aber ist das Problem nicht organisatorischer oder finanzieller, sondern gesellschaftspolitischer Art. Wir müssen die unsere ganze Gesellschaft durchziehenden, aus der Tradition eines Beamtenstaats stammenden hierarchischen Ordnungen abbauen, wenn wir den unbefangen lockeren Stil der Zusammenarbeit zwischen gleich und ungleich Gestellten, zwischen Älteren und Jüngeren bei uns entwickeln wollen, der für die offene Gesellschaft Amerikas charakteristisch ist. Er bestimmt dort auch die Formen der wissenschaftlichen Kooperation an den Universitäten."[111]

Wahrnehmung öffentlicher Verantwortung im Raum der Evangelischen Kirche in Deutschland

Durch seine Arbeit im Wissenschaftsrat und vor allem durch dessen Leitung in den Jahren 1961-65 war Vater vollends zu einer öffentlichen Person geworden. Sein öffentliches Profil war in erster Linie durch sein langjähriges hochschul- und wissenschaftspolitisches Wirken geprägt sowie durch seinen Einsatz für maßvolle Reformen des klassischen deutschen akademischen Systems mit seiner engen Verbindung von Forschung und Lehre. Was ihn in seinen entsprechenden Initiativen antrieb, war die Überzeugung von der zentralen gesellschaftspolitischen Bedeutung der Universität und der wissenschaftlichen Forschung angesichts wachsender wirtschaftlicher und politischer Herausforderungen.

Außerdem hatte er in seinen verschiedenen öffentlichen Ämtern durch sein juristisch geschultes Verhandlungsgeschick den Ruf erworben, „der mit weitem Abstand fähigste Chairman in der Bundesrepublik"[112] zu sein. Das mag einer der Gründe gewesen sein, der den damaligen Bundesjustizminister Heinemann veranlasste, Vater das Amt des Präsidenten des Bundesgerichtshofes anzutragen als Nachfolger von Dr. Bruno Heusinger. Vater wurde allerdings im Herbst 1967 außerdem gedrängt, sich noch einmal als Rektor in Tübingen zur Verfügung zu stellen. Er hat schließlich der Aufgabe der Führung seiner Universität durch die unruhige Zeit der Studentenbewegung den Vorrang gegeben und das ehrenvolle Amt der Leitung des Bundesgerichtshofes ausgeschlagen. Das hat sein öffentliches Ansehen nicht gemindert. Es wird berichtet, dass der frisch ernannte Präsident des Bundesgerichtshofes, Dr. Robert Fischer, bald nach seinem Amtsantritt im April 1968 Vater in Tübingen einen Besuch abstattete.

Nach seiner Rückkehr aus den USA im Herbst 1965 wurde Vaters öffentliches Profil um einen wichtigen Aspekt erweitert, der bis dahin eher im Hintergrund gestanden hatte, nämlich seine Rolle bei der Wahrnehmung öffentlicher Verantwortung durch die Evangelische Kirche in Deutschland (EKD). Am 1. Oktober 1965 gab der damalige Ratsvorsitzende der EKD die so genannte „Ostdenkschrift", welche die Kammer für öffentliche Verantwortung der EKD unter Vaters Vorsitz ausgearbeitet hatte, zur Veröffentlichung frei. Die Denkschrift mit dem Titel „Die Lage der Vertriebenen und das Verhältnis des deutschen Volkes zu seinen östlichen Nachbarn"[113] war das bekannteste, einflussreichste und zugleich höchst umstrittene Beispiel für die Wahrnehmung öffentlicher Verantwortung im Raum der Evangelischen Kirche in Deutschland, an dem Vater maßgeblich mitgewirkt hat.

Vaters Verhältnis zur Kirche

Zum Verständnis der Wirkung der Denkschrift und von Vaters Rolle dabei ist es notwendig, zurückzugehen bis in die Anfänge seiner Mitwirkung in dem Prozess, in dessen Verlauf sich in den gesellschaftlichen und politischen Auseinandersetzungen in der frühen Bundesrepublik das Verständnis der öffentlichen Verantwortung der Kirche herausgebildet hat. Aber zunächst möchte ich kurz auf Vaters Verhältnis zur Kirche und sein Selbstverständnis als christlicher, protestantischer Laie eingehen. In seinem persönlichen Rückblick und Lebensbericht sagte er: „In kirchlicher Hinsicht … war mein Elternhaus liberal-unverbindlich; mein Vater ganz und gar, während meine Mutter und vor allem meine Großmutter wesentlich stärker kirchlich engagiert waren. Ich verdanke einigen Lehrern wesentliche Anstöße meiner christlichen Erziehung. Gleichwohl muss ich sagen, dass auch ich als junger Mensch der Kirche eher distanziert gegenüberstand. So war ich an dem sogenannten Kirchenkampf in gar keiner Weise beteiligt, sondern habe ihm nur zugesehen; wobei, wie ich offen sagen muss, eine gewisse Rolle gespielt hat, dass mir nicht so sehr Karl Barth selber, aber die Barthianer mit ihrer Intoleranz auf die Nerven gingen, und ich mich nicht entschließen konnte, mich dem anzuschließen."[114]

Vom religiösen Einfluss seiner Frau und seines Schwiegervaters Martin Haack war bereits die Rede. Aber abgesehen von diesen familiären Einflüssen waren es nach dem Zeugnis seiner Briefe vor allem die Erfahrungen der NS-Zeit und der Kriegsjahre, die seine Einstellung veränderten. „Die Stunden, Nächte in den Bombenkellern und dergleichen hatten mich auf andere Weise darauf verwiesen, dass ohne ein sicheres religiöses Fundament wir zu leben nicht imstande sind."[115] Vater fügte freilich hinzu, dass sein Schwiegervater am Anfang ihrer Beziehung meinte, er sei „ein reiner Heide und über christliche Dinge mit mir zu reden, habe offenbar gar keinen Sinn. Er hätte sich Stein und Bein gewundert, dass ausgerechnet dieser Schwiegersohn eines Tages Präses der Synode der EKD und Mitglied des Rats der EKD werden würde."[116]

In seinem Beitrag zu einem kleinen, 1971 erschienenen Band mit dem Titel „Warum bleibe ich in der Kirche?" antwortete Vater auf die im Titel gestellte Frage: „Auf dankbare Liebe gegründete Treue"[117]. Er fügte hinzu: „Solche Antwort ... ist in einer Zeit wachsender und schärfer werdender öffentlicher Angriffe auf die Kirche wenig publikumswirksam und entzieht sich letztlich der argumentierenden Erklärung. Doch meine Treue ist weder blind noch trotzig. Sie sieht die Schwächen und Mängel unseres Kirchenwesens und leidet unter ihnen nicht weniger, sondern eher mehr als der bloße Kirchensteuerzahler und gleichgültige Gewohnheitchrist. Indessen kann für mich daraus nicht Abkehr von der Kirche folgen, sondern nur verstärktes Bemühen, zur Besserung mitzuhelfen."[118]

Er stellt sich dann selbst die weitere Frage: „Wozu bedürfen wir der Kirche?" Er spricht davon, dass die Kirche als Gemeinschaft der Gläubigen Menschen, die im Getriebe unserer Gesellschaft in die Vereinzelung und an den Rand gedrängt würden, entscheidende Lebenshilfe biete und zugleich gegenüber dem flachen Rationalismus der Zeit die große geistig-religiöse Denktradition bewahre. Vor allem aber erteile die Kirche Mahnung und Anleitung zu einem dem Glauben und dem Gebot der Nächstenliebe entsprechenden Handeln. Das gelte nicht nur für den Einzelnen, sondern auch für die Kirche selbst. Denn „das Handeln des einzelnen ist eingebunden in ein bestimmtes politisches und gesellschaftliches Gefüge, das wir nicht mehr als schicksalhaft vorgegeben, sondern als geschichtlich wandelbar und geplanter Veränderung zugänglich ansehen. Aus dieser Erkenntnis ergibt sich für die Kirche die Aufgabe, ihre ethische Reflexion auf die Frage nach der rechten Gestaltung der Verhältnisse auszudehnen. Sie soll nicht nur dem einzelnen Christen helfen, seine gesellschaftliche und politische Verantwortung wahrzunehmen, indem sie ihm Ziele und Maßstäbe des Wertens und Urteilens zeigt, sondern auch selbst solche Ziele und Maßstäbe öffentlich vertreten, soll warnen und mahnen, wo sie in Gefahr sind, im Macht- und Interessenkampf ausgelöscht zu werden."[119]

Damit kam Vater auf die Aufgabe der Kirche im Feld der „politischen Diakonie" als dem eigentlichen Zentrum seines christlichen Engagements zu sprechen. Freilich, „auch wer den Weg der Kirche in die soziale und politische Diakonie gutheißt, wird sich immer wieder einmal an ihr ärgern, an dem, was in ihrem Namen geschieht, oder an dem, was sie zu tun unterlässt. Aber ist solcher Ärger ein Grund, sich von ihr abzuwenden? Ist es nicht tröstlich zu wissen, dass sich in dieser Welt voll menschlicher Machtgier, Eigensucht und Grausamkeit Institutionen außerhalb des staatlichen Machtapparats finden, die, indem sie die christliche Botschaft verkündigen, auch andere als Machtprinzipien für das politische Handeln vertreten? So unvollkommen und oft erfolglos das geschieht, so notwendig ist es doch. Ein rein innerweltlich konzipierter, glaubensloser Humanismus kann die von dort ausgehende geistliche Kraft nicht ersetzen."[120]

Damit sind die Überzeugungen angedeutet, die ihn in den mehr als 25 Jahren seines entschiedenen Eintretens für die „öffentliche Verantwortung" der Kirche in einer Vielzahl von kirchlichen Neben- und Ehrenämtern geleitet haben. Von seinem persönlichen Glauben hat er nur selten gesprochen. Er lebte in der Gewissheit eines religiösen Grundvertrauens. Die Teilnahme am Gottesdienst war ihm wichtig und der meist etwas zu spät und daher in großer Eile zurückgelegte Weg zur

Stiftskirche oder über den Berg zur Jakobuskirche in Tübingen gehörte zu unseren sonntäglichen Ritualen. In der Stiftskirche überkam ihn regelmäßig während des Gottesdienstes ein unwiderstehlicher Niesreiz. Wir haben damals spaßeshalber gesagt, dass der „alte Adam" aus ihm ausfahre.

Er hat sich durch intensive Lektüre in die theologische Diskussion der Zeit eingearbeitet, um seine eigenen Überzeugungen auch in der Sprache der Theologie reflektieren und begründen zu können. Aber er behielt eine innere Distanz zu den vorherrschenden kirchlich-theologischen Denkschulen, vor allem dort, wo sie meinten, bestimmte politische Positionen theologisch begründen und rechtfertigen zu können. Für die Klärung und Begründung seiner inneren Haltung als Christ brauchte er letztlich keine Theologie.

So konnte er 1974 seine Ansprache zu seinem 70. Geburtstag ganz schlicht mit den Worten beginnen: „Ich empfinde es als Gnade, dieses biblische Alter erreicht zu haben … . Als Gnade empfinde ich das mir zugefallene Maß an Lebenskraft … und Gnade ist es, dass mir bis heute schweres Leid im Kreis meiner engsten Familie erspart geblieben ist und ich mich zusammen mit meiner Frau an Kindern und Enkeln freuen kann. Die Antwort des Menschen auf die Erfahrung göttlicher Gnade ist Dankbarkeit und das, was die Lutherbibel mit einem altmodisch gewordenen Wort Demut nennt. Doch habe ich meinen christlichen Glauben auch immer so verstanden, dass empfangene Gaben, wie die meiner Lebenskraft und meiner von Not und Leid verschonten bürgerlichen Existenz, als Antwort zugleich ein Handeln verlangen, und das heißt, noch einmal lutherisch gesprochen, den Dienst im „Beruf" und die Zuwendung zum Nächsten. Beide Forderungen haben mich mein Mannesleben hindurch begleitet. Aber auf die selbstkritische Frage im Alter, ob ich ihnen gerecht geworden bin, habe ich auch heute keine mich beruhigende Antwort."

Der hier nur angedeutete Bezug auf Luthers Lehre vom Beruf war in der Tat für Vater von grundlegender Bedeutung bei der Ausbildung seiner Ethik der Verantwortung seit den ersten Jahren nach dem Ende des Krieges. Der Verweis auf Luther wird daher in den folgenden Abschnitten immer wieder begegnen. Die erste ausführlichere Erwähnung und Interpretation von Luthers Lehre vom Beruf findet sich in einem Vortrag zum Thema „Der Christ im Beruf", den Vater 1954 beim 2. Villigster Studententag gehalten hat.[121] Er weist dort auf Luthers radikale Kritik der Tradition der mittelalterlichen Kirche hin, welche die vocatio, also ein Leben gemäß der göttlichen Berufung, auf den geistlichen Stand der Ordensleute beschränkte, während die weltlichen Stände durch ihre Arbeit dies monastische Leben möglich machen sollten.

Luther hat demgegenüber, angeregt durch die Weisung des Apostels Paulus in 1. Korinther 7,20 („Ein jeglicher bleibe in dem Beruf, darin er berufen ist"), die göttliche Berufung auf alle Menschen bezogen. Alle sind dazu berufen, Gott in ihrem Leben zu dienen und das Gebot der Nächstenliebe zu erfüllen. Und Vater unterstreicht: „Erfüllung des weltlichen Berufs ist nicht nur Dienst am Nächsten zur Ehre Gottes, sondern Mitarbeit mit Gott, *cooperatio* mit Gottes sich täglich erneuernder Schöpfungstat, in deren Plan auch dem Menschen in der Welt sein Platz und seine Aufgabe zugewiesen ist. Das ist ein ebenso kühner wie tröstlicher Gedanke, an dem vollends ganz deutlich wird, welcher Wandel sich hier in der Bewertung der beruflichen Arbeit vollzogen hat. Nur darf er nicht so verstanden werden, als verdiene sich der zur *cooperatio* berufene Mensch damit den Zugang zum Reich Gottes. Vielmehr muss auch die Berufslehre Luthers im Licht seiner Unterscheidung der beiden Reiche gesehen werden: vor Gott zählt die Berufserfüllung so wenig wie alle anderen guten Werke; vor ihm ist der sündige Mensch allein durch den Glauben gerechtfertigt. In der Welt aber, im Reich Gottes zur Linken, ist dem Mensch die Nächstenliebe geboten, und dieses Gebot erfüllt er in seinem Beruf – in dem eingangs erwähnten, nicht bloß ökonomischen Sinn dieses Wortes, an dem Platz also, an der er gestellt ist."[122]

Und Vater fährt fort: „Man hat mit Recht gesagt, dass sie [d.h. diese Lehre] einen Grundstein zu Luthers Ethik bildet und damit auch die im Luthertum noch immer nicht genügend gefestigte Sozialethik zu tragen bestimmt ist. ... Jedenfalls kann ihr die gedankliche Geschlossenheit und ethische Kraft nicht abgesprochen werden. Sie hat denn auch, soziologisch gesehen, eine gewaltige Wirkung herbeigeführt. ... Es kann doch kein Zweifel daran sein, dass Luther, indem er an die Stelle der sogenannten „evangelischen Räte" der katholischen Moraltheologie mit ihrem Lobpreis der Weltflucht die bürgerlichen Tugenden des Fleißes, der Tüchtigkeit und der Zuverlässigkeit, der Treue zum Amt und Beruf und der Pflichterfüllung gesetzt hat, wesentliche und geschichtlich höchst wirksame Züge im Charakterbild unseres eigenen Volkes zu prägen geholfen hat."92

EKD-Synode, Atomausschuss, Kammer, FEST

Vaters Mitwirkung in dem Prozess, in dessen Verlauf sich das Verständnis der spezifischen öffentlichen Verantwortung der Kirche herausbildete und klärte, begann bereits 1949, als er in die Synode der EKD berufen wurde. Die Synode bestand damals aus 100 von den Organen der Gliedkirchen gewählten Synodalen. Nach Art. 24 der Grundordnung von 1948 konnte der Rat weitere 20 Persönlichkeiten in die Synode berufen, deren Erfahrungen in einem bestimmten, gesellschaftlich oder kirchlich wichtigen Gebiet für die Arbeit der Synode von Bedeutung waren. Bei Vater standen wohl hinter der Berufung seine Erfahrungen als öffentlich engagierter evangelischer Laie und Jurist beim Neuaufbau der Hochschulen und des gesellschaftlichen Lebens nach dem Krieg. So arbeitete er auch in den ersten Jahren im Synodalausschuss für öffentliche Angelegenheiten mit.

Die Grundordnung der EKD sah außerdem in Art. 22, Abs. 2 vor, dass zur Beratung der leitenden Organe für bestimmte Sachgebiete kirchliche „Kammern" oder Kommissionen aus sachverständigen Persönlichkeiten gebildet werden sollten. So wurden 1949 vom Rat auf Vorschlag der Synode vier Kammern gebildet, darunter auch die „Kammer für öffentliche Verantwortung". Nach entsprechenden Personalvorschlägen von Synodalpräses Gustav Heinemann wurde die Kammer unter dem Vorsitz des CDU-Bundestagsabgeordneten Robert Tillmann eingesetzt und hielt im September 1949 ihre konstituierende Sitzung ab. Als Mitglied des entsprechenden Synodalausschusses wurde Vater, zusammen mit weiteren Persönlichkeiten, im Dezember 1952 ebenfalls in die Kammer berufen. Nach dem Tod von Robert Tillmann übernahm er von 1956 bis 1971 den Vorsitz der Kammer. Auch nachdem er in den Jahren 1970-73 als Präses die Leitung der Synode übernommen und dem Rat der EKD angehört hatte, blieb er bis zu seinem Tod 1980 Mitglied der Kammer und hat an ihren Arbeiten und Stellungnahmen über „Gewalt und Gewaltanwendung in der Gesellschaft" sowie über „Die Menschenrechte im ökumenischen Gespräch" mitgewirkt.

Neben der Synode und der Kammer ist noch ein weiteres Umfeld für die Praxis öffentlicher Verantwortung im Raum der EKD zu nennen, nämlich die Forschungsstätte der Evangelischen Studiengemeinschaft (FEST) in Heidelberg. Die FEST war 1957/58 als interdisziplinäres Forschungsinstitut eingerichtet worden durch die Zusammenführung des Christopherusstifts Hemer und der Studiengemeinschaft der Evangelischen Akademien. Sie wurde und wird bis heute getragen von den Landeskirchen, den Evangelischen Akademien und dem Deutschen Evangelischen Kirchentag. Ihr Leiter war von 1958 bis 1982 der Philosoph und Bildungsforscher Georg Picht, der in den ersten Jahren mit dem Kirchenjuristen Hans Dombois und dem Physiker Günter Howe die Arbeit der FEST prägte. Später kam noch der Theologe Heinz-Eduard Tödt als stellvertretender Leiter hinzu. Vater, der am Prozess der Gründung der FEST beteiligt war und ihre Satzung ausgearbeitet hatte, war von 1957 bis 1976 Vorsitzender des für die inhaltliche Ausrichtung der FEST verantwortlichen wissenschaftlichen Kuratoriums.[124]

Zum ersten Bewährungsfeld für die Wahrnehmung öffentlicher Verantwortung wurde in den 1950er Jahren die auch in der EKD mit großer Leidenschaft geführte Auseinandersetzung über die Wiederbewaffnung der Bundesrepublik. Der bereits erwähnte Beitritt der Bundesrepublik zur Westeuropäischen Union und zur NATO 1954/5 hatte zur Folge, dass im November 1955 die Bundeswehr als deutscher militärischer Beitrag zum westlichen Verteidigungsbündnis gegründet wurde. Im Februar 1957 wurde der von Bundeskanzler Adenauer und Bischof Dibelius als Ratsvorsitzendem der EKD ausgehandelte Militärseelsorgevertrag unterzeichnet und im November 1957 wurde der Bevollmächtigte der EKD bei der Bundesregierung, Bischof Kunst, als Militärbischof eingesetzt. Die frühere Kritik von kirchlichen Gruppen an der Wiederbewaffnung galt in der gesamtdeutschen Synode erst recht dem Militärseelsorgevertrag, der ja nur die Bundesrepublik betraf. Die DDR-Regierung brach zum Zeichen des Protestes die Beziehungen zur EKD und ihrem Bevollmächtigten in Berlin, Propst Grüber, ab.

Die öffentliche und auch innerkirchliche Kontroverse spitzte sich weiter zu, als Adenauer und der damalige Verteidigungsminister Strauß ihre Absicht zu erkennen gaben, die Bundeswehr mit taktischen Atomwaffen auszurüsten. Darauf gingen im April 1957 achtzehn deutsche Atomphysiker mit der von Carl Friedrich von Weizsäcker vorbereiteten „Göttinger Erklärung" an die Öffentlichkeit, in der sie für sich selbst jede Beteiligung an der „Herstellung, der Erprobung oder dem Einsatz von Atomwaffen" ablehnten. Sie erfuhren nachdrückliche Unterstützung auch im kirchlichen Umfeld. Die kirchlichen Bruderschaften legten im April 1958 der EKD-Synode „Zehn Sätze zur Unterweisung der Gewissen als Antwort auf die Frage nach dem Handeln des Christen angesichts der Atomwaffen" vor. Darin wird von der Kirche und allen Christen die vorhaltlose Ablehnung jeder Mitwirkung an der Vorbereitung eines Atomkrieges gefordert und festgestellt, dass es sich dabei um einen Bekenntnisfall handelt, d.h. um Bekräftigung oder Verleugnung „aller drei Artikel des christlichen Glaubens".[125]

Der bei der Tagung der Synode eingesetzte „Ausschuss für Atomfragen" unter Vaters Vorsitz konnte in der Beurteilung der atomaren Waffen keine Einigung erzielen. Die vom Ausschuss vorbereitete Entschließung der Synode zur Atomfrage verwirft zwar „den mit Massenvernichtungswaffen geführten totalen Krieg als unvereinbar mit dem Gewissen der Menschheit vor Gott" und fordert die Politiker auf, sich für allgemeine Abrüstung und die Einstellung der Atombombenversuche einzusetzen sowie eine atomare Bewaffnung deutscher Streitkräfte zu vermeiden. Die Entschließung stellt jedoch in der ethischen Beurteilung der atomaren Waffen tiefgreifende Gegensätze fest: „Sie reichen von der Überzeugung, dass schon die Herstellung und Bereithaltung von Massenvernichtungswaffen aller Art Sünde vor Gott ist, bis zu der Überzeugung, dass Situationen denkbar sind, in denen in der Pflicht zur Verteidigung der Widerstand mit gleichwertigen Waffen vor Gott verantwortet werden kann." Die Entschließung endet mit der sogenannten „Ohnmachtsformel": „Wir bleiben unter dem Evangelium zusammen und mühen uns um die Überwindung dieser Gegensätze. Wir bitten Gott, er wolle uns durch sein Wort zu gemeinsamer Erkenntnis und Entscheidung führen."[126]

Angesichts dieser Gegensätze hatte der Bevollmächtigte der EKD bei der Bundesregierung, Militärbischof D. Hermann Kunst, schon 1957 das wissenschaftliche Kuratorium der FEST gebeten, eine Kommission zur Klärung der Fragen einzusetzen. Die Kommission hat nach schwierigen Gesprächen unter wesentlicher Mitwirkung von Günter Howe und C.F. von Weizsäcker 1959 die elf sogenannten „Heidelberger Thesen" vorgelegt. Sie interpretieren, unter Aufnahme des Konzepts der „Komplementarität", die gegensätzlichen Gewissensentscheidungen in der Atomfrage als einander wechselseitig bedingende Ausprägungen der gemeinsamen christlich-ethischen Grundüberzeugungen. So heißt es in These 7: „Die Kirche muss den Waffenverzicht als eine christliche Handlungsweise anerkennen", und These 8 erklärt: „Die Kirche muss die Beteiligung an dem Versuch, durch das Dasein von Atomwaffen einen Frieden in Freiheit zu sichern, als eine heute noch mögliche christliche Handlungsweise anerkennen".[127] Die Heidelberger Thesen wurden zu einer inoffiziellen Leitlinie für die weitere Entwicklung der friedensethischen Positionen der EKD, wie z.B. in der Denkschrift der Kammer für öffentliche Verantwortung von 1969 mit dem Titel „Frieden wahren, fördern und erneuern", die noch unter Vaters Vorsitz ausgearbeitet wurde. Auch die Arbeit der FEST konzentrierte sich in den folgenden Jahren vor allem auf die Friedensfrage.[128]

Tübinger Memorandum

Vater hat zwar an der Ausarbeitung der Heidelberger Thesen nicht direkt mitgewirkt, aber die FEST wurde unter seiner Mitwirkung zu einem wichtigen Instrument der kirchlichen Politikberatung. So entstand vor allem zwischen Georg Picht, Günter Howe, Hellmut Becker, Carl Friedrich von Weizsäcker und Vater ein Netzwerk von vertrauensvollen und freundschaftlichen Arbeitsbeziehungen, zu dem auch andere Personen des öffentlichen Lebens sowie Mitglieder des wissenschaftlichen Kuratoriums hinzutraten.[129] Das Netzwerk ist gelegentlich als „protestantische Mafia in der katholischen Adenauerrepublik" bezeichnet worden. Der Soziologe Ralph Dahrendorf, Vaters Kollege in Tübingen, benutzte diese Bezeichnung schon in den 70er Jahren in seinen autobiographischen Aufzeichnungen und griff darauf zurück in einem Interview mit dem Spiegel 1997. Er sagte dort: „Die protestantische Mafia stand durch all die Jahre vor allem für einen bestimmten moralischen Anspruch im Leben".[130] Claudia Lepp erläutert in ihrer Untersuchung zur FEST: „Die Glieder dieser ‚protestantischen Mafia' waren keiner kirchen-politischen Gruppe und keiner politischen Partei zugeordnet. Sie plädierten für eine politische Mitverantwortung der evangelischen Christen in der bundesdeutschen Gesellschaft. Mit dieser Grundhaltung waren sie in kirchlichen wie in politischen Gremien aktiv. Viele von ihnen agierten als ‚Grenzgänger zwischen Wissenschaft und Politik', d.h. als Wissenschaftsstrategen und wissenschaftliche Politikberater. Gemeinsam waren sie überzeugt von der politischen Verantwortung des Wissenschaftlers und von der Abhängigkeit der Politik von der Hilfe seitens ‚der wissenschaftlich geschulten Vernunft'."[131]

In der Situation bedrückender politischer Ungewissheit nach dem Bau der Berliner Mauer und angesichts der Bundestagswahl 1961, bei der die CDU ihre absolute Mehrheit verlor, während die SPD gestärkt in den neuen Bundestag einzog, ergriff dieses Netzwerk, d.h. konkret die zuvor namentlich Genannten, die Initiative zur Formulierung des sogenannten „Tübinger Memorandums"[132]. Zum Verständnis dieser

Initiative ist es notwendig, die politischen Entwicklungen seit den Diskussionen zur Atomfrage in Erinnerung zu rufen. Denn die Atomfrage wies über sich hinaus und war Ausdruck der sich anbahnenden langfristigen Veränderungen in und um Deutschland und die dadurch erzeugten Krisen und Ungewissheiten. Bei der Bundestagswahl im September 1957 hatte die CDU mit 50,2% der Stimmen erstmals die absolute Mehrheit errungen; Adenauer konnte daher ohne Koalition regieren. Im Oktober 1957 unterstrich die so genannte „Hallstein-Doktrin" den Alleinvertretungsanspruch der Bundesrepublik für Gesamtdeutschland und verschärfte die Abgrenzungspolitik gegenüber der DDR. Ebenfalls im Oktober 1957 legte der polnische Außenminister Adam Rapacki seinen von der Sowjetregierung und ihren östlichen Verbündeten unterstützten Plan zur Einrichtung einer kernwaffenfreien Zone in Mitteleuropa vor. Dieser stieß bei der Opposition in Bonn auf positives Interesse, wurde aber von Adenauer abgelehnt. Die Sowjetregierung unter Chruschtschow reagierte im November 1958 auf die ablehnende Haltung im Westen und die wachsende Abwanderung aus der DDR über Berlin in die Bundesrepublik mit einer Note (dem sogenannten „Berlin-Ultimatum"), die die Umwandlung von Berlin in eine entmilitarisierte „freie Stadt" forderte. Die westlichen Alliierten bestanden in ihrer Antwort auf der Wahrung ihrer Rechte in Berlin. Der Versuch der nachfolgenden Genfer Außenministerkonferenz im Mai und Juli 1959, nicht nur in der Berlin-Frage, sondern auch im Blick auf einen Friedensplan für Deutschland zu einer Verständigung zu kommen, scheiterte. Aber es deuteten sich Möglichkeiten für einen konstruktiven Dialog über die Zukunft Deutschlands an.

In der Bundesrepublik bahnten sich gleichzeitig Veränderungen an. Adenauers Machtposition wurde in der eigenen Partei infrage gestellt und es begannen Diskussionen über eine Nachfolgeregelung. Die SPD-Opposition stellte sich 1959 mit dem Godesberger Programm auf die marktwirtschaftliche Ordnung und die Westintegration des Landes ein. Am 13. August 1961 begann der Bau der Berliner Mauer als letzte Konsequenz der sowjetischen Berlin-Politik. Bei der nachfolgenden

Bundestagswahl am 17. September 1961 verlor die CDU die absolute Mehrheit. Adenauer musste erneut eine Koalitionsregierung mit der FDP bilden, die freilich nach der Spiegel-Affäre im Oktober 1962 zerbrach und erst nach dem Rücktritt von Verteidigungsminister Strauß im November wieder erneuert werden konnte, allerdings unter der Bedingung, dass Adenauer zur Hälfte der Legislaturperiode, d.h. 1963, zurücktreten sollte.

Aber auch unabhängig von der Berlin- und Deutschland-Frage und den innenpolitischen Folgen änderte sich der weltpolitische Bezugsrahmen. In Europa wurde im März 1957 durch die Römischen Verträge die Europäische Wirtschaftsgemeinschaft (EWG) und die Europäische Atomgemeinschaft (EURATOM) begründet und gleichzeitig die gemeinsamen Organe (Parlament, Gerichtshof, etc.) eingerichtet. Im Oktober 1957 gelang es der Sowjetunion mit dem „Sputnik", einen ersten Erdtrabanten in eine Umlaufbahn zu bringen und damit den 1955 gestarteten Wettlauf mit den USA für sich zu entscheiden. Der Höhepunkt der langgedehnten Machtprobe zwischen den beiden Supermächten war die Kuba-Krise im Oktober 1962, deren riskante Beilegung eine längere Periode der Entspannung eröffnete.

Im Jahr 1962 erschien unter dem Titel „Bestandsaufnahme. Eine Deutsche Bilanz 1962" ein Band mit über dreißig Beiträgen deutscher Wissenschaftler, Schriftsteller und Publizisten, herausgegeben von Hans Werner Richter, dem Gründer der „Gruppe 47". Der Band vereinigte viele der geistig-kulturellen Gesprächspartner des mit der FEST verbundenen Netzwerkes. In den Beiträgen kommt eine Einschätzung der deutschen Situation zum Ausdruck, die der des Tübinger Memorandums sehr verwandt ist. Die Autoren beklagen einen Mangel an Initiative, eine Bewusstseinslähmung und ein wachsendes Unbehagen. Sie stellen eine allgemeine Ohnmacht gegenüber der deutschen Teilung fest und hinterfragen insbesondere die deutsche Außenpolitik, der sie einen mangelnden Sinn für die Wirklichkeit vorwerfen.[133]

Den Anstoß zur Formulierung des Tübinger Memorandums vermittelte wiederum ein Gespräch der vier erwähnten, durch die gemeinsame Arbeit in der FEST eng verbundenen Personen mit Bischof Kunst im Sommer 1961 über kritische Anfragen an die Politik der Bundesregierung. Das Memorandum, das am 6. November 1961 abgeschlossen und unterzeichnet wurde, war ursprünglich nicht zur Veröffentlichung bestimmt; es war vielmehr gedacht als Grundlage für Gespräche mit evangelischen Abgeordneten der drei im neuen Bundestag vertretenen Parteien. Diese Gespräche fanden dann auch im Januar und Februar 1962 durch Vermittlung von Bischof Kunst statt. Als im Februar 1962 Teile des Memorandums durch eine Indiskretion an die Öffentlichkeit gelangten, entschlossen sich die Unterzeichner, den vollen Text am 24. Februar in der ZEIT zu veröffentlichen. Zu den Unterzeichnern gehörten außer Picht, Howe, Weizsäcker, Hellmut Becker und Vater auch Präses Joachim Beckmann, Klaus von Bismarck und Werner Heisenberg. Etliche weitere Personen, die an den Vorgesprächen beteiligt waren, verzichteten schließlich auf die Mitunterzeichnung.

Das Memorandum beginnt mit den folgenden (von C.F. von Weizsäcker formulierten) Sätzen: „Eine neue Bundesregierung tritt in diesen Tagen ihr Amt an. Die außenpolitische Lage ist kritisch. In diesem Augenblick wünschen die Unterzeichner die Aufmerksamkeit verantwortlicher Kreise auf eine Gefahr im inneren politischen Leben der Bundesrepublik zu lenken, die unsere Fähigkeit, diese und künftige Krisen zu bestehen, bedroht. … Wir können keine der politischen Parteien von dem Vorwurf freisprechen, dass sie dem Volk die Wahrheit, die es wissen muss, vielfach vorenthalten und stattdessen das gesagt haben, wovon sie meinten, dass man es gerne hört. … So können Lagen entstehen, in denen die Politiker drauf angewiesen sind, dass auch Staatsbürger, die selber nicht im aktiven politischen Leben stehen, auf vordringliche Notwendigkeiten hinweisen. Dieses Ziel hat die Unterzeichner dieses Memorandums zusammengeführt. Jeder von uns kennt in dem Bereich, den er übersieht, gefährliche Potentiale politischer und sozialer Illusionen, mangelnder Planung und fehlender Voraussicht. Wir sind bereit, den politisch Verantwortlichen und der Öffentlichkeit hierüber Rede [und Antwort] zu stehen."[134]

Das Memorandum nennt fünf Ziele, „deren Erreichung nötig und möglich, aber durch den Zustand unserer öffentlichen Meinung gehemmt ist". Dazu zählt das Memorandum: 1. Eine aktive Außenpolitik; 2. Militärisch effektive, politisch behutsame Rüstungspolitik; 3. Richtig begrenzte, aber energische Maßnahmen zum Bevölkerungsschutz; 4. Unnachgiebige und planvolle Sozialpolitik; und 5. Durchgreifende Schulreform. Der Text des Memorandums fasst die Ziele 2 und 3 sowie 4 und 5 jeweils in einem Abschnitt zusammen.

Die sehr kontroverse Reaktion auf das Memorandum und seine Wirkung wurden vor allem durch den ersten Teil über Außenpolitik bestimmt. Das Memorandum geht von der aktuellen politischen Situation aus, d.h. „dem Kampf um die Freiheit von Westberlin" und „dem Kampf um das Selbstbestimmungsrecht der Deutschen in der DDR". Es erklärt dann: „Unser Kampf für eine moralisch und rechtlich unanfechtbare Sache ist aber dadurch erschwert, dass das Vertrauen auch der westlichen Welt durch Hitlers Machtpolitik und durch den Krieg gänzlich zerstört worden ist. ... In dieser Lage war es ein bedenklicher Weg, die auf die Menschenrechte gegründete Forderung nach Aufrechterhaltung der Freiheit in Westberlin und nach der Selbstbestimmung der Deutschen in der DDR mit dem nationalen Anliegen nicht nur der Wiedervereinigung, sondern darüber hinaus der Wiederherstellung der Grenzen von 1937 zu verbinden. ... Wir sagen nichts Neues, wenn wir die Ansicht aussprechen, dass zwar die Freiheit der in Berlin lebenden Menschen ein von der ganzen Welt anerkanntes Recht ist, dass aber das nationale Anliegen der Wiedervereinigung in Freiheit heute nicht durchgesetzt werden kann, und dass wir den Souveränitätsanspruch auf Gebiete jenseits der Oder-Neiße-Linie werden verloren geben müssen."[135]

Das Memorandum fährt dann fort: „Wir glauben zu wissen, dass politisch verantwortliche Kreise aller Parteien die von uns ausgesprochene Ansicht teilen; aber aus innenpolitischen Rücksichten scheuen sie sich, die Erkenntnis, die sie gewonnen haben, öffentlich auszusprechen. Eine Atmosphäre, die es der politischen Führung unmöglich macht, dem Volk die Wahrheit zu sagen, ist vergiftet." Zu den notwendigen Schritten einer in diesem Sinn aktiven Außenpolitik gehörte nach der Überzeugung der Unterzeichner „die Normalisierung der politischen Beziehungen zu den östlichen Nachbarn Deutschlands. ... Die Anerkennung der Oder-Neiße-Linie mag in den vergangenen Jahren außenpolitisch ein denkbares Handelsobjekt gewesen sein. Heute schließen wir uns der Meinung jener Sachverständigen an, die glauben, dass die öffentliche Anerkennung dieser Grenze im Rahmen eines umfassenden Programms oben genannter Art unsere Beziehungen zu Polen entscheidend entlasten, unseren westlichen Verbündeten das Eintreten für unsere übrigen Anliegen erleichtern und der Sowjetunion die Möglichkeit nehmen würde, Deutschland und Polen gegeneinander auszuspielen."[136]

Zur Rüstungspolitik und Verteidigungsplanung heißt es im Memorandum: „Unter den Nationen der Welt breitet sich heute der Wunsch nach dem Besitz von Atomwaffen unter nationaler Souveränität immer mehr aus. Dieser Wunsch ist vielfach mit illusionären Hoffnungen auf eine weltweite Abrüstung verbunden oder wird doch der Öffentlichkeit gegenüber dadurch getarnt. Wir halten es für die Pflicht der politisch Verantwortlichen in der ganzen Welt, den Nebel solcher Illusionen zu zerstören und den Gefahren entgegenzutreten, die eine solche Politik für alle Nationen beschwört. ... Da wir dem westlichen Bündnis angehören, können wir ohne Einbuße an militärischer Sicherheit im Felde der Rüstung auf nationale Prestige- und Machtpolitik verzichten."[137]

Nach der ersten Phase der überwiegend kritischen öffentlichen Diskussion über die Thesen des Memorandums nahmen einige der Unterzeichner in der ZEIT zu den Reaktionen Stellung und erläuterten die spezifischen Anliegen des Memorandums, z.B. zum Bevölkerungsschutz (C.F. von Weizsäcker) oder zur Sozialpolitik (K. von Bismarck). Auch Vater meldete sich zu Wort mit einem am 20.4.1962 in der ZEIT veröffentlichten Aufsatz mit dem Titel „Der Wahrheitsanspruch in der Politik. Zur Begründung des Tübinger Memorandums".[138] Dieser Aufsatz ist eine seiner prägnantesten Äußerungen zur Frage der öffentlichen, politischen Verantwortung von Nichtpolitikern auf christlicher Grundlage.

Vater nimmt am Anfang seines Aufsatzes darauf Bezug, dass die Verfasser des Memorandums in der Diskussion häufig als „prominente protestantische Laien" bezeichnet worden seien. Er stellt dazu fest: „Das Etikett stammt nicht von uns. Der Begriff der ‚Prominenz' ist in jenen Bereichen der Gesellschaft üblich geworden, zu denen wir uns nicht rechnen. Und wer das Memorandum gelesen hat, wird uns bestätigen, dass es an keiner Stelle die Autorität der evangelischen Kirche oder gar des Evangeliums selbst für sich in Anspruch nimmt. Das Memorandum argumentiert sehr bewusst in der Sprache weltlicher Vernunft, weil nach unserer Überzeugung keine säkulare Instanz von ihren Maßnahmen sagen darf, sie seien ihrem Inhalt nach im Glauben geboten, also allein ‚christlich'. Richtig ist nur dies: Was die Mehrzahl der Unterzeichner des Memorandums untereinander verbindet, ist neben alten persönlichen Freundschaften die Mitarbeit in Ämtern und an Aufgaben im Raume der evangelischen Kirche, ebenso wie an anderen öffentlichen Aufgaben. Hinter der Bereitschaft zu solcher Arbeit steht die gemeinsame Überzeugung, dass christliche Gemeinde und politisches Gemeinwesen uns nicht einfach als überzeitliche Institutionen gegeben sind, sondern zugleich aufgegeben wurden und in aller weltlicher Verstrickung und Verwirrung nur gerade so viel darzustellen vermögen, wie ihre Gläubigen und Bürger ihnen zubringen an Mitarbeit und Mitverantwortung, an sorgender Gewissenserforschung und an Opferbereitschaft.[139]

Er weist zwar die meist abwertend gemeinte Bezeichnung der Verfasser des Memorandums als „Intellektuelle" zurück, aber es geht ihm letztlich durchaus um die Rolle der sogenannten „öffentlichen Intellektuellen" in der Demokratie. Denn er betont, dass es zur Stärkung der Demokratie notwendig sei, „dass sich unter denen, die in ihrem eigenen Lebensbereich selbständig zu denken und zu handeln gewohnt sind, Menschen finden, die entschlossen sind, jene in einem Parteienstaat unentbehrliche [kritische] Funktion wahrzunehmen. ... Gegenstand der Kritik [des Memorandums] sind … nicht so sehr die Haltungen oder Unterlassungen von Regierung oder Parlament in der oder jener Einzelfrage, als vielmehr der in diesen Handlungen und Unterlassungen sich ausdrückende *Stil unserer Außen- und Innenpolitik* [kursiv im Original]. Das Memorandum spricht mit bewusster Schärfe von einem Mangel an Wahrhaftigkeit im Verhältnis zwischen Parteien und Volk, von fehlender Voraussicht, wo es auf langfristige Pläne ankäme, und von der Neigung, den harten Problemen mit halben Maßnahmen auszuweichen."[140]

Damit kommt Vater zum zentralen Punkt seines Aufsatzes. „Was wir fordern ist … Wahrhaftigkeit in mehrfachem Sinne. Wahrhaftigkeit als Bereitschaft, geschichtliche Fakten anzuerkennen und sich, auch wo es weh tut, von Illusionen zu lösen, als Mut, dem Volk selbst bittere Wahrheiten zu sagen, als Nüchternheit in der Abschätzung eigener und fremder Kräfte sowie der Erfolgsaussichten und der Gefahr des Scheiterns, als Entschlossenheit, sich den großen und schwierigen Aufgaben zu stellen und um die richtigen Wege zu einer dauerhaften Lösung zu ringen. Das sind moralische Forderungen, die der Routinier belächeln mag. Aber auch das Vertrauen des Volkes, dessen Regierung und Parlament bedürfen, ist eine moralische Kategorie; es will erworben und pfleglich bewahrt sein. Missachtung des moralischen Anspruchs an das politische Handeln offenbart immer zugleich eine Verachtung der Menschen, für die der Politiker zu handeln vorgibt."[141]

Am Schluss kommt er noch einmal auf den Anlass des Memorandums zurück. „Es war der bedrückende Anblick eines um Wohlstandsparolen statt um die echten Probleme der Nation geführten Wahlkampfes, der einige der späteren Unterzeichner im Sommer letzten Jahres dazu brachte, eine öffentliche Kampfansage zu formulieren. … Das Unbehagen an den geschilderten Missständen der bundesdeutschen Politik ist zu stark und zu weit verbreitet, als dass die Parteien es auf die Dauer ignorieren dürften. Die ‚Lobbyisten der Vernunft‘, wie eine Zeitung uns genannt hat, werden darum nicht so bald lockerlassen."[142]

Ostdenkschrift

Dieses Ethos der Nüchternheit und Wahrhaftigkeit, sowie der damit verbundene moralische Anspruch an die Politik, war die Leitlinie, der Vater auch in der Leitung der Kammer für öffentliche Verantwortung und bei der Ausarbeitung der Ostdenkschrift folgte. Die am 1. Oktober 1965 veröffentlichte Denkschrift über „Die Lage der Vertriebenen und das Verhältnis des deutschen Volkes zu seinen östlichen Nachbarn" war wenigstens mittelbar eine Folge der sehr heftigen Diskussionen nach der Veröffentlichung des Memorandums. Martin Greschat weist in einem anlässlich einer Gedenktagung zum 30. Jahrestag der Ostdenkschrift im September 1995 gehaltenen Referat darauf hin, dass im März 1962 der vom Rat der EKD für die Wahrung der kirchlichen Belange der Vertriebenen eingesetzte Ostkirchenausschuss in einer Stellungnahme zum Memorandum das Selbstbestimmungsrecht der Völker betonte und vor dem Verzicht auf Rechtspositionen warnte.[143] Als dann bekannt wurde, dass der Rat eben diesen Ostkirchenausschuss beauftragt hatte, eine Stellungnahme zum „Recht auf Heimat" zu erarbeiten, kam es zu einer längeren Debatte, in der sich schließlich der vor allem von Vater und Bischof Kunst vertretene Standpunkt durchsetzte, dass in einer so brisanten Frage nicht nur *eine* Gruppe mit ihrer Meinung zu Wort kommen dürfe. Daraufhin beauftrage der Rat im März 1963 die Kammer für öffentliche Verantwortung unter Vaters Vorsitz, eine Stellungnahme zu den Fragen des Heimatrechts und der deutschen Ostgebiete zu erarbeiten. Die damit gestellte spezifische kirchliche Aufgabe umschrieb Vater folgendermaßen: „Die Befriedung der Vertriebenen, die Anbahnung eines neuen Verständnisses unserer Aufgabe gegenüber Polen und anderes sind Aufgaben, die die Politiker allein gar nicht lösen können, wenn die Kirche dazu nicht im Sittlichen den Boden bereitet."[144]

Als die Denkschrift erschien, war zwar die rechtliche und wirtschaftliche Integration der ca. 12,5 Millionen aus den ehemaligen deutschen Ostgebieten Vertriebenen weitgehend gelungen, aber es fehlte noch immer die gesellschaftliche Anerkennung. Die größten Gruppen der Vertriebenen kamen aus Schlesien (3,3 Mio.), aus dem Sudetenland (2,9 Mio.), aus Ostpreußen (2 Mio.) sowie aus Hinterpommern und Westpreußen (mehr als 2 Mio.). Im Jahr 1950 lebten 8 Millionen von ihnen in der Bundesrepublik und 4 Millionen in der DDR. Hauptaufnahmeländer waren Bayern, Nordrhein-Westfalen, Niedersachsen, Schleswig-Holstein und Mecklenburg.

In der Bundesrepublik wurde die Integration der Vertriebenen materiell gefördert durch das Lastenausgleichsgesetz von 1952. Auch hatten sie durch den frühen Zusammenschluss im „Gesamtdeutschen Block/Bund der Heimatvertriebenen und Entrechteten" (GB/BHE) bei der Bundestagswahl 1953 erfolgreich eine politische Vertretung erreicht und im 2. Kabinett von Adenauer zwei Minister gestellt. Aber ihr politischer Einfluss hatte sich langsam abgeschwächt. Nach wie vor wirkte das Trauma des Verlustes der früheren Heimat und mangelnder Anerkennung in der Gesellschaft und auch in den evangelischen Landeskirchen. Es war wohl dieser Eindruck abnehmenden Verständnisses für die Situation der Vertriebenen, der ihre Vertreter im Ostkirchenausschuss der EKD veranlasste, das Selbstbestimmungsrecht der Völker zu betonen und vor dem Verzicht auf Rechtpositionen zu warnen, denen freilich längst die moralisch-politische Grundlage fehlte. Es war das Hauptanliegen der Denkschrift, auf diese Stimmungslage bei den Vertriebenen und ihren Sprechern in den Landeskirchen und Gemeinden seelsorgerlich und nicht rechthaberisch-moralisierend zu antworten und sie für eine Neueinschätzung des Verhältnisses zu den östlichen Nachbarn zu gewinnen.[145]

Die Denkschrift war natürlich das Ergebnis einer sehr intensiven Diskussion in der Kammer, zu der zahlreiche Experten hinzugezogen wurden. Dennoch ist Vaters Handschrift an vielen Stellen deutlich erkennbar, wie z.B. in der völkerrechtlichen Frage des sogenannten „Rechtes auf Heimat"[146]. Als Ergebnis seiner eigenen juristischen Analyse hält Vater fest: „Man kann das deutsch-polnische Verhältnis vereinfacht so beschreiben, dass vor dem Forum des Völkerrechts hier weniger Recht gegen Recht als vielmehr Unrecht gegen Unrecht steht. ... Das Ziel muss ... sein, neues Recht zwischen Polen und Deutschen zu stiften, eine bessere als die zerbrochene alte Ordnung, um in gegenseitiger Anerkennung die Zukunft beider Völker und den Frieden Europas an dieser empfindlichen Stelle zu sichern. ... Die entscheidende Frage ist, ob wir das Ziel wollen, und ob wir Kraft und Mut aufbringen, es zu verfolgen. Es ist eine Frage an das ganze deutsche Volk, nicht nur an die Vertriebenen. Darum kann auch keine Rede davon sein, dass nur die Vertriebenen, wie ihre Verbände fordern, darüber entscheiden dürfen, ob und welche förmlichen Verzichte eines Tages um dieses Zieles willen auszusprechen sind. Wohl aber gilt es, auch und gerade sie für das Ziel zu gewinnen. Das kann nur gelingen, wenn die Schranke niedergelegt ist, die ihre Juristen bisher vor ihnen mit der trügerischen Parole eines ‚Rechtes auf Heimat' errichtet haben. Ist diese Parole einmal als Illusion erkannt, als eine das Völkerrecht überschreitende Ideologie (wie W. Schweitzer sie mit vollem Recht genannt hat), so wird erst der Blick frei für das größere Ziel und für die wahrhaftig nicht leichte, aber im letzten Grunde sittliche Entscheidung, die das deutsche Volk hier zu treffen hat.“[147]

Damit ist bereits am Anfang der Arbeit die Herausforderung markiert, der sich die Kammer in der Denkschrift zu stellen hatte.[148] Nach einer kurzen Einführung in die Problematik (I) widmet sich ein zweiter Abschnitt der gesellschaftlichen und sozialpolitischen Lage der Vertrieben. Sehr ausführlich geht die Denkschrift auf die tiefgehenden Folgen der Vertreibung und das nach wie vor empfundene Trauma der Vertriebenen ein und ruft zum seelsorgerlichen Dienst der Kirche an und mit ihnen auf. Der dritte große Abschnitt behandelt mit sehr detaillierten historischen und statistischen Angaben die gegenwärtige Lage in den Gebieten jenseits der Oder-Neiße-Linie. Dann folgen die beiden grundsätzlichen Abschnitte über völkerrechtliche Fragen sowie über theologische und ethische Erwägungen. In beiden Fällen stand die Kammer vor der gleichen Aufgabe wie seinerzeit der Atomausschuss und die Kommission, welche die Heidelberger Thesen formuliert hatte,

nämlich sehr gegensätzliche, von kirchlicher und politischer Seite vertretene juristische, ethische und theologische Positionen zu aufzunehmen und kritisch zu verarbeiten.

In der eingehenden *völkerrechtlichen Analyse* (IV), die auch die
polnischen Rechtspositionen einbezieht, kommt die Denkschrift zu einem Ergebnis, das Vaters frühere Analyse bestätigt: „Die rechtlichen
Positionen begrenzen sich gegenseitig; Recht steht gegen Recht oder –
noch deutlicher – Unrecht gegen Unrecht. In solcher Lage wird das Beharren auf gegensätzlichen Rechtsbehauptungen, mit denen jede Partei
nur ihre Interessen verfolgt, unfruchtbar, ja zu einer Gefahr für den
Frieden zwischen beiden Völkern. Auf dieser Ebene ist der Konflikt
nicht zu lösen. Daher gilt es, einen Ausgleich zu suchen, der eine neue
Ordnung zwischen Deutschen und Polen herstellt. Damit wird nicht
gerechtfertigt, was in der Vergangenheit geschehen ist, aber das friedli-
che Zusammenleben beider Völker für die Zukunft ermöglicht."[149]

In der *ethischen und theologischen Analyse* (V) gilt, wie schon im
Blick auf das Völkerrecht, die Forderung nach nüchterner Beschrän-
kung. „Eine theologische Überlegung kann für die menschliche und
politische Seite des Fragenkomplexes der deutschen Ostgrenzen nur
dann einen wirksamen Beitrag leisten, wenn sie sich zuvor um einen
möglichst großen Kern gemeinsamer Überzeugungen bemüht hat. Daraus folgt aber mit Notwendigkeit, dass die Kirche sich im Streit politischer Meinungen zurückzuhalten hat und sich auf solche Aussagen
beschränken sollte, die mit theologischer und ethischer Verbindlichkeit gemacht werden können und müssen. So erweisen sich Fragen der
deutschen Ostpolitik als aktueller Anwendungsfall einer theologisch
bestimmten politischen Ethik."[150]

Auf dieser Grundlage sah sich die Kammer genötigt, sich mit zwei
theologisch-ethischen Thesenreihen zum Fragenkomplex auseinanderzusetzen. Es handelte sich einerseits um die 1963 veröffentlichte Thesenreihe des „Bielefelder Arbeitskreises der Kirchlichen Bruderschaften" über „Die Versöhnung in Christus und die Frage des deutschen
Anspruches auf die Gebiete jenseits von Oder und Neiße";[151] und ande-

rerseits um die 1964 von kirchlichen Kreisen der Vertriebenen vorgelegten „Lübecker Thesen" über „Das Evangelium von Jesus Christus für die Heimatvertriebenen."[152]

Die zwei Thesenreihen traten mit theologisch-ethischen Argumenten für gegensätzliche politische Positionen ein. Kam in der ersten Position die Barth'sche Theologie der Bruderschaften zum Ausdruck, so war die zweite Position von konservativ-lutherischer Tradition geprägt. Die Denkschrift sah sich hier mit dem gleichen ethischen Prinzipienstreit konfrontiert, der früher „besonders leidenschaftlich an der Atomwaffenfrage ausgetragen worden [ist]. Aber gerade dieser Streit ist nicht ganz ohne gemeinsames Ergebnis geblieben. [Dies ist ein Verweis auf die Heidelberger Thesen.] Wenn auch die jeweils charakteristischen Merkmale beider Positionen erhalten geblieben sind, so konnte doch schließlich keine Seite mehr die Wahrheitsmomente der anderen verkennen. Damit waren die Fronten im ethischen Prinzipienstreit in der Weise neu in Bewegung geraten, dass eine größere Offenheit für die ethische Entscheidung in der konkreten Situation und damit der dynamische Grundcharakter evangelischer Ethik stärker in Erscheinung traten. Die jetzt herrschende Auseinandersetzung über Fragen des Heimatrechts und der deutschen Ostgrenzen mutet wie eine Rückkehr zu den alten Frontstellungen an."[153]

Die Denkschrift unterzieht dann beide Thesenreihen einer eingehenden kritischen Analyse. Gegenüber den Lübecker Thesen betont sie: „Das Ringen um eine neue internationale Ordnung darf nicht allein unter dem Gesichtspunkt beurteilt werden, ob ein einseitig geltend gemachter deutscher Rechtsanspruch in ihr seine Verwirklichung findet. Die künftige Friedensordnung wird nicht ohne *Opfer* [Hervorhebung K.R.] des deutschen Volkes auch an alten Rechtspositionen zu haben sein."[154] Aus den Bielefelder Thesen nimmt die Denkschrift den zentralen Gedanken der *Versöhnung* auf. Gegenüber der theologischen Argumentation der Thesenreihe merkt sie jedoch kritisch an, „dass die angestrebte Versöhnung nur das Ergebnis eines sich auch in einer tragbaren politischen Neuordnung verwirklichenden Prozesses sein kann. ...

Politisch wirksame Versöhnung ist ohne Partnerschaft undenkbar, in der auch der andere seinen Standpunkt überprüfen und so einen eigenen Beitrag zum Neubeginn leisten muss. So wirkt an einer politischen Neuordnung eine Reihe von rechtlichen, politischen und menschlichen Faktoren mit, deren Zusammenspiel zu dirigieren und im rechten Augenblick zu Entscheidungen zu bringen, Aufgabe der politischen Führung ist, so dass sich Einzelheiten des Vorgehens und des erwünschten Ergebnisses nicht von vornherein starr festlegen lassen."[155]

Beiden Thesenreihen wirft die Denkschrift daher vor, dass sie die Leistungsfähigkeit der Theologie für den politischen Rat und die politische Entscheidung falsch einschätzen. „Die Theologie wird ähnlich wie das Völkerrecht nur einen Teilbeitrag zur Lösung der anstehenden politischen Fragen leisten können. Ihr politisches Mitreden betrifft weniger die Oberschicht der konkreten politischen Entscheidung als vielmehr die Tiefenschicht der inneren Voraussetzungen, des realistischen Urteils und der wirklichen Bereitschaft zur Versöhnung."[156]

Zu diesen inneren Voraussetzungen gehören im Blick auf die erhoffte Neuordnung im Verhältnis zu den östlichen Nachbarn und besonders zu Polen die Erkenntnis der gegenseitigen Schuld und die Bereitschaft zum Opfer als Schritt zur Versöhnung. „Die ethischen Erwägungen führen zu der notwendigen Konsequenz, in klarer Erkenntnis der gegenseitigen Schuld und ohne Sanktionierung von Unrecht, das nicht sanktioniert werden darf, das Verhältnis der Völker, namentlich das zwischen dem deutschen und dem polnischen Volk, neu zu ordnen und dabei Begriff und Sache der Versöhnung auch in das politische Handeln als einen unentbehrlichen Faktor einzuführen."[157]

Nach der kritischen Analyse der beiden erwähnten Thesenreihen kommt die Denkschrift zu dem Ergebnis: „Die theologische Überlegung bestätigt die Erkenntnisse, dass es nicht zur kirchlichen Aufgabe gehört, politische Ziele und Lösungen im Einzelnen zu formulieren. Aber es gehört zum politischen Dienst der Christenheit, die sittlichen und menschlichen Bedingungen für eine den Menschen und der Erhaltung des Friedens dienende Politik zu vertreten. Dabei darf das kirchliche Wort zur Politik nicht davor zurückschrecken, Quellen politischer Fehlentscheidungen oder Unterlassungen beim Namen zu nennen und die Gewissen konkret anzureden. Die Diskussion über das ‚Recht auf Heimat' und über Fragen der deutschen Ostpolitik leidet unter einem unnüchternen Pathos und ist in ihrem sachlichen Gehalt unzulänglich."[158]

Der abschließende sechste Teil mit der Überschrift „Die deutschen Ostgebiete als politische Aufgabe" stellt als Zusammenfassung fest: „Die Überprüfung der völkerrechtlichen und theologisch-ethischen Aspekte hat gezeigt, dass die Frage der deutschen Ostgrenzen sich nicht mit absoluten Argumenten des Rechtes und der Ethik, mit den Mitteln einer Theologie der Schöpfung und der Geschichte lösen lässt. ... Die in dieser Denkschrift ... aufgeführten rechtlichen, ethischen und theologischen Überlegungen, die auch in politisches Handeln eingehen müssen, sollen dahin wirken, eine neue Bewegung in die politischen Vorstellungen des deutschen Volkes hineinzubringen und auch den Nachbarn im Osten einen Dialog auf neuer Ebene anzubieten. ... Die vorliegende Denkschrift maßt sich also nicht an, den zum politischen Handeln berufenen Instanzen die Handlungswege vorzuzeichnen. Aber sie sieht eine Aufgabe der Kirche darin, dem deutschen Volk die Ziele, auf die es ankommt, deutlicher bewusst zu machen, als das in der innerdeutschen Diskussion meist geschieht, und die in dieser Diskussion so oft zutage tretenden Widerstände gegen diese Ziele auszuräumen. Ist damit der Handlungsraum der Politiker erweitert, so bleibt es ihre Aufgabe, von dieser Möglichkeit den rechten Gebrauch zu machen."[159]

Wie bereits das Tübinger Memorandum 1962, löste die Denkschrift eine heftige und kontroverse Diskussion aus. Die Synode der EKD nahm in einer Erklärung vom 18. März 1966 unter der Überschrift „Vertreibung und Versöhnung" zur Denkschrift und der von ihr ausgelösten Debatte Stellung.[160] Sie erklärt zu Anfang: „Wir nehmen den Widerspruch ernst, der gegen die Denkschrift auch von vielen treuen Gemeindegliedern, namentlich von solchen geäußert worden ist, die aus ihrer angestammten Heimat vertrieben worden sind. Die

Denkschrift bindet die Gewissen nicht als Glaubenswahrheit. Sie will ein redliches Angebot zum Nachdenken und zur Aussprache über die hier behandelten Probleme sein. Sie soll die Gewissen schärfen und dem Frieden in der Welt dienen."[161] Die Erklärung unterstreicht, dass die Aufgabe der Aussöhnung mit den östlichen Nachbarn allen Deutschen gestellt sei. „Rechte Aussöhnung setzt nach christlicher Erkenntnis gegenseitige Vergebung voraus. Mit Bewegung und Dankbarkeit haben die Synodalen aus dem Brief der katholischen Bischöfe Polens vom 18. November 1965 vernommen, dass hier Vergebung für deutsche Schuld gewährt und um Vergebung für polnische Schuld gebeten wird. Wir wissen, wie sehr wir der Vergebung unserer östlichen Nachbarn bedürftig bleiben."[162] Und sie schließt mit den Worten: „Die Bereitschaft zur Versöhnung befreit uns von dem Zwang, nach rückwärts zu blicken, über eigene und fremde Taten zu rechten und Geschichte ungeschehen machen zu wollen. Sie ermutigt uns, quer durch alle trennenden Gegensätze hindurch die Menschen auf der anderen Seite als Partner zu suchen, weil sie Gottes Geschöpfe sind, wie wir."[163]

Auch ohne die politischen Reaktionen im Einzelnen zu würdigen, kann man festhalten, dass die Denkschrift einen gewissen Einfluss auf die Formulierung der neuen Ostpolitik der sozialliberalen Koalition nach der Wahl Willy Brandts zum Bundeskanzler im Oktober 1969 gehabt hat. Diese führte am 7. Dezember 1970 zur Unterzeichnung des Warschauer Vertrags zwischen der Bundesrepublik und Polen, der im Mai 1972 im Bundestag ratifiziert wurde. Martin Greschat berichtet am Ende seines erwähnten Referats, dass Vater am Tag der Unterzeichnung des Warschauer Vertrages folgendes Telegramm erhalten habe: „Verehrter Herr Professor, an diesem Tage erinnere ich mich dankbar der Pionierarbeit, die Sie und Ihre Freunde durch die Denkschrift geleistet haben. Mit herzlichen Grüßen Ihr Willy Brandt."[164]

Die Denkschrift ist hier so ausführlich vorgestellt worden, weil sie mit ihrer rechtlichen, politischen und theologisch-ethischen Argumentation und mit ihrer Bestimmung der Zielvorstellungen und Grenzen kirchlicher Äußerungen zu öffentlichen Fragen in gewisser Weise zum Vorbild und Modell für nachfolgende kirchliche Denkschriften wurde. Als daher die EKD 1978 eine eigene Reihe zur Veröffentlichung der Denkschriften eröffnete, wurde Vater als Vorsitzender der Kammer für öffentliche Verantwortung gebeten, eine längere Einführung über „Die Denkschriften der Evangelischen Kirche in Deutschland als Wahrnehmung des Öffentlichkeitsauftrages der Kirche" zu schreiben. Zusammen mit der 1970 vorgelegten Denkschrift der Kammer für soziale Ordnung über „Aufgaben und Grenzen kirchlicher Äußerungen zu gesellschaftlichen Fragen" formuliert diese Einführung die bis heute tragenden Grundlagen politischer und sozialer Ethik für die Evangelische Kirche in Deutschland.[165]

Vater hat in Vorträgen und Aufsätzen immer wieder diese Konzeption einer protestantischen politischen Ethik und sein Verständnis von der spezifischen Aufgabe der Kirche im öffentlichen Raum begründet und entfaltet. Theologisch hat er sich dabei eher an der lutherischen Tradition orientiert als an den reformierten Positionen der Theologie von Karl Barth und seinen Freunden. Aber er blieb zugleich kritisch gegenüber der überkommenen Auslegung der Zwei-Reiche-Lehre bei Luther, die dem theologisch-ethischen Urteil keine Zuständigkeit für das säkulare Feld der Politik zubilligte, sondern berief sich demgegenüber vor allem auf Luthers Lehre vom Beruf als dem Ort, „an dem der Christ mitten in der Welt das Gebot der Nächstenliebe zu erfüllen hat. … Im demokratischen Rechtsstaat … gibt es heute … im Sinne Luthers auch den Beruf des Bürgers, der nicht nur nach Röm. 13 Gehorsam zu leisten und Steuer zu zahlen, sondern auf eigene Verantwortung zu prüfen hat, was unter dem Gebot der Nächstenliebe seinen Mitbürgern frommt, und der danach handeln soll und darf."[166] Bei diesen Darlegungen ging Vater auch über die sich im deutschen Kontext stellenden politischen Fragen hinaus und nahm in seinem Nachdenken zunehmend die weltweiten Herausforderungen von Frieden und Gerechtigkeit auf, die in der ökumenischen Diskussion im Ökumenischen Rat der Kirchen (ÖRK) bearbeitet wurden. Durch seine Mitgliedschaft in der Kommission der Kirchen für internationale Angelegenheiten des

ÖRK und seine Teilnahme als Delegierter der EKD an der ökumenischen Weltkonferenz für Kirche und Gesellschaft in Genf 1966 sowie an der 4. Vollversammlung des ÖRK in Uppsala 1968 wurde er unmittelbar in diese weltweite Perspektive der Diskussion einbezogen.

Auf dem Hintergrund der breiteren, ökumenischen Diskussion über die Bedingungen des Friedens, auch in Europa, kam Vater 1971 bei einem Vortrag in Warschau über die „Bemühungen der Evangelischen Kirche in Deutschland zur Versöhnung mit den östlichen Nachbarvölkern, vor allem mit Polen" noch einmal ausführlicher auf die Denkschrift zu sprechen.[167] Er knüpfte dabei an die Formulierung von C.F. von Weizsäcker an, der in seiner Friedenspreisrede 1963 davon gesprochen hatte, dass der Weltfriede eine große moralische Anstrengung erfordere. Das gelte, so Vater, auch und besonders für die Neuordnung der Beziehungen zwischen Deutschland und Polen. Die Denkschrift habe diese ungewöhnliche moralische Anstrengung „mit einem der theologischen Sprache entnommenen Begriff als den Vorgang der Versöhnung bezeichnet. ... Unsere Meinung war, dass die deutsche Seite nach allen den schrecklichen Taten, die im deutschen Namen begangen worden waren, nun mit der Anerkennung des für uns schmerzlichen Gebietsverlustes ein sichtbares Opfer bringen sollte, um damit die Versöhnung zu erlangen."[168]

Bei der Betonung des Zusammenhanges von Opfer und Versöhnung war er sich der möglichen politischen Missdeutungen bewusst, denen diese Redeweise nicht nur in Deutschland, sondern auch in Polen ausgesetzt war. Deshalb war es ihm wichtig festzustellen, „dass die von uns angestrebte und erhoffte Versöhnung kein einseitiger, sondern nur ein zweiseitiger Vorgang sein kann. Sie muss von beiden Seiten gewollt, und der ehrliche Wille der einen Seite von der anderen Seite anerkannt werden. Ich habe darum nicht die Forderung, aber die herzliche Bitte, uns dabei zu helfen. Wir bedürfen Ihrer Vergebung für vieles Schreckliche, was in der hinter uns liegenden bösen Zeit polnischen Menschen von deutschen Menschen angetan worden ist. Aber wir hoffen auch auf ein Zeichen von Ihrer Seite, dass Sie das Unrecht der Vertreibung deutscher Menschen erkennen und das Opfer als solches anerkennen, das meine Kirche meinem Volk und im Besonderen den Vertriebenen zu tragen zumutet. Die Versöhnung, die wir erstreben, soll ein besonders dunkles Kapitel in der langen Geschichte der Beziehungen zwischen dem polnischen und dem deutschen Volk abschließen, und ich bin glücklich, dass der Warschauer Vertrag, auf dessen baldige Ratifizierung ich hoffe, dafür auch auf dem politischen Feld eine kräftige Bestätigung und Unterstützung geliefert hat.“[169]

Die Denkschrift hatte von der Aufgabe gesprochen, „Begriff und Sache der Versöhnung auch in das politische Handeln als einen unentbehrlichen Faktor einzuführen“.[170] Wie der Warschauer Vortrag zeigt, war Vater diese in der Arbeit an der Denkschrift gewonnene Einsicht besonders wichtig. In einem Beitrag zum Stichwort „Versöhnung“ für eine Sendereihe des Süddeutschen Rundfunks zum Thema „Politik für Nichtpolitiker“ hat er sein Verständnis der politischen Bedeutung des Begriffs der Versöhnung genauer entfaltet.[171] Dort heißt es in der Einführung: „Der Ruf nach Versöhnung … zieht seine Kraft aus der Überzeugung, dass auch für das Zusammenleben der Völker und Staaten ethische Verhaltensnormen und Maßstäbe Geltung beanspruchen können, wie sie für die Lebensführung des einzelnen Menschen auf einer noch gegenwärtigen oder säkularisierten religiösen Grundlage entwickelt worden sind.“[172] Politisches Handeln, das sich an Begriffen wie Schuld und Sühne, Vergeltung und Versöhnung orientiere, sei „ein Teil jener ‚außerordentlichen moralischen Anstrengung‘, die nach einem oft zitierten Wort C.F. von Weizsäckers von uns gefordert wird, wenn wir den zum Überleben der Menschheit notwendigen Weltfrieden erreichen und erhalten wollen.“[173]

Er geht in seinem Beitrag auf die Schritte zur Versöhnung mit dem jüdischen und dem polnischen Volk ein und erweitert dann die Perspektive mit dem Blick auf die „den Gang der weiteren Weltgeschichte bestimmende Versöhnungsaufgabe gewaltigen Ausmaßes: die Aufgabe nämlich, die politische und wirtschaftliche Vorherrschaft der Menschen und Völker weißer Hautfarbe, die von allen anderen Völkern als Unterdrückung und Ausbeutung erfahren wird, in ein friedliches Nebeneinander und arbeitsteiliges Miteinander zu verwandeln. ... Der Abbau von Vorurteil und Hass erfordert außer vielen wirtschafts- und gesellschaftspolitischen Maßnahmen eine tiefe Bewusstseinsänderung auf beiden Seiten, und diese wiederum wird ohne sicht- und fühlbare Opfer der bisher überlegenen Seite schwerlich in Gang kommen."[174]

So wichtig es sei, vor einer schwärmerischen Verwendung des Versöhnungsgedankens in der Politik zu warnen, „so bleibt doch die Aufgabe bestehen, ihm zu realer Bedeutung und Wirkung gerade auf diesem Feld zu verhelfen". Das gelte vor allem im Blick auf die Bemühungen um einen dauerhaften Weltfrieden. „Wir müssen darum unsere Anstrengungen auf einen Frieden im vollen Sinn des Wortes richten, nämlich auf ein politisches System, das Konflikte zwischen Gruppen und Völkern zwar nicht ausschließen kann, vielleicht nicht einmal ausschließen soll, aber Möglichkeiten eines gewaltlosen und gerechten Ausgleichs schafft und ihren Gebrauch zur rechtlichen und ethischen Norm erhebt. In einem solchen System würde auch der Vorgang der Versöhnung seinen legitimen, ja notwendigen Platz finden und vom geschichtlich seltenen Ausnahmefall zum selbstverständlichen, von der Völkergemeinschaft geachteten, ja geforderten Weg zur Beendigung von Streitfällen werden."[175]

Die Leidenschaft für Recht und Gerechtigkeit

Vater verstand sich trotz all seiner „Nebenämter" und gerade in der Wahrnehmung öffentlicher Verantwortung vor allem als Jurist. Er hat die Aufgabe des Juristen mit Überzeugung und Leidenschaft als seinen „Beruf" ergriffen. In seiner Ansprache zum 70. Geburtstag sagt er: „Der Umgang mit dem Recht, vom Vater her nahegelegt, aber bald schon im Laufe des Studiums aus eigener Kraft und eigenem Interesse ergriffen, ist zum Hauptinhalt meiner Lebensarbeit geworden. Ich bin auch wohl, trotz stiller Liebe zur Geschichte, nicht aus bloßem Zufall unter die Systematiker geraten. Was mich gleich zu Anfang daran gelockt hat, war, wie bei vielen jungen Juristen, die der Rechtsdogmatik gestellte analytische Denkaufgabe, die Vielfalt und Widersprüchlichkeit der Lebensverhältnisse und Vorgänge in der Gesellschaft und Wirtschaft auf rechtliche Kategorien zu reduzieren, um die Entscheidung von Konflikten zu ermöglichen. Aber mehr und mehr, wohl auch als Folge der nach der Habilitation in der Wirtschaft verbrachten Jahre von 1935 bis 1943, trat für mich daneben als zweiter Antrieb die Freude an der gestaltenden, durch sinnvolle Ordnung zum Leben helfenden Funktion des Rechts. Sie schließt Machtkontrolle als unerlässliche Voraussetzung ein, aber sie schließt es aus, Recht zum verkrusteten Selbstzweck werden zu lassen und so zu gebrauchen. Die trotzige Maxime ‚Fiat iustitia, pereat mundus' [‚Es soll Gerechtigkeit geschehen, und gehe auch die Welt daran zugrunde!'] enthüllt sich dann als völlige Verkennung des Wesens der Gerechtigkeit."

Vaters Selbstverständnis als Jurist und seine starke innere Leidenschaft für Recht und Gerechtigkeit kamen bereits bei der Vorstellung seiner Reflexionen zum Rechtsstaat in der GUZ sowie beim Blick auf seine Antrittsvorlesung und seine Rektoratsrede in Göttingen zum Ausdruck.[176] Die ermöglichende und gestaltende Rolle des Rechts war ihm wichtiger als das Streben danach, das Recht – notfalls mit Hilfe von Sanktionen – durchzusetzen. Er war überzeugt davon, dass jede Rechtsordnung letztlich in der Anerkennung eines „Reiches autonomer Werte von absolutem Geltungsanspruch" wurzelt.[177] Die gesellschaftliche Rolle des Rechts sah er in der Verwirklichung von Gerechtigkeit, nicht im Sinne der Durchsetzung eines formalen Maßstabs sondern vielmehr als fortwährende Bemühung um rechte, und d.h. lebensförderliche Beziehungen. Er hat sich auch später manchmal zu diesen grundsätzlichen Fragen geäußert; aber er hat daraus nicht ein wissenschaftliches oder gesellschaftspolitisches Programm gemacht. Er hat seine Überzeugungen vielmehr durch sein praktisches Verhalten als Jurist in den unterschiedlichen Aufgabenfeldern und Lebenszusammenhängen lebendig verkörpert und als Lehrer prägend gewirkt für eine nachwachsende Generation von jungen Juristen.

In einem Festschriftbeitrag aus dem Jahr 1968 über „Aufgabe und Verantwortung des Juristen in unserer Gesellschaft"[178] spricht er von der Ausbildung des Juristen, die ihm eine spezifische Weise des Denkens, Prüfens und Wertens vermittle. „Sie befähigt ihn, zwischenmenschliche Konflikte und Ordnungsprobleme schon dadurch zu entschärfen, dass er verwickelte Sachverhalte mit Klarheit und Nüchternheit entwirrt, emotionale Wertungen der Beteiligten kritisch prüft und sich die eigene Wertung erst gestattet, wenn die Sache zur Entscheidung reif ist. Diese Denkweise braucht nicht in handwerklichem Formalismus oder unverbindlicher Neutralität zu erstarren, sondern kann durchaus mit eigenem Engagement für bestimmte Ziele, mit einer Leidenschaft für Gerechtigkeit verbunden sein. Aber nicht dies ist das gesellschaftliche Kennzeichen des Juristen, sondern eher jene Methode der Konfliktlösung, bei der Verfahrensfragen besonderes Gewicht gewinnen, und das Vertrauen in die ordnende Kraft bewährter Institutionen."[179] In dieser Beschreibung der Denk- und Arbeitsweise von Juristen kommt viel davon zum Ausdruck, wie er selbst seine Rolle und Aufgabe als Jurist in den unterschiedlichen Zusammenhängen verstand, in denen seine Fähigkeit zur Entschärfung von Konflikten und Gestaltung tragfähiger Ordnungen gefordert war. In demselben Aufsatz unterstreicht er etwas später, dass der Jurist, der durch das Recht eine Ordnung der Freiheit und Gerechtigkeit schützen soll, damit unweigerlich in ein kritisches Verhältnis zur politischen, gesellschaftlichen und wirtschaftlichen Macht gerät. „Sein Auftrag ist dann nicht, selbst Macht auszuüben, auch nicht, sich fremder Macht unterzuordnen, sondern die Ausübung von Macht mit den Mitteln des Rechts zu kontrollieren."[180] Daran hat er sich in seiner Wahrnehmung öffentlicher Verantwortung gehalten.

Im Rückblick bedaure ich, dass ich selber Vater nicht direkter auf sein Verständnis von Recht und Gerechtigkeit angesprochen habe. So habe ich erst durch das Studium seiner Schriften entdeckt, wie bedeutsam sein Zugang zum Verständnis und zur Praxis des Rechts zu seiner Lebenszeit war und nach wie vor ist. Daher erscheint es mir unerlässlich, diesem Lebensbild eine knappe und – wegen mangelnder Fachkenntnisse – „unwissenschaftliche" Einführung in die Schwerpunktfelder seiner juristischen Arbeit anzufügen.

Die Aufgabe des Privatrechts

Die Rechtswissenschaft unterscheidet drei große Hauptgebiete: Privatrecht, öffentliches Recht und Strafrecht. Sie haben verschiedene Aufgaben und verwenden unterschiedliche Methoden. Dennoch kann man von der Einheit der Rechtsordnung sprechen. Diese beruht auf gemeinsamen Voraussetzungen und dient gemeinsamen Zielen. Vaters besonderes Arbeitsfeld als Wissenschaftler und Hochschullehrer war das Privatrecht, wie es insbesondere in der großen Kodifikation des Bürgerlichen Gesetzbuches systematisch entfaltet worden ist. Zum Privatrecht gehören traditionell auch das Wirtschafts- und Handelsrecht, und so trugen seine Lehrstühle in Göttingen und Tübingen die Bezeichnung: ‚Bürgerliches, Wirtschafts- und Handelsrecht'.

In einer Vielzahl von Aufsätzen hat Vater sich mit dem überlieferten Verständnis des Privatrechts auseinandergesetzt und Wege zu seiner Weiterbildung und Öffnung für die sich wandelnden gesellschaftlichen Verhältnisse vorgezeichnet. In einem 1971 vor der Berliner juristischen

Fakultät gehaltenen Vortrag über „die Zukunft des Privatrechts"[181] formuliert er zusammenfassend den Ertrag seiner Bemühungen. Er stellt dort zunächst fest, dass sich das Privatrecht mit den Problemen befasse, „die sich überall stellen, wo Menschen in Gruppen auf Dauer zusammenleben und der rechtlichen Ordnung dieses Zusammenlebens bedürfen. Die Ordnung von Ehe und Familie, von Eigentum und Besitz an den zur Erhaltung des Existenz notwendigen Sachgütern, von Verträgen zum Austausch von Gütern und Leistungen, von Sühneleistung oder Schadensersatz für die Verletzung fremden Lebens oder fremden Guts, das sind Aufgaben, denen sich, wenn schon auf verschiedenen Stufen der Differenzierung, jede Rechtsgemeinschaft stellen muss, weil sie sich aus elementaren Bedürfnissen jeder Gesellschaft ergeben. Ihre Regelung aber macht den Kern des Privatrechts aus."[182]

Es sei charakteristisch für das Privatrecht im Unterschied zu den anderen Rechtsgebieten, dass es auf der Grundlage des römischen Rechts „in ein System von Begriffen und allgemeinen Regeln gebracht" wurde. „Als ein solches wissenschaftliches System von verhältnismäßig hohem Abstraktionsgrad ist es dann auch im BGB kodifiziert worden." Und Vater fügt hinzu: „Die Einheit des Privatrechts … lag aber schließlich auch begründet in den noch relativ einheitlichen ethischen und politischen Grundüberzeugungen der bürgerlichen Gesellschaftsschicht, die dieses Gesetzeswerk als die ihr gemäße Ordnung empfand. Sie entsprach ihrem liberalen Freiheits- und unternehmerischen Selbständigkeits- und Expansionsbedürfnis, ihrem Besitzindividualismus und ihren Vorstellungen von ehemännlicher und väterlicher Autorität über die Familie in dem engen, aber rechtsstaatlich gesicherten Rahmen eines konstitutionell verfassten Beamten- und Militärstaats."[183] Nach dem überkommenen Verständnis sei das Privatrecht dem „unpolitischen Reich der Wirtschaftsgesellschaft" zugeordnet, während sich das öffentliche Recht auf die Verfassung und den Verwaltungsapparat des Obrigkeitsstaates konzentriere. Dahinter stehe die in der liberalen Tradition begründete Trennung von Staat und Gesellschaft mit der Tendenz, „das Privatrecht als das Reich individueller Freiheit dem öffentlichen Recht als dem Wirkungsfeld staatlicher Zwangsgewalt gegenüberzustellen."[184]

Was Vater an seiner wissenschaftlichen Arbeit zum Privatrecht reizte, war, wie er in der zitierten Ansprache zum 70. Geburtstag sagte, die „analytische Denkaufgabe", mit Hilfe der Kategorien, Regelungsformen und Rechtsinstitute des Privatrechts gesellschaftliche Konflikte zu bearbeiten und die Rechtsordnung ständig weiterzuentwickeln. Er nahm daher von Anfang an eine kritische Haltung zum „unpolitischen" Verständnis des Privatrechts ein, das von einer herrschaftsfreien, sich selbst regulierenden gesellschaftlichen und wirtschaftlichen Ordnung ausging. Diese bürgerlich-liberale Vorstellung entsprach seiner Ansicht nach nicht mehr der inzwischen entstandenen Industriegesellschaft. „Diese unsere heutige Gesellschaft ist in ihren Lebensverhältnissen und Wirtschaftsformen wesentlich vielfältiger und komplizierter geworden. Mit den ihr eigentümlichen Machtstrukturen und inneren Spannungen, mit ihren Ansprüchen auf individuelle und gemeinsame, vom Staat zu gewährleistende und durch vielfältige Staatsleistungen zu unterhaltende Wohlfahrt und Sekurität, aber auch auf demokratische Teilhabe der Bürger an den politischen und wirtschaftlichen Entscheidungen hat sie eine Fülle neuer Regelungsaufgaben für unsere Rechtsordnung hervorgebracht, die gerade in den letzten Jahren unter dem Stichwort der ‚Demokratisierung' aller Lebensbereiche eine neue Richtung erhalten haben."[185]

So wichtig daher für ihn weiterhin der innere, systematische Zusammenhang des Privatrechts und die dadurch eröffnete Möglichkeit blieben, „die Vielfalt und Widersprüchlichkeit der Lebensverhältnisse und Vorgänge in der Gesellschaft und Wirtschaft auf rechtliche Kategorien zu reduzieren", so kritisch war er gegenüber dem traditionellen Verständnis des Privatrechts als einem geschlossenen System. Er suchte nach Wegen, das System zu öffnen für die Anforderungen der heutigen politischen, gesellschaftlichen und wirtschaftlichen Verhältnisse und damit auch die überkommene Trennung von Gesellschaft und Staat, von Privatrecht und öffentlichem Recht zu überwinden. In seinem erwähnten Berliner Vortrag benutzte er „das Bild einer Ellipse mit zwei Brennpunkten als Strahlungszentren, zwischen denen sich ein von beiden Zentren her beeinflusster Mittelbereich ergibt. ... Wesentlich ist ... die Unabgeschlossenheit und Ergänzungsbedürftigkeit der von jedem der beiden Pole ausgehenden Regelungen."[186] Was ihn vor allem interessierte, war dieser Mittelbereich, der an Umfang und Bedeutung ständig zugenommen hat und den er in Anlehnung an Habermas die „Arbeits- und Organisationswelt" nennt. Er bezeichnet diesen Bereich als „öffentlich" in dem Sinn, „dass in ihm zwar überwiegend von nichtstaatlichen Personen, Verbänden und Organisationen gehandelt wird, dass dieses Handeln aber, anders als in der privaten Sphäre, öffentlich, also politisch verantwortet werden muss und öffentlicher Kontrolle unterworfen werden kann."[187]

In einem 1966 beim Deutschen Juristentag gehaltenen Vortrag über „Grundgesetz und Privatrechtsordnung"[188] fasst er sein Verständnis des Privatrechts so zusammen: „Die Gesellschaft ist zum politischen Gemeinwesen verfasst; sie hat kein natürliches Gleichgewicht in sich selbst, sondern muss sich in Spannungen und Konflikten immer neu integrieren. Damit ist auch das von Generationen von Zivilrechtsjuristen gepflegte Ideal einer unpolitischen, wertfreien Eigenständigkeit des Privatrechts zerbrochen; diese hat Teil an der Aufgabe allen Rechts, in jenen Spannungen und Konflikten Einrichtungen zu befestigen und Verfahrensweisen zu entwickeln, die den Ausgleich ermöglichen, und muss sich dabei an den für das politische Gemeinwesen verbindlichen Werten orientieren. ... Nicht eine vom Staat distanzierte oder von ihm aufgesogene, sondern eine bei Wahrung ihrer Selbständigkeit in den Staat integrierte Privatrechtsgesellschaft und damit eine der Verfassung verpflichtete Privatrechtsordnung gilt es zu verwirklichen."[189] Diese Verpflichtung der Verfassung gegenüber kommt in Vaters Arbeiten zum Privatrecht durch den häufigen Bezug auf die der Verfassung vorangestellten Grundrechte zum Ausdruck, die sowohl den Schutz der Freiheit der Bürger wie auch den sozialen Charakter des Rechtsstaates und seiner Institutionen betonen. Dazu gleich noch mehr.

Eigentum und Vertrag

Zu den zentralen Rechtsinstituten des Privatrechts gehören das *Eigentum* und der *Vertrag*. Ihnen hat Vater in seinen wissenschaftlichen Arbeiten besondere Aufmerksamkeit gewidmet. In einem späten Aufsatz über „Das Eigentum im deutschen Rechtsdenken seit 1945" schreibt er: „Es ist ja kein Zweifel, dass Privateigentum und Vertragsfreiheit die tragenden Rechtsinstitute einer auf Selbstverantwortung und Initiative des Bürgers vertrauenden Privatrechtsordnung darstellen: wo sie fehlen oder übermäßig beschränkt werden, verkümmert das Privatrecht."[190] Seine erste wissenschaftliche Veröffentlichung war 1929 der Artikel zum Stichwort „Eigentum" im Rechtsvergleichenden Handwörterbuch[191] und kurz vor seinem Tod 1980 diktierte er noch auf dem Krankenlager die Schlusssätze des für die Festschrift seines Kollegen Fritz Bauer bestimmten Artikels über „Das Eigentum als Menschenrecht"[192]. Dem Vertrag und seiner Rolle besonders im industriellen, arbeitsteiligen Wirtschaftsleben galt seine Habilitationsschrift 1935 über „Das Recht der allgemeinen Geschäftsbedingungen"[193]. In seiner Tübinger Antrittsvorlesung über „Vertragsfreiheit heute" nahm er zwanzig Jahre später seine Untersuchungen zum Vertrag wieder auf[194] und führte die Überlegungen zwei Jahre später weiter in seinem Beitrag zu einer Festschrift zum hundertjährigen Bestehen des Deutschen Juristentages über „Vertragsfunktion und Vertragsfreiheit"[195]. Seine sehr differenzierten juristischen Untersuchungen zu beiden Themen werden im Folgenden kurz zusammengefasst.

Zunächst zum *Eigentum*. Ausgangspunkt ist hier das Bürgerliche Gesetzbuch. Das Eigentum gehört nach der Systematik des Zivilrechts, die darin der römischen Rechtstradition folgt, zum Sachenrecht, d.h. dem großen Rechtsgebiet, dem das von Vater in der Neuauflage 1957 bearbeitete Lehrbuch von Martin Wolff gilt. Vom Eigentum heißt es in § 903 BGB: „Der Eigentümer einer Sache kann, soweit nicht das Gesetz oder Rechte Dritter entgegenstehen, mit der Sache nach Belieben verfahren und andere von jeder Einwirkung ausschließen." Die nachfolgenden detaillierten Regelungen betreffen vor allem den rechtlichen Umgang mit Grundstücken. Diese Bestimmungen werden heute ergänzt durch Art. 14 des Grundgesetzes über „Eigentum, Erbrecht und Enteignung". Im Einzelnen heißt es dort: „(1) Das Eigentum und das Erbrecht werden gewährleistet. Inhalt und Schranken werden durch die Gesetze bestimmt. (2) Eigentum verpflichtet. Sein Gebrauch soll zugleich dem Wohle der Allgemeinheit dienen. (3) Eine Enteignung ist nur zum Wohle der Allgemeinheit zulässig ... ."

Vater hat sich intensiv mit dem Verhältnis zwischen der zivilrechtlichen und der verfassungsrechtlichen Eigentumsgarantie befasst. Sein besonderes Interesse galt dabei dem städtischen Bodenrecht und seinen Auswirkungen für Städtebau und Stadtplanung, besonders nachdem er 1973 in eine Sachverständigenkommission zur Begutachtung von Vorschlägen zur Bodenrechtsreform berufen worden war. Als Beispiel sei hier sein zunächst in der Zeitschrift für Evangelische Ethik veröffentlichter Aufsatz von 1971 über „Verfassungsrechtliche Eigentumsgarantie und Städtebau" genannt.[196] Dort heißt es einleitend: "Die verfassungsrechtliche Eigentumsgarantie ist keine Erfindung der Väter unseres Grundgesetzes. Sie steht in einer Tradition, die sich ideell bis zu den Wurzeln des Liberalismus in der englischen politischen Theorie des 17. Jahrhunderts und den sozialphilosophischen und ökonomischen Lehren von Adam Smith und Ricardo im 18. Jahrhundert, aber auch zur Rechtsphilosophie des deutschen Idealismus von Kant bis Hegel verfolgen lässt. Die Déclaration des droits de l'homme et du citoyen von 1789 erklärte Eigentum zum ‚droit inviolable et sacré'. Unter ihrem Einfluss und auf das Drängen des zu politischer Mündigkeit gelangten Besitzbürgertums gehörte eine Garantie des Privateigentums fortan zum Kernbestand der deutschen Verfassungen im 19. Jahrhundert ... . Der ... Grundrechtsteil der Weimarer Reichsverfassung von 1919 nahm die Tradition in Art. 153 auf; an diese Norm knüpfte 30 Jahre später der Parlamentarische Rat in Bonn an."[197]

Vater fährt dann im selben Aufsatz fort: „Es ist kein Zweifel, dass für die Theoretiker des frühen Liberalismus und für die Verfassungsgeber des 19. Jahrhunderts die Freiheit und Sicherheit des Grundeigentums im Vordergrund des politischen und ökonomischen Interesses stand; Grundbesitz mit der daran geknüpften politischen und sozialen Geltung stand noch bis zum Ende des 19. Jahrhunderts im Rang privater Vermögensgüter am höchsten. ... Wie schon für den Code Civil Napoleons von 1804, so stand auch für das Bürgerliche Gesetzbuch von 1896 fest, dass das freie Belieben des Eigentümers in der Sachnutzung und die freie Verfügungsmacht über das Recht zum normalen Inhalt der Eigentümerstellung, auch und gerade am Grund und Boden gehörten, gesetzliche Beschränkungen demgegenüber nur eine Ausnahme darstellen."[198]

Er weist dann darauf hin, dass sich inzwischen in der Auslegung der Verfassungsnorm und der Rechtsprechung die Auffassung durchgesetzt habe, für den Eigentumsbegriff der Verfassung eine weitere Bedeutung zuzulassen als für den des Zivilrechts; d.h. der Eigentumsschutz werde über das Grund- und Sacheigentum hinaus ausgedehnt auf andere vermögenswerte Rechte, wie z.B. öffentliche Leistungen zur Daseinsvorsorge. Sie würden in der arbeitsteiligen Wirtschafts- und Gesellschaftsordnung zunehmend wichtig, während das Sacheigentum seine frühere Funktion, die Unabhängigkeit des Einzelnen vom und im Staat zu sichern, allmählich verliere. Das gelte besonders für das Eigentum an dem nicht beliebig vermehrbaren Grund und Boden, welches nur für einen kleinen Teil der Bevölkerung zugänglich sei. Daher betone das Grundgesetz in Art. 14 II die Sozialpflichtigkeit des Eigentums. Der Eigentümer müsse sich also gewisse Einschränkungen seines freien Beliebens in der Nutzung seines Eigentums zugunsten des Gemeinwohls gefallen lassen. Eine noch stärkere Einschränkung der freien Verfügung über das private Eigentum im Interesse der Allgemeinheit nenne das Grundgesetz in Art. 14 III in Form der Enteignung, allerdings nur auf gesetzlicher Grundlage und gegen angemessene Entschädigung. In Art. 15 unter der Überschrift „Sozialisierung", der allerdings bisher keine konkreten Konsequenzen gehabt habe, räume das Grundgesetz darüber hinaus die Möglichkeit ein, Grund und Boden,

Naturschätze und Produktionsmittel gegen Entschädigung in Gemeineigentum zu überführen. Alle genannten Einschränkungen des Eigentumsrechts dürften allerdings nach Art. 19 II nicht den „Wesensgehalt" des Grundrechts antasten. Es bestehe daher ein Spannungsverhältnis zwischen Privatnützigkeit und Gemeinschaftsbindung des Eigentums, das die Verfassung nicht auflöse, sondern an den Gesetzgeber oder die Gerichte weitergebe.

Bezogen auf das Bodenrecht und die städtische Bauplanung kommt Vater freilich zu dem Ergebnis, dass es bislang dem Gesetzgeber oder den Gerichten kaum gelungen sei, das öffentliche Interesse durch Enteignung oder andere Einschränkungen gegenüber der prinzipiellen Anerkennung des Privateigentums auch an Grund und Boden durchzusetzen. Hauptstreitpunkt sei immer wieder die Frage der Entschädigung und ihrer Höhe, zumal in einem marktwirtschaftlichen Kontext, der den freien Grundstücksverkehr und damit auch den Wettbewerb in der Festsetzung des Preises voraussetze und befördere.

Vater schließt den hier vorgestellten Aufsatz mit einigen sozialethischen Bemerkungen. Er weist zunächst darauf hin, dass sich jedenfalls in der evangelischen Sozialethik die Einsicht in den Funktionswandel nicht zuletzt des Grundeigentums durchgesetzt habe. „Die Rolle des Eigentums [kann] nur im Zusammenhang mit der Frage beurteilt werden, wie Volkseinkommen und Volksvermögen verteilt sind. ... Eine differenzierende Bewertung, wie sie hiernach geboten ist, sollte sich an den Zwecken orientieren, für die Vermögensgüter bestimmt sind."[199] Es mache daher im Blick auf das Grundeigentum sozialethisch einen Unterschied, ob Grundstücke als Produktionsmittel in der Landwirtschaft, als Anlagekapital für gewerbliche Unternehmen oder als reine Kapitalanlage zum Zweck der Erwirtschaftung einer „Grundrente" eingesetzt würden. Damit verbinde sich die Frage, wie weit die genannten Zwecke tatsächlich der Freiheit und selbstverantwortlichen Lebensgestaltung dienten, oder sie ob sie dem Eigentümer Macht über andere verliehen. „Grundeigentum gewährt ein gewisses Maß an Freiheit, aber immer zugleich eine Monopolstellung [wegen der Unvermehrbarkeit des Bodens] also potentiell Macht. … Jedenfalls ist Bodeneigentum heute nicht das wichtigste und auch kein schlechthin unbedenkliches Mittel, um persönliche Freiheit in unserer Gesellschaft zu verwirklichen."[200]

Eine solche ethische Besinnung könnte den Weg frei machen „zu einer Gestaltung des städtischen Bodenrechts, die auch neue Rechtsformen entwickelt, um den Ausgleich zwischen Gemeinschafts- und Einzelinteressen und eine differenzierende Anpassung an die verschiedenartigen Bedürfnisse und Notwendigkeiten zu ermöglichen. Das Ziel muss sein, das Zusammenleben in unseren Städten für die Zukunft nicht nur technisch und wirtschaftlich funktionsgerecht, sondern für die Menschen, die darin wohnen und arbeiten sollen, lebenswert, also gerecht und menschenwürdig zu gestalten."[201]

Wie bereits erwähnt, war neben dem Eigentum der *Vertrag* das andere Rechtsinstitut, dem Vaters besonderes Interesse galt. Er hatte sich schon 1935 in seiner Habilitationsschrift über „Das Recht der allgemeinen Geschäftsbedingungen" mit der Ausgestaltung und möglichen rechtlichen Kontrolle von Verträgen in einer modernen Marktwirtschaft befasst. Er nennt dort den Vertrag das entscheidende Rechtsinstitut, das den Austausch von Gütern und Dienstleistungen auf dem Markt regele. Neben der zuvor besprochenen Freiheit des Privateigentums sei daher die Vertragsfreiheit ein zentrales Prinzip der auf die Verwirklichung der Privatautonomie ausgerichteten liberalen Gesellschaftsordnung. Wichtig sei vor allem, dass die Rechtsordnung das von den Vertragsparteien Vereinbarte als rechtlich gültig anerkenne und schütze. Das gelte insbesondere für einvernehmliche Verträge zwischen zwei gleichgestellten Partnern. Die Weimarer Verfassung habe daher in Art. 152 die Vertragsfreiheit garantiert, allerdings in den von Art. 151 benannten Grenzen, dass die Ordnung des Wirtschaftslebens den Grundsätzen der Gerechtigkeit und den Forderungen des Gemeinwohls entsprechen müsse.

In seiner Habilitationsschrift konzentrierte Vater sich besonders auf den im Zuge der Industrialisierung und des Aufkommens der arbeitsteiligen Wirtschaft ausgebildeten Typus des Massenvertrags. „In dem Grade, in dem die massenweise auf den Markt gebrachten Waren oder Dienstleistungen typisiert und damit fungibel werden, in dem die persönlichen Eigenschaften und Bedürfnisse der Marktinteressenten ihrer individuellen Besonderheit entkleidet, nivelliert werden, verlieren auch die über solche Waren und Dienste abgeschlossenen Verträge ihren persönlichen, einmaligen Charakter; ihr alltäglich gleichförmig wiederkehrender … Inhalt wird von den Parteien einfach übernommen, die Verhandlungen werden auf die Festsetzung des Preises beschränkt oder auch hier durch Tarife ausgeschlossen, die Willensbildung der Partei verflüchtigt sich zu einem mehr oder weniger freiwilligen Sicheinlassen auf ein in seinen rechtlichen Folgen nicht übersehenes, nur als typisch begriffenes Lebensverhältnis. Ein nicht eben notwendiges, aber doch recht häufiges Kennzeichen dieser Art entpersönlichter Verträge ist ferner die wirtschaftliche Überlegenheit eines der Vertragsteile. Großbetriebe und Wirtschaftsverbände sind gegenüber dem einzelnen Abnehmer oft mächtig genug, um eine Diskussion über den Vertragsinhalt abschneiden und ihm die Vertragsbedingungen einseitig diktieren zu können. Das Prinzip der Vertragsfreiheit, auf dem unsere zivilrechtliche Gesetzgebung aufgebaut ist, gerät damit in ein neues, keineswegs günstiges Licht."[202]

Die für solche Massenverträge charakteristische Typisierung des Vertragsinhalts und seiner Rechtswirkung habe zur Entwicklung von formularmäßig festgehaltenen allgemeinen Geschäftsbedingungen (AGB) geführt, die von Verkehrsbetrieben, Banken, Versicherungen und anderen Wirtschaftsunternehmen verwendet und vom „Kunden" in der Regel ohne weitere Diskussion akzeptiert würden. Solche AGB sollten einerseits der Rationalisierung von typisierten Massenverträgen dienen; andererseits seien sie geeignet, die wirtschaftliche Machtstellung des Unternehmens durch rechtliche Mittel zu erhalten und zu verstärken. Vater unternimmt in seiner Untersuchung eine rechtssoziologische, rechtspolitische und rechtsdogmatische Analyse und Einordnung der AGB und ihrer Auswirkungen für den wirtschaftlichen

Wettbewerb. Er kommt zu dem Ergebnis, dass die Ausbreitung der AGB dazu tendiere, das Prinzip der Vertragsfreiheit auszuhöhlen durch den missbräuchlichen Einsatz von Macht gegenüber unterlegenen Marktteilnehmern. Damit gefährdeten sie potentiell durch Monopolbildung die Funktionsfähigkeit der Gesamtwirtschaft und das Gemeinwohl und bedürften daher der kritischen Überprüfung bzw. Kontrolle durch die öffentliche Verwaltung bzw. die Gerichte.[203]

Vater hat die hier begonnene Reflexion über die Grenzen der Vertragsfreiheit zwanzig Jahre später in seiner Tübinger Antrittsvorlesung wieder aufgenommen und weitergeführt. Er betont dort im Blick auf die Erfahrungen in den 30er und 40er Jahren, dass diese Grenzen nicht erst sichtbar würden, wo eine marktwirtschaftliche Ordnung durch dirigistische und interventionistische Maßnahmen eingeengt werde. Vielmehr habe sich inzwischen die Erkenntnis durchgesetzt, dass sich das marktwirtschaftliche System nicht einfach selbst reguliere, sondern vor dem missbräuchlichen Einsatz von Marktmacht durch rechtliche Regelungen geschützt werden müsse. „Im Hinblick auf die Vertragsfreiheit bedeutet das, dass sich ihre wirtschaftliche Funktion wesentlich verändert, wenn nicht ins Gegenteil verkehrt, sobald sich ein Vertragspartner dem Wettbewerb zu entziehen vermag. Der Vertrag wird dann zum Instrument der Herrschaft über den anderen Vertragsteil. … Die Freiheit steht nun unter dem Gebot der Gerechtigkeit, die es erlaubt und fordert, Verträgen die Anerkennung zu versagen, die nach der Art ihres Zustandekommens oder nach ihrem Inhalt den von der Rechtsordnung geschützten Werten zuwiderlaufen."[204]

Es falle daher auf, dass das Grundgesetz, anders als die Weimarer Reichsverfassung, die Vertragsfreiheit nicht ausdrücklich erwähne. Zwar werde in der juristischen Diskussion auf Art. 2 I GG verwiesen, wo es zu den Freiheitsrechten insgesamt heißt: „Jeder hat das Recht auf die freie Entfaltung seiner Persönlichkeit, soweit er nicht die Rechte anderer verletzt und nicht gegen die verfassungsmäßige Ordnung oder das Sittengesetz verstößt." Das werde auch auf das Institut der Vertragsfreiheit bezogen. Aber mit dem Hinweis auf die Verfassung komme auch das vom Grundgesetz bekräftigte Sozialstaatsprinzip ins Spiel. „Die Freiheitsgarantie das Art. 2 I und das Prinzip der Sozialstaatlichkeit der Art. 20 I und 28 I verhalten sich zueinander nicht wie Regel und beschränkte Ausnahme, sondern wie These und Antithese im dialektischen Prozess der Verwirklichung unseres Staates; sie lassen sich nicht isolieren, sondern sind einander zugeordnet zu einer spannungsreichen, nicht vorgegebenen, sondern uns allen aufgegebenen Einheit.“[205] Deshalb verdiene es besondere Beachtung, dass der Gesetzgeber mit dem Gesetz gegen Wettbewerbsbeschränkungen vom 27.7.1957 einen wichtigen Schritt zur Bändigung privater wirtschaftlicher Macht vollzogen habe. Der Gesetzgeber ziehe damit „die rechtliche Konsequenz aus der Einsicht, dass das Gestaltungsmittel des Vertrages auch der Unterdrückung der Freiheit dienen kann, dann aber in Widerspruch zum allgemeinen Freiheitsrecht des Art. 2 I gerät und keinen Schutz mehr verdient.“[206]

In seinem ebenfalls bereits erwähnten Aufsatz von 1960 über „Vertragsfunktion und Vertragsfreiheit“ setzt Vater noch einmal neu und grundsätzlich an mit der rechtlichen Erfassung des Vertrags. Er stellt dort fest: „Verträge dienen der rechtlichen Ordnung zwischenmenschlicher Beziehungen durch Selbstbestimmung der Beteiligten im herrschaftsfreien Raum.“[207] Die durch Verträge hergestellten Rechtsbeziehungen setzen die politische Freiheit der Vertragspartner, aber auch ihre wechselseitige Anerkennung als rechtlich gleichgestellt voraus. Das werde besonders wichtig in Zusammenhängen, wo die Vertragspartner nicht natürliche Einzelpersonen, sondern kollektive, juristische Personen mit ungleichem Machtpotential seien. Darüber hinaus müsse unterstrichen werden, dass nicht alle zwischenmenschlichen Beziehungen durch Verträge rechtlich geordnet werden können. Außerhalb der wirtschaftlichen Zusammenhänge erwiesen sich die meisten stark personhaft geprägten Beziehungen als dem vertraglichen Zugriff nur eingeschränkt zugänglich. Das gelte insbesondere für das Familienrecht und die Ehe, aber auch für die rechtliche Ordnung der Arbeitsverhältnisse. Damit stelle sich die Aufgabe, klarer zu unterscheiden zwischen unterschiedlichen Funktionen von Verträgen und ihrer Beziehung zur Gesamtrechtsordnung.

Hier kehre die zuvor im Blick auf die verfassungsmäßige Ordnung hervorgehobene Dialektik zwischen Freiheit und sozialstaatlicher Gerechtigkeit zurück als die Spannung zwischen Vertragsfreiheit und der mit der Gleichheit der Vertragspartner geforderten Vertragsgerechtigkeit. Die Suche nach objektiven Maßstäben der Gerechtigkeit für den vertraglich festgesetzten Wert von Gütern, etwa durch das Kriterium des „gerechten Preises" und das Verbot des Wuchers, sei wegen unbefriedigender Ergebnisse fallen gelassen worden. „Die klassische Nationalökonomie und der auf ihren Erkenntnissen beruhende wirtschaftliche Liberalismus sind den Weg gegangen, die wirtschaftlichen Kräfte freizusetzen und der freien Preisbildung auf dem Markt die Wege zu ebnen in der Erwartung, damit nicht nur Wohlstand für alle, sondern auch Tauschgerechtigkeit für die einzelnen Marktbeteiligten kraft der Logik des System von selbst zu erreichen."[208] Aber diese Erwartung der Selbstregulierung der wirtschaftlichen Kräfte lasse sich nicht mehr halten. „Der Fehler der liberalen Doktrin bestand darin, dass sie auf die natürliche Harmonie dieser Kräfte vertraute. Geläuterte Erfahrung und Einsicht haben uns inzwischen gelehrt, dass dieses Vertrauen nicht gerechtfertigt ist. Die Kräfte müssen gebändigt und in bestimmte vom Recht vorgeformte Bahnen gelenkt werden, wenn die Ordnung des Ganzen gelingen und die partikulären Vertragsordnungen sich ihr einfügen sollen. Diese Aufgabe ... fällt der Wirtschaftsverfassung zu, die damit aus einem Naturprodukt zu einer bewusst gestalteten, rechtlichen Institution wird. Sie hat auch die Voraussetzungen dafür zu schaffen, dass die Vertragsgerechtigkeit im Einzelfall verwirklicht wird."[209]

Vater schließt mit dem folgenden Satz: „Aufgabe der Zivilrechtsdogmatik wird es nun sein, ... schrittweise die Erkenntnis auszubilden, wie sich rechter Gebrauch vom Missbrauch der Vertragsfreiheit als eines Rechtsinstituts der rechtlich verfassten Marktwirtschaft unterscheiden lässt, und wo es gilt, dem Missbrauch die Anerkennung zu versagen, um der Vertragsgerechtigkeit zum Sieg zu verhelfen."[210]

Grundrechte und Menschenrechte

In seiner Diskussion der beiden Rechtsinstitute des Eigentums und des Vertrags sah Vater sich immer wieder genötigt, auf die Verfassung und insbesondere auf die im Grundgesetz vorangestellten *Grundrechte* Bezug zu nehmen. Dabei ging es ihm darum, den in der Tradition des Privatrechts angelegten Vorrang der Freiheit der Bürger kritisch zu hinterfragen aus der Perspektive des in der Verfassung betonten sozialen Rechtsstaates und seiner Institutionen. Immer wieder beschrieb er die beiden Pole der Freiheit und der Gemeinschaftsbindung als ein Spannungsfeld, das die Verfassung nicht auflöse, sondern der politischen und rechtlichen Gestaltung aufgebe.

Besonders prägnant kommt dies zum Ausdruck in seinem Vortrag zum Thema „Vom rechten Gebrauch der Freiheit", den er 1965 in München zur ersten Verleihung des Theodor-Heuss-Preises an Georg Picht gehalten hat.[211] Dort heißt es: „Der Versuch, das liberale Erbe mit den sozialen Forderungen der Zeit zu vereinigen, … ist im Grundgesetz nicht unternommen; es lässt das Freiheits- und das Sozialstaatspostulat *unverbunden* nebeneinanderstehen. … Was in der Verfassung nicht zu einem einheitlichen Wertsystem verschmolzen wurde, klafft in unserem politischen Alltag … in einem offenen und für den Bestand des Staats gefährlichen Riss auseinander: … überall ist eine Denkweise verbreitet, die den *Anspruch* auf bindungslose Freiheit ebenso selbstverständlich erhebt wie den gleichzeitigen *Anspruch* auf ein möglichst großes Maß von staatlichen Leistungen zur Sicherung und Wohlfahrt des eigenen Daseins."[212]

Diese Spannung im Grundgesetz zwischen dem Freiheitspostulat und dem Sozialstaatspostulat sei mit rechtlichen Mitteln allein nicht zu lösen. Vielmehr offenbare sie eine „bis heute nicht behobene Verlegenheit gegenüber den geistigen und sittlichen Fundamenten unseres politischen Gemeinwesens. … Diese Schwäche wird durch die Gewährung und die Inanspruchnahme von Freiheitsrechten allein nicht behoben; ja wir haben Grund zu fürchten, dass Freiheit allein, weil sie keine Maßstäbe für das Handeln setzt, auch dieses Fundament zerstören kann."[213] Daraus folge, dass die mit der Verabschiedung des Grundgesetzes nicht abgeschlossene Auseinandersetzung über die grundlegenden Werte und Zielvorstellungen der Gesellschaft weitergeführt werden müsse. Ohne die immer neue Bemühung um den Konsens über die Grundwerte sei die demokratische Ordnung nicht tragfähig.[214] Diese Bemühung schlägt sich u.a. in der Diskussion über die gestalterische Bedeutung der Grundrechte und der ihnen zugeordneten Menschenrechte nieder, an der Vater sich nach seiner Emeritierung intensiv beteiligt hat.[215]

Der unmittelbare Anlass dafür war die vom Ökumenischen Rat der Kirchen (ÖRK) in der ersten Hälfte der 70er Jahre angestoßene neue Diskussion über die Verwirklichung der Menschenrechte. Die Kammer für öffentliche Verantwortung der EKD, deren Mitglied Vater nach wie vor war, nahm aus der Perspektive der deutschen Mitgliedskirchen an dieser Diskussion teil. Vater war daher beteiligt an der Ausarbeitung der Stellungnahme, welche die Kammer vor der Vollversammlung des ÖRK in Nairobi (1975) unter dem Titel „Die Menschenrechte im ökumenischen Gespräch" veröffentlichte.[216] Außerdem war Vater einbezogen in ein „Forschungsprojekt Menschenrechte" an der Universität Tübingen, das von dem Philosophen Johannes Schwartländer koordiniert wurde. In diesem Zusammenhang entwickelte er die Überlegungen, die dann in seinen bereits erwähnten letzten Text über „Das Eigentum als Menschenrecht" eingingen.[217]

Vater sah seine Aufgabe als Jurist in diesen zum Teil mit großem politischen und moralischen Engagement geführten Diskussionen vor allem darin, nüchtern auf die schwache rechtliche Verbindlichkeit der Menschenrechte im Unterschied zu den verfassungsmäßigen Grundrechten hinzuweisen und davor zu warnen, das Menschenrechtskonzept im Interesse der Verwirklichung weltweiter sozialer Gerechtigkeit politisch zu überdehnen. So wünschbar auch nach seiner Überzeugung die Ausbildung eines „menschheitlichen" Völkerrechts bzw. eines „Humanrechts" sei, so wenig meinte er dafür bislang tragfähige Ansätze erkennen zu können.

Wichtig war ihm, auf die besonderen historischen Ursprünge der Menschenrechtskonzeption in der politischen Aufklärung und ihrer Weiterentwicklung zu verweisen. Unter dem Einfluss der Menschenrechtserklärung der französischen Revolution ging das Menschenrechtskonzept in Gestalt von Grundrechten der Bürger gegenüber dem Staat in Verfassungen vieler der sich herausbildenden Nationalstaaten ein. Grundrechte sind subjektive Rechte vor allem zum Schutz von Freiheit und Eigentum der Bürger gegen Eingriffe der staatlichen Exekutive. In seinem Vortrag über „Soziale Grundrechte" unterstreicht Vater: Grundrechte „sind nicht auf ein aktives Tun, sondern auf ein Unterlassen der Staatsorgane gerichtet und regelmäßig durch Klagerechte prozessual gesichert."[218] Bezogen auf die deutsche Verfassungstradition weist er darauf hin, dass die Weimarer Reichsverfassung in ihrem Grundrechtsteil auch größere Abschnitte über die Gestaltung des gesellschaftlichen Lebens, besonders im Blick auf Bildung und Schule (Art. 142-150) sowie auf das Wirtschaftsleben (Art. 151-165), enthielt. Aber sie seien mehr „Programmsätze für den Gesetzgeber, nicht unmittelbar geltendes, im Wege der Verfassungsklage erzwingbares Recht"[219] gewesen. Das Bonner Grundgesetz sei dieser Ausweitung der Grundrechtsbestimmungen nicht gefolgt. Allerdings betrachte das Bundesverfassungsgericht die Grundrechte durchaus als „Ausdruck eines Wertsystems … , das für die ganze Rechtsordnung von grundlegender Bedeutung ist, insofern es die Grundelemente und Leitprinzipien dieser Ordnung angibt"[220].

So wichtig daher die Unterscheidung von Grundrechten und Menschenrechten sei, so „besteht doch ein starker geschichtlicher Zusammenhang zwischen beiden mit wechselseitiger Wirkung. Grundrechte rezipieren Menschenrechte (so etwa in unserem Grundgesetz Artikel 1 Absatz 2), sie formen Menschenrechte nach, aber sie bilden umgekehrt auch vielfach das Reservoir, aus dem die Kataloge der neueren Menschenrechtskonventionen gespeist werden."[221] Vater weist in seinem Vortrag über die „Rechtsgeltung der Menschenrechte" darauf hin, dass es unter dem Eindruck der Erschütterungen aller gesellschaftlichen

Ordnungen infolge des Zweiten Weltkriegs zu einer entschiedenen Wiederbelebung der Menschenrechtsidee gekommen war. Die 1945 verabschiedete Charta der Vereinten Nationen (UN) unterstreiche in Art. 1 das Ziel, „die Achtung vor den Menschenrechten und Grundfreiheiten für alle ohne Unterschied der Rasse, des Geschlechts, der Sprache oder der Religion zu fördern und zu festigen", und Art. 56 verpflichte die Mitgliedsstaaten zu internationaler Zusammenarbeit, um dieses in Art. 55c wiederholte Ziel zu verwirklichen. Der Impuls sei aufgenommen und weiter entfaltet worden in der „Allgemeinen Erklärung der Menschenrechte" (AEMR), die 1948 von der Vollversammlung der UN angenommen wurde. Als eine „Erklärung" der Vollversammlung habe sie freilich nur empfehlenden Charakter; ihr fehle die rechtliche Verbindlichkeit, zumal mehr als die Hälfte der heutigen Mitgliedsstaaten an der damaligen Abstimmung noch gar nicht beteiligt waren.

Um den Postulaten der Menschenrechtserklärung völkerrechtliche Geltung zu verschaffen, müssten sie zum Gegenstand internationaler Verträge gemacht werden. Das gelang bereits 1950 in der von den Mitgliedsstaaten des Europarats angenommenen Europäischen Menschenrechtskonvention, die 1961 durch die Europäische Sozialcharta ergänzt wurde. Auch auf der Ebene der Vereinten Nationen ging die Arbeit weiter, und 1966 wurden die zwei Menschenrechtspakte über bürgerliche und politische bzw. über wirtschaftliche, soziale und kulturelle Rechte verabschiedet. Sie sind 1976 in Kraft getreten, nachdem sie von der erforderlichen Mindestzahl von Staaten ratifiziert worden sind. Sie verpflichten allerdings nur diejenigen Staaten, die den Pakten beigetreten sind.

Vater kommt in seinem Aufsatz zu der zusammenfassenden Einschätzung: „Dem ersten Anschein nach ist damit die Rezeption der Menschenrechte in das Völkerrecht in weitem Umfang gelungen. Indessen muss noch einmal daran erinnert werden, dass es sich nur um einen begrenzten Kreis von Signatarstaaten handelt, die sich zur Verwirklichung dieser Verträge verpflichtet haben. Zum anderen bedarf es besonderer Prüfung, was diese Verpflichtung für die Bürger dieser

Staaten rechtlich bedeutet. Das Völkerrecht ist geschichtlich in Europa als Rechtsordnung zwischen Nationalstaaten entwickelt worden, aus der sich darum auch nur für Staaten solche Rechte und Pflichten ergeben können. Zu seinen Grundsätzen gehört die Anerkennung der Souveränität und Gleichberechtigung jedes Staates und die Pflicht eines Staates, sich der Einmischung in die inneren Angelegenheiten eines anderen Staates zu enthalten."[222]

Er fügt dann allerdings hinzu, dass sich das Völkerrecht in den vergangenen Jahrzehnten stark verändert habe. Die erwähnten Menschenrechtserklärungen, Konventionen oder Pakte seien Beispiele dafür. Aber die entsprechenden Verträge hielten sich sehr zurück im Blick auf die Rechtsstellung der einzelnen Bürger. „Keiner der Verträge geht so weit, jedem Angehörigen der Vertragsstaaten, der sich in einem Menschenrecht verletzt fühlt, ein Klagerecht gegen seinen, für die Verletzung verantwortlichen Staat vor einem internationalen Forum zu gewähren. Von der Anerkennung einklagbarer subjektiver Rechte des Einzelnen, wie sie in den Grundrechten der innerstaatlichen Verfassungen zu finden sind, ist das Völkerrecht also noch eine Wegstrecke entfernt." Am weitesten in diese Richtung gehe die Europäische Menschenrechtskonvention, die einen Menschenrechtsgerichtshof vorsehe. Aber auch hier könnten Einzelbeschwerden nur behandelt werden, wenn der betroffene Staat sein Einverständnis erkläre.[223]

Abschließend heißt es zu dieser ersten Übersicht: „Dieses Ergebnis sollte nicht missverstanden werden, als sei die Erklärung von 1948 rechtlich bedeutungslos. Sie hat Rechtsgrundsätze festgelegt, die als Bewertungsmaßstab für die weitere völkerrechtliche und innerstaatliche Rechtsentwicklung ihr eigenes Schwergewicht hatten und weiterhin haben. Aber es geht nicht an, aus diesem Schwergewicht einen unmittelbaren Geltungsanspruch als Rechtsnorm abzuleiten."[224]

Das gilt auch und besonders für die Art. 22-28 der AEMR, die grundlegende soziale, wirtschaftliche und kulturelle Rechte benennen. Sie wurden dann in dem entsprechenden Pakt von 1966 präzisiert und weiter entfaltet. Es handelt sich nach Vaters Einschätzung vor allem um drei Gruppen von sozialen Rechten: (1) Ein Recht auf Sicherung der Grundbedürfnisse menschlichen Lebens, also Nahrung, Unterkunft, soziale Sicherung gegen die Wechselfälle des Lebens ...; (2) Ein Recht auf Arbeit und gerechte Entlohnung ...; und (3) Ein Recht auf Erziehung, Bildung, Teilnahme am kulturellen Leben. Er weist darauf hin, dass diese Grundsätze in Deutschland in der Entwicklung der Sozialgesetzgebung bis hin zur Einführung des Sozialgesetzbuches seit 1975 aufgenommen und gesetzlich verankert wurden.

Die Menschrechtsdiskussion auf der internationalen Ebene und auch im ökumenischen Umfeld, mit dem sich die Kammer für öffentliche Verantwortung befasste, war stark von den Forderungen der Völker der sogenannten Dritten Welt nach sozialer und ökonomischer Gerechtigkeit bestimmt. Nach den bisher referierten Einschätzungen erstaunt es nicht, dass Vater die entsprechenden Artikel der AEMR zwar als Leitprinzipien für die Ordnung menschenwürdigen Lebens in der Gesellschaft anerkennt, aber keine Möglichkeit sieht, daraus unmittelbar durchsetzbare Rechte abzuleiten. Auch der entsprechende Menschenrechtspakt sei zwar ein wichtiger Schritt auf dem Wege zur rechtlichen Konsolidierung des Sozialrechts; aber aus ihm seien keine individuellen Rechte der Bürger gegen ihre Staaten abzuleiten.

Im Blick auf die Verwirklichung dieser sozialen Standards in den Ländern, „die entweder ökonomisch nicht in der Lage sind oder deren Regierungen nicht willens oder fähig sind, diese Standards zu erreichen", verweist er einerseits auf das Nicht-Interventionsprinzip des Völkerrechts, was Einwirkungen von außen sehr erschwere. Andererseits erwähnt er die Möglichkeit, multinationale Unternehmen, die in Entwicklungsländern arbeiten, rechtlich zu verpflichten, diese Standards für ihre Arbeitnehmer einzuhalten; in dieser Richtung ist seither intensiv weitergearbeitet worden.

Er schließt diese Überlegungen mit folgenden Sätzen: „Den Versuch, aus sozialen Menschenrechten ein Programm für eine neue Weltwirtschaftsordnung abzuleiten, halte ich aus praktischen und aus prinzipiellen Gründen für verfehlt. Praktisch deshalb, weil die oben angeführten Schwierigkeiten, aus Sozialen Grundrechten in einer Verfassung realisierbare Ansprüche auf soziale Leistungen abzuleiten, sich auf internationalem Felde vervielfältigen müssten. Prinzipiell bleibt zu bedenken, dass der Menschenrechtsgedanke, so wichtig er ist, doch nur einen Ausschnitt aus den Rechts- und Ordnungsprinzipien erfasst, auf denen eine Weltwirtschaftsordnung beruht. Man nimmt dem Menschenrechtsgedanken seine Kontur und seine Überzeugungskraft, wenn man ihn unbestimmt ausweitet.“[225]

Vaters Argumentation war für manche seiner kirchlich-ökumenischen Gesprächspartner enttäuschend. Sie suchten nach überzeugenden ethischen Kriterien in einer zunehmend politisierten Menschenrechtsdiskussion. Vater sah seine Aufgabe vor allem darin, als Jurist das Potential aber auch die Grenzen des Menschrechtsdiskurses aufzuzeigen. In den Menschenrechten und Grundrechten kommen grundlegende Werte zum Ausdruck, denen die gesellschaftliche Ordnung zu entsprechen sucht. Sie ersetzen nicht das politische Ringen um die Gestaltung dieser Ordnung, aber sie helfen bei der ethischen Klärung der Ziele für das politische Handeln. Diese Unterscheidung der verschiedenen Ebenen der Argumentation und der dabei verwendeten Begrifflichkeiten sah er als einen wichtigen Beitrag des juristischen Denkens.

Als zusammenfassende Einschätzung seiner Arbeiten zum Privatrecht seien hier Sätze zitiert, mit denen er das Vorwort zu seinem Aufsatzband „Die Aufgabe des Privatrechts" (1977) abschließt. Er spricht dort von seiner Grundhaltung, die Ausdruck des Bewusstseins von einer ethischen und zugleich politischen Verantwortung des Juristen ist. Er grenzt seine Auffassung von der politischen Funktion des Privatrechts von manchen heutigen Strömungen ab, „welche Rechtswissenschaft und Praxis der Rechtsanwendung politischen Postulaten oder sozialwissenschaftlichen Doktrinen unterordnen wollen. So notwendig es für den Juristen ist, im Blick auf jene Postulate sein ‚Vorverständnis‘ selbstkritisch zu klären, und so fruchtbar für ihn die Verarbeitung sozialwissenschaftlicher Erkenntnisse ist, so entschieden sollte er auf dem Eigengewicht des Rechts und des Dienstes an ihm bestehen, der mit

Herrschaftsverwaltung oder Sozialtechnik nicht zureichend umschrieben ist. Gerechtes Recht und die in ihm beschlossenen ethischen Werte sind nicht bloße Instrumente für beliebige Zwecke, sondern selbst ein Stück dessen, was uns als Ziel einer menschengerechten Welt unablässig zu suchen aufgegeben ist." [226]

Zu dieser Selbsteinschätzung passen die Sätze, die seine beiden engsten „Schüler" und Mitarbeiter im Gedenken an Vater nach seinem Tod formuliert haben. Sie sprechen von Vaters Wirkung als juristischer Lehrer. So schreibt Ulrich Bälz: „Die von strengem Ernst getragenen Vorlesungen verlangten genauestes Mitgehen und waren darauf angelegt, seinen Studenten, um der ihnen zuwachsenden Aufgabe in unserer Gesellschaft willen, gerade auch die ungelösten und unbequemen Fragen unerbittlich vor Augen zu führen. Aber die frappierende Fähigkeit der Zusammenschau und mehr noch, das lebendige Vorbild haben, was zunächst oft wie spröde Zumutung erschien, für ungezählte Hörer in lebenslange Prägung und Verpflichtung verwandelt."[227] Und Fritz Kübler, wie U. Bälz Vaters langjähriger Assistent, fügt hinzu: „Nicht weniger intensiv waren die Eindrücke und Wirkungen der auf Drängen der Studenten fast in jedem Semester abgehaltenen Seminare. Die lebhaften, zuweilen mit Leidenschaft ausgetragenen Diskussionen zielten immer wieder aufs Grundsätzliche, und in der Zusammenfassung, die jede der Sitzungen abschloss, wurde von Mal zu Mal in Umrissen greifbar, was heute als – nur in der Form fragmentarischer – Entwurf einer zeitgemäßen Privatrechtstheorie vor uns liegt. ... In der Erinnerung der Freunde und Schüler wird indessen die Bedeutung der fortwirkenden wissenschaftlichen und politischen Anstöße vom Bild der Person überstrahlt. Was unvergesslich bleibt, ist der Einklang von strengen Forderungen gegen sich selbst und geduldiger Rücksicht auf andere, von fast grenzenloser Bereitschaft zum Engagement und ruhiger Besonnenheit im Denken und Handeln, von nüchternem Weitblick und jener bezwingenden Gelassenheit, die nur dem zuteilwird, der sich der letzten Dinge sicher weiß."[228]

Das Ringen um Reformen 1966-79

Die biographische Nachzeichnung von Vaters Lebensweg war nach seiner Rückkehr von dem Studienaufenthalt in den USA unterbrochen worden, um zusammenfassend auf die beiden inhaltlichen Schwerpunkte seiner Arbeit einzugehen: die Wahrnehmung öffentlicher Verantwortung, vor allem bezogen auf die so genannte Ostdenkschrift der EKD, und seine wissenschaftliche, juristische Arbeit zur Aufgabe des Privatrechts. Nach diesen ausführlichen thematischen Exkursen kehrt die Darstellung jetzt zum Stil der biographischen Erzählung zurück, die nun auch wieder das familiäre Zusammenleben, besonders der beiden Eltern, in den Blick nehmen muss.

In der Zeit von Vaters Leitung des Wissenschaftsrates hatte sich auch das familiäre Leben im Haus in der Rappenberghalde verändert. Im Februar 1963 schloss ich mein Studium ab und begann ein Vikariat in Berlin. Gleichzeitig ging Almut als letztes der Kinder nach dem Abitur ebenfalls aus dem Haus. An die Stelle der eigenen traten für Mutter in den nächsten zehn Jahren die vielen „vierten Kinder" – wie eins von ihnen es gesagt hat. Das Haus war voller Leben, doch zugleich empfand Mutter deutlich das Problem und die Aufgabe der Kommunikation zwischen den Generationen. Sie entschloss sich, ihre Rotkreuz-Arbeit zu reduzieren und schließlich aufzugeben und sich von 1964-66 in Berlin als Eheberaterin ausbilden zu lassen. Von 1966 bis 1973, bis zu ihrem „Ruhestand", hat sie diese Tätigkeit an jeweils 2-3 Tagen in der Woche in der Ehe- und Familienberatungsstelle in Karlsruhe ausgeübt. Diese Arbeit hat sie stark ausgefüllt und in Bewegung gehalten, aber auch oft bis an die Grenzen ihrer körperlichen und seelischen Kräfte belastet. Sie entsprach jedoch ihrer innersten Anlage, denn nicht umsonst hatte sie sich ursprünglich auf den Beruf einer psychiatrischen Ärztin vorbereitet. Außerdem konnte sie Vater begleiten bei den für beide lange nachwirkenden ökumenischen Begegnungen.

Noch ein weiteres Ereignis muss in diesem Zusammenhang erwähnt werden: Zu Weihnachten 1968 weihten die Eltern das neu gebaute Chalet in St. Luc ein. Von den zwei früheren Ferienaufenthalten in St. Luc war bereits die Rede. 1967 wollten die Eltern eigentlich einmal im französischen Teil der Alpen Urlaub machen und hatten den Lac d'Annecy ausgesucht als geeigneten Standort für Wanderungen und Ausflüge. Allerdings erwies sich das Hotel am See, in dem sie abgestiegen waren, und auch die weitere Umgebung als wenig einladend. So beschlossen sie kurzerhand, in das vertraute St. Luc zurückzukehren, und mieteten sich im Hotel Bella Tola ein. Am Ende von zwei genussreichen Wochen fassten sie sich ein Herz und fragten den Hotelier, Monsieur Pont, ob es wohl möglich sei, in St. Luc ein Grundstück zu erwerben, um darauf ein Ferien-Chalet zu bauen. Als sie nach Tübingen zurückkamen, überraschten sie uns mit der Mitteilung, dass sie in St. Luc ein Grundstück gekauft und schon einen Vertrag für den Bau eines Chalets abgeschlossen hätten.

Der vom Bauschreiner Monsieur Salamin erstellte Plan für das Haus wurde von Onkel Peter, Mutters Halbbruder, überarbeitet und im Frühjahr 1968 begann der Bau, der rechtzeitig zur Weihnachtszeit fertig wurde, sodass die Eltern mit Almut und Günter das Haus einweihen konnten. Seither ist das Haus in St. Luc für die Großfamilie und ihre Freunde zum geschätzten Ferienort im Sommer wie im Winter geworden. Vor allem Mutter hat das Chalet als *ihr* Haus angenommen und sich in den 10 Jahren bis zu ihrem Tod 1978 intensiv um die Einrichtung und Gestaltung von Haus und Garten gekümmert.

Begegnungen und Erfahrungen in der ökumenischen Bewegung

Hier muss nun gleichwohl nachgetragen werden, was in den Bemerkungen zu Menschenrechten und Grundrechten schon angedeutet wurde: die Öffnung des Erfahrungs- und Denkhorizonts durch die Teilnahme an Beratungen und Konferenzen innerhalb der weltweiten ökumenischen Bewegung. In seiner Eigenschaft als Vorsitzender der Kammer für öffentliche Verantwortung nahm Vater als offizieller Delegierter der EKD an der Weltkonferenz für Kirche und Gesellschaft des ÖRK teil, die im Juli 1966 in Genf stattfand unter dem Thema: „Die christliche Antwort auf die technische und soziale Revolution unserer Zeit". Die Konferenz markierte einen Wendepunkt in der Arbeit des ÖRK und einen Perspektivwechsel in der Reflexion über die ethischen und politischen Fragen weltweiter gesellschaftlicher Ordnung. Zum ersten Mal bei einer solchen Konferenz stellten die Laien, d.h. nicht-theologische Fachleute in den verschiedenen Praxisfeldern, die Mehrzahl der Teilnehmenden. Außerdem kamen mehr als die Hälfte der Delegierten aus den Kirchen und Ländern des globalen Südens. Damit traten die Fragen der sozialen Gerechtigkeit, der weltweiten wirtschaftlichen und sozialen Entwicklung, der Rolle und Aufgabe des Staates in Zeiten des Umbruchs, der wachsenden Bedeutung internationaler Zusammenarbeit, und schließlich der angemessenen theologischen Antwort auf die revolutionären gesellschaftlichen Veränderungen ins Zentrum der Diskussion.

Vater und Mutter, die ihn zu der Konferenz begleitet hatte, kehrten sehr erfüllt und auch aufgewühlt aus Genf zurück und berichteten im weiteren Freundeskreis, wie die Begegnung mit christlichen Führungspersönlichkeiten aus der Dritten Welt und die Teilnahme an den sehr engagierten Diskussionen bei der Konferenz ihr Verständnis von der christlichen Verantwortung für die gerechte Verteilung der Güter der Erde und für die Überwindung von politischer, wirtschaftlicher und rassischer Unterdrückung geweckt und geweitet habe. Selbst für die in deutschen kirchlichen Kreisen mit starken kritischen Vorbehalten aufgenommenen Thesen über eine „Theologie der Revolution" zeigten sie unter dem Eindruck der Konferenz Verständnis.

Im April des folgenden Jahres 1967 nahm Vater an einer Konsultation in Den Haag teil, bei der es im Nachgang zur Genfer Konferenz um eine Neuausrichtung der Arbeit der Kommission der Kirchen für internationale Angelegenheiten des ÖRK ging. Als Folge dieser Konsultation, bei der er in direkten Kontakt mit dem Generalsekretär, Dr.

Eugene C. Blake, und leitenden Mitarbeitern des Ökumenischen Rates kam, wurde Vater als Mitglied der Kommission für Internationale Angelegenheiten berufen und zugleich nominiert für die Leitung der entsprechenden Sektion der 4. Vollversammlung des ÖRK.

Daher nahm Vater als Delegierter zusammen mit Mutter auch an der Vollversammlung teil, die im Juli 1968 unter dem Thema „Siehe ich mache alles neu" in Uppsala stattfand. Vater war als Vorsitzender verantwortlich für die 4. Sektion zum Thema „Auf dem Wege zu Gerechtigkeit und Frieden in internationalen Angelegenheiten". In seiner Einführung in den Bericht der Sektion sagte Vater: „... 3. Ein gerechter Friede muss sich auf unsere christlichen Überzeugungen von der Würde und Freiheit des von Gott zu seinem Ebenbild geschaffenen Menschen, von der Gleichheit der Menschen, Völker und Rassen und von ihrer Solidarität gründen. Darum werden wir der Entwicklung und dem Schutz der Menschenrechte und des Rechtes auf politische Selbstbestimmung besondere Aufmerksamkeit widmen. In diesen Zusammenhang gehört auch das Problem der sozialen Gerechtigkeit zwischen armen und reichen Völkern. ... 4. Die Erhaltung des Friedens kann nur gelingen, wenn das Zusammenleben der Völker rechtlich geordnet ist. Darum sollten wir der Entwicklung des in allen Machtkämpfen gefährdeten Völkerrechts moralischen Halt geben und uns für die Stärkung aller Organisationen einsetzen, die im weltweiten Maß, wie die UNO, oder auf regionaler Basis dazu bestimmt sind, Konfliktursachen rechtzeitig auszuräumen und entstandene Konflikte einzudämmen und friedlich zu lösen."[229]

Die Vollversammlung in Uppsala bestätigte und verstärkte den mit der Genfer Konferenz begonnenen Prozess der Neuorientierung in der Arbeit des Ökumenischen Rates und seiner Mitgliedskirchen. Die Themen der weltweiten wirtschaftlichen und sozialen Entwicklung, der Bekämpfung und Überwindung des Rassismus, der Frage von Gewalt und Gewaltfreiheit im Kampf um soziale Gerechtigkeit und des Einsatzes für den Schutz und die Verwirklichung der Menschenrechte wurden in Gestalt neuer Programmschwerpunkte aufgenommen.

Dazu gehörten beispielsweise das Programm zur Bekämpfung des Rassismus und die Einrichtung der Kommission für den kirchlichen Entwicklungsdienst. Dies führte auch zu entsprechenden Initiativen in der EKD wie der Einrichtung des Kirchlichen Entwicklungsdienstes auf der Basis des Aufrufes, zwei Prozent der Kirchensteuereinnahmen für Aufgaben der Entwicklungszusammenarbeit bereitzustellen. Auch das Programm zur Bekämpfung des Rassismus löste ein starkes und sehr kontroverses Echo in den Kirchen und Gemeinden in Deutschland aus. Vaters Mitarbeit an Stellungnahmen und Denkschriften der Kammer für öffentliche Verantwortung und seine eigenen Vorträge und Aufsätze in der Zeit nach 1968 sind deutlich geprägt von den Themen der ökumenischen Diskussion.

Die studentische Protestbewegung und das Rektorat in Tübingen 1968/69

Die Vollversammlung in Uppsala stand bereits unter dem Eindruck des geistigen und politischen Umbruchs, der sich in antikolonialen Befreiungsbewegungen, in Bürgerrechtsbewegungen und nicht zuletzt in der studentischen Protestbewegung artikuliert hatte. Vater hatte die „civil rights"-Bewegung und die Anfänge der studentischen Protestbewegung schon 1965 in den Monaten seines Studienaufenthaltes in den USA erlebt; aber er konnte damals nicht ahnen, dass dieser Funke so rasch auf die Universitäten in Europa überspringen würde. Auslöser in Deutschland waren Konflikte an der Freien Universität Berlin zwischen Studentenschaft und Universitätsleitung über die Handhabung des numerus clausus sowie über eventuelle Zwangsexmatrikulationen wegen überlanger Studienzeiten. Die mit öffentlichen Demonstrationen verbundenen Unruhen bekamen bald einen allgemein-politischen Charakter im Protest gegen den Vietnamkrieg. Nachdem am 2. Juni 1967 der Student Benno Ohnesorg bei einer Demonstration durch die Kugel eines Polizisten getötet wurde, erfasste die Unruhe alle anderen Universitäten.

In seinem Beitrag zur Festschrift aus Anlass des 500-jährigen Jubiläums der Eberhard-Karls-Universität Tübingen mit dem Titel „Universität und Staat im Licht der Tübinger Erfahrungen seit 1945" berichtete Vater: „Für Tübingen erlangte schon diese Anfangsphase der studentischen Protestbewegung, obwohl sie noch keine nennenswerten Störungen des Lehrbetriebs zur Folge hatte, weittragende Bedeutung. Der Große Senat setzte zu Beginn des Wintersemesters 1967/8 eine Kommission ein mit dem Auftrag, eine Satzungsänderung vorzubereiten, die den bisher an den Organen der akademischen Selbstverwaltung nur schwach oder gar nicht beteiligten Gruppen des ‚Mittelbaus', der Assistenten und Studenten eine – nicht nach Paritäten bemessene – Vertretung mit Sitz und Stimme im Großen und Kleinen Senat und in den Fakultätskollegien einräumen sollte. Der Vorschlag der Kommission wurde am 1. Dezember 1967 vom Großen Senat zum Beschluss erhoben; ein entsprechender Antrag beim Kultusministerium wurde Anfang 1968 genehmigt. Praktische Bedeutung hat diese Satzungsänderung aus eigener Initiative allerdings nur noch für eine Übergangszeit erlangt."[230]

In dieser Situation wurde Vater zum Rektor der Universität Tübingen gewählt. In seinem persönlichen Rückblick auf „50 Jahre Juristenleben" schreibt er dazu: „Als der Sturm im Sommer 1967 schon losgebrochen war, habe ich mich am Ende des Jahres bereitgefunden, die Wahl zum Tübinger Rektor anzunehmen, zwanzig Jahre nach meinem Göttinger Rektorat. Das war menschlich gesehen wahrscheinlich Torheit, jedenfalls nicht Ausfluss von Ehrgeiz, denn dass in dieser Lage kein Ruhm gewonnen, sondern nur verloren werden konnte, war mir klar, schon vor der Wahl. Was mich dazu bestimmte, war die Liebe zu meiner Universität und ein Pflichtgefühl, das durch das Empfinden geschärft wurde, dass ich meine hochschulpolitische Lebensarbeit offenbar noch nicht voll geleistet hatte, wenn nun die innere Struktur der Hochschulen so ins Wanken geriet."[231]

Vater trat das Amt als Rektor am 1. April 1968 an. Sein Amtsantritt fiel zeitlich nahezu zusammen mit dem Attentat auf Rudi Dutschke, einem der Wortführer der Berliner studentischen Protestbewegung, am 11. April. Die nachfolgende Kampagne linker Studentengruppen gegen das Verlagshaus Springer hatte keine unmittelbaren Auswirkungen in Tübingen. Aber Ende Mai kam es in Tübingen, wie auch an vielen anderen Universitäten, zu Aktionen, insbesondere einem dreitätigen „Streik" gegen die im Bundestag beratene Notstandsgesetzgebung. Es folgten weitere Aktionen radikaler Studentengruppen vor allem mit hochschulpolitischen Forderungen. In seinem Rechenschaftsbericht über die Rektoratszeit vom 1. April 1968 bis 30. September 1969 berichtet Vater im Rückblick: „Sitzungen von Fakultätskollegien, des kleinen Senats und der Grundordnungsversammlung wurden von eindringenden Studenten schwer gestört oder gesprengt, Vorlesungen, Übungen und Seminarsitzungen unterbrochen, Professoren durch anhaltende, lautstarke Angriffe im Hörsaal zum Abbruch ihrer Lehrveranstaltungen genötigt, Institute zeitweilig ,besetzt', der Rektor durch Besetzung seines Dienstzimmers (erfolglos) unter Druck gesetzt. In einzelnen, vorhersehbaren Fällen, namentlich zur Sicherung der Arbeit der Grundordnungsversammlung, habe ich die Polizei präventiv um Schutz gebeten mit dem Erfolg, dass sie nicht einzugreifen brauchte; solchen Schutz aber auf alle Veranstaltungen der Universität auszudehnen verbot sich von selbst."[232]

Über die Besetzung des Dienstzimmers berichtet Ulrich Bälz als Augenzeuge in seinem bereits zitierten Gedenkbeitrag: „Als die Konvulsionen kulminierten und die studentischen Demonstranten sich anschickten, ihn durch Besetzung des Rektorats geradezu körperlich aus dem Amt zu drängen, blieb er in aller Ruhe an seinem Schreibtisch sitzen, packte ebenso demonstrativ seine von einer jungen Agentin [Wiltrud Bälz], Baby auf dem Arm und Fresskorb unter der Schürze, durch die feindlichen Linien geschmuggelte Mahlzeit aus und machte sich anschließend ungerührt wieder an seine Akten. Ehe die nahezu allgemeine Empörung seiner Kollegen, dass er die Universität nicht durch Anforderung der Bereitschaftspolizei verteidige, ihren Höhepunkt erreicht hatte, waren die Besetzer bereits kleinlaut wieder abgezogen."[233]

Vater hatte durchaus Verständnis für die Proteste der Studenten und war, wie er in dem bereits erwähnten Rechenschaftsbericht sagte, überzeugt, „dass die deutsche Universität in den letzten 25 Jahren im Verhältnis zur Gesellschaft und zur jungen Generation im besonderen ihre Aufgaben nicht voll erkannt und erfüllt und den jeder alten Institution aufgegebenen Prozess kritischer Selbstprüfung nicht entschlossen genug vorangetrieben hat. Darum habe ich mich gegen viel äußere und innere Anfechtung um einen anderen Kurs gegenüber rebellierenden Studenten bemüht. ... Der Weg ist mühsam, oft zweideutig und jedenfalls langwierig. Aber er öffnet zugleich den Blick für die Schwächen der gegenwärtigen Universität und stärkt den Willen zu den inneren Reformen im Lehrbetrieb, die ich für wichtiger halte als die heute allein im Blickfeld der Öffentlichkeit stehenden Änderungen der Universitätsverfassung. Es wäre ein schweres Unglück für unser ganzes Bildungswesen, wenn die politische Unruhe unter den Studenten und der rasch wachsende Überfüllungsdruck die Kraft der Universitäten zu jenen Reformen mehr und mehr lähmen würde."[234]

Ein wenig später im selben Rechenschaftsbericht fügte er hinzu: „Die geistige Auseinandersetzung mit der jungen Generation und effektive Reformen müssen nach wie vor Vorrang behalten. Dass diese studentische Protestbewegung, wie immer sie ausgehen mag, einen tiefen Einschnitt in der Geschichte unserer Universitäten bedeutet, lässt sich schon heute feststellen. Es ist auch nicht zu bestreiten, dass von ihr, wie für unser ganzes öffentliches Leben, so auch für die Universitäten kräftige Reformanstöße ausgegangen sind und bis heute, zum Teil schon gegen den Willen der auf Revolution gestimmten Urheber ausgehen, auch wenn nicht alles Dauer verspricht, was sich heute als Hochschulreform ausgibt."[235]

Als ein kleines Beispiel für Reformen jedenfalls im öffentlichen Erscheinungsbild der Universität sei die Veränderung der Form der Immatrikulationsfeier zu Beginn jedes Semesters erwähnt. Traditionell begann sie mit dem Einzug der Professoren im Talar, angeführt von zwei Pedellen, die die Zepter der Universität dem Rektor vorantrugen.

Im Januar 1968 beschloss der Senat, die Feier zu Beginn des Sommersemesters, die zugleich der Moment der Rektoratsübergabe an Vater war, in neuer Form, nämlich ohne Talare etc. durchzuführen. Das Tübinger Tagblatt vom 15. Mai 1968 titelte: „Aus ‚Magnifizenz‘ wurde ‚Herr Raiser‘" und spielte damit auf Diskussionen bei studentischen Vollversammlungen im Festsaal der Neuen Aula an, die der Oberpedell Rudolf Günther nicht aus dem Ruder laufen ließ: „mit väterlich-schwäbischem Humor – und klarer Kante, wofür ihm auch seitens der studentischen Rebellen ungeteilter Respekt gezollt wird."

Vaters Rektoratszeit war neben der studentischen Protestbewegung vor allem geprägt durch die mühsame und letztlich erfolglose Arbeit an einer neuen Grundordnung für die Universität. Der Stuttgarter Landtag hatte, ohne ernsthafte Diskussion mit den Universitäten, im März 1968 ein neues Hochschulgesetz beschlossen. Die Reaktionen darauf waren geteilt: einige sahen darin eine Bedrohung der Freiheit von Forschung und Lehre, während das Gesetz für andere nicht weit genug ging in der Abkehr von traditionellen Strukturen. Immerhin beließ das Gesetz die Ausgestaltung der internen Organisation bei den Universitäten, die innerhalb eines Jahres, also bis zum April 1969, eine neue Grundordnung ausarbeiten sollten. Die Verantwortung dafür hatte das Gesetz einer aus allgemeinen Wahlen der verschiedenen Gruppen, d.h. der Ordinarien, Akademischen Räte, Assistenten und Studenten, hervorgegangen Grundordnungsversammlung zugewiesen.

Wegen der studentischen Proteste, die auch einen Boykott der Wahlen zur Grundordnungsversammlung einschlossen, konnte die Arbeit an der neuen Grundordnung erst am Ende des Sommersemesters beginnen. Da sich die Vertreter der Akademischen Räte und Assistenten aus Protest gegen ihre strukturelle Minderheitsposition aus den Beratungen zurückzogen, war die Beschlussfähigkeit der Versammlung gefährdet. Trotz Verlängerung der Frist gelang es nicht, die Grundordnung wie vom Gesetz gefordert in drei Lesungen zu beraten und zu beschließen. So kam es schließlich zu einer vom Kultusministerium am 30. Juli 1969 erlassenen Grundordnung. Vater sah darin „eine

Niederlage für die Universität und für das Prinzip ihrer – wenigstens relativen – Autonomie gegenüber dem Staat". Aber er schloss nicht aus, dass es der deutschen Hochschulpolitik im Verlauf der weiteren Entwicklungen gelingen könnte, zu besseren Lösungen zu kommen.

„Die beiden Ziele der gegenwärtig im Vordergrund der öffentlichen Diskussion stehenden organisatorischen Hochschulreform, nämlich die Steigerung der Effizienz der zu schwerfällig gewordenen akademischen Selbstverwaltung und die Verbreiterung der personellen Grundlage dieser Selbstverwaltung durch Mitbeteiligung aller Gruppen des Lehrkörpers und der Studenten an der Verantwortung, also die Abkehr von dem die Selbstverwaltung bisher, auch außerhalb Deutschlands, kennzeichnenden Modell der ‚Ordinarienuniversität‘, haben meine volle Zustimmung, auch wenn sich nach meiner Überzeugung eine Reform der Universität, die diesen Namen verdient, nicht im Organisatorischen erschöpfen kann. Indessen muss man klar sehen, dass jene beiden Ziele mindestens solange einander widerstreiten, als die Mitbeteiligung sich nicht im Geist gemeinsamen Dienstes an der Sache der Universität und gemeinsamer Überzeugungen von ihrer Aufgabe in der heutigen Gesellschaft, sondern in einer Atmosphäre des Streites über diese Aufgabe und des gegenseitigen Misstrauens der Gruppen vollzieht. Solange dieser Zustand andauert, können die gegenwärtig sich überstürzenden Hochschulgesetze der deutschen Länder und die darauf beruhenden Universitätssatzungen ihre Reformziele nicht erreichen."[236]

Am Ende seines Rechenschaftsberichts erklärte Vater: „Ich habe in all dieser Unruhe die Zuversicht nie verloren, dass es gelingen werde, unsere Universität in ihrer Substanz zu erhalten und zur Erfüllung ihrer Aufgaben auch weiterhin tüchtig zu machen. Das habe ich dem Großen Senat bei meiner Wahl zugesagt; dafür habe ich mich nach meiner Einsicht und meinem Vermögen eingesetzt."[237]

Präses der Synode der EKD

Kaum hatte Vater im Herbst 1969 sein Amt als Rektor in Tübingen an seinen Nachfolger übergeben, wurde er im Mai 1970 zum Präses der EKD-Synode gewählt und mit der Steuerung eines kirchlichen Reformprozesses beauftragt, der ihn die nächsten drei Jahre bis zu seiner Emeritierung voll beanspruchte. Um diese neuerliche, unerwartete Wendung zu verstehen, muss ein wenig weiter ausgeholt werden.

Es war bereits die Rede davon, dass Vater seit 1949 berufenes Mitglied der Synode der EKD war. Diese Berufung war 1967 zum vierten Mal erneuert worden für die 4. Mandatsperiode der Synode bis 1973. Die EKD war mit ihren Organen – d.h. Synode, Kirchenkonferenz und Rat – eine der wenigen strukturellen Klammern zwischen dem westlichen und dem östlichen Teil Deutschlands. Für Vater, der nach wie vor gesamtdeutsch dachte, war diese Rolle der EKD besonders wichtig. Von den 28 Landeskirchen, die in der EKD zusammengeschlossen waren, lagen 8 auf dem Gebiet der DDR. In der Anfangszeit, d.h. in der Periode von 1949-1955, bemühte sich die Synode um eine „gesamtdeutsche" Durchführung ihrer jährlichen Tagungen; diese fanden meist in dem damals noch ungeteilten Berlin und einmal, 1952, in Elbingerode auf dem Gebiet der DDR statt. Aber je mehr die beiden deutschen Staaten sich politisch und gesellschaftlich auseinanderentwickelten, desto schwieriger wurde es für die EKD und ihre Synode, als gemeinsames Steuerungsinstrument für die protestantischen Kirchen in beiden Staaten zu agieren.

Seitdem die Synode 1957 dem mit der Bundesregierung ausgehandelten Militärseelsorgevertrag zugestimmt hatte, begann die Regierung der DDR Druck auf die östlichen Landeskirchen auszuüben, um sie zur Aufhebung der strukturellen und organisatorischen Verbindung mit den Kirchen in Westdeutschland zu bewegen. Sie erkannte die Zuständigkeit der EKD-Organe auf dem Gebiet der DDR nicht mehr an und brach die Beziehungen zur EKD und ihrem bisherigen Bevollmächtigten bei der DDR-Regierung, Propst Heinrich Grüber, ab. Die

Landeskirchen in der DDR reaktivierten deshalb die „Ostkirchenkonferenz", die schon 1946 vom damaligen Berliner Bischof Otto Dibelius für die Landeskirchen in der sowjetischen Besatzungszone gegründet worden war. Sie wurde nun mit ihrem Sekretär Manfred Stolpe zum kirchlichen Gegenüber der DDR-Regierung.

Mit dem Bau der Berliner Mauer 1961 wurden auch die gemeinsamen Tagungen der Synode in Berlin unmöglich; die Synode arbeitete nun in zwei Regionaltagungen, die ihre Beschlüsse so weit wie möglich koordinierten. Immer häufiger freilich mussten wichtige Äußerungen der EKD, wie z.B. die Ostdenkschrift von 1965, in ihrer Zielrichtung auf den westlichen Teil Deutschlands beschränkt werden. Die Landeskirchen in der DDR entwickelten eigene Stellungnahmen oder Orientierungshilfen für die Lage der Christen und Kirchen in der DDR, wie z.B. die „Zehn Artikel über Freiheit und Dienst der Kirche" von 1963 oder die „Handreichung zur Seelsorge an den Wehrpflichtgen" von 1965. Dennoch bekräftigte die EKD-Synode 1967 in einer gemeinsamen Erklärung der beiden Regionaltagungen in Fürstenwalde und Berlin-Spandau noch einmal den Willen, an der Gemeinschaft der Evangelischen Kirche in Deutschland festzuhalten.

Als dann 1968 in der DDR die neue, sozialistische Verfassung eingeführt wurde und die DDR-Regierung alle staatliche Macht einsetzte, um die weitere Zusammenarbeit der Kirchen innerhalb der EKD unmöglich zu machen, begann in beiden Regionen ein Prozess des Nachdenkens über mögliche Änderungen der Strukturen, ohne gleichzeitig die Gemeinschaft aufzugeben. Das Ergebnis war, dass die östlichen Landeskirchen 1969 den „Bund der Evangelischen Kirchen in der DDR" (BEK) gründeten und sich aus der rechtlichen und organisatorischen Struktur der EKD lösten. Die von der Konferenz der Kirchenleitungen in der DDR angenommene Grundordnung des Bundes erklärte jedoch in Art. 4.4: „Der Bund bekennt sich zu der besonderen Gemeinschaft der ganzen evangelischen Christenheit in Deutschland. In der Mitverantwortung für diese Gemeinschaft nimmt der Bund Aufgaben, die alle evangelischen Kirchen in der Deutschen Demokratischen Republik und in der Bundesrepublik Deutschland betreffen, in partnerschaftlicher Freiheit durch seine Organe wahr."

Die Verantwortlichen der EKD West, d.h. Rat, Synode, Kirchenkonferenz und Kirchenkanzlei, hatten lange versucht, die Trennung abzuwenden. Aber sie sahen sich schließlich genötigt, die durch die Gründung des BEK entstandene Situation anzuerkennen. Nach längeren, schwierigen Beratungen wurde beschlossen, die bisherige Regionalsynode West als Synode der EKD gemäß der Grundordnung von 1948 zu bestätigen. Der damalige Präses der Synode, Hans Puttfarken, hatte gravierende rechtliche Bedenken gegen diesen Schritt; er konnte sich jedoch nicht durchsetzen und legte daraufhin sein Amt als Präses nieder. Bei der im Mai 1970 einberufenen 2. Tagung der 4. Synode der EKD in Stuttgart wurde Vater anstelle von Herrn Puttfarken für die verbleibenden knapp vier Jahre des Mandats zum Präses gewählt; er wurde damit ex officio auch Mitglied des Rates der EKD.

Vater hat sich zu diesem Amt sicher nicht gedrängt, aber er hat sich wohl überzeugen lassen, dass er über die Autorität, Unabhängigkeit und Erfahrung verfüge, um der EKD zu helfen, die Verunsicherung in ihrem Selbstverständnis als Herausforderung zu begreifen und sich neu auszurichten. Vater war wahrscheinlich einer der ganz wenigen, vor allem unter den Laienmitgliedern der Synode, die die Arbeit der Synode seit 1949 miterlebt und gestaltet hatten. Er hatte die zunehmende Lähmung der EKD aufgrund der unterschiedlichen Herausforderungen an Reden und Handeln der Kirche in Ost und West miterlebt und auch erlitten, nicht zuletzt in der Arbeit der Kammer für öffentliche Verantwortung. Vor allem gehörte er keiner der theologischen und kirchenpolitischen Richtungen an, deren konfliktreiche Auseinandersetzungen die Entwicklung der EKD geprägt hatten; er hatte sich vielmehr als Konfliktmoderator bewährt. So sehr er den Austritt der östlichen Landeskirchen bedauerte, war er bereit, sich nüchtern der entstandenen Situation zu stellen und sie als Chance zu begreifen für eine Reform der Grundlagen und Strukturen der EKD, die noch immer geprägt waren von den Gegebenheiten in der unmittelbaren Nachkriegszeit.

Dies war offenbar auch die Einschätzung der großen Mehrheit der Synodalen bei der Tagung in Stuttgart im Mai 1970. In einer Entschließung zum künftigen Weg der EKD setzte die Synode einen Ausschuss für eine Struktur- und Verfassungsreform ein, dessen Leitung Vater als Präses selbst übernahm. In einem späteren, rückblickenden Vortrag 1979 vor der kirchenrechtlichen Arbeitsgemeinschaft der FEST über die (damals bereits gescheiterte) „Verfassungsreform der EKD" berichtete er, dass die Synode „in Bezug auf Möglichkeiten und Ziele [der Reform] in einer fast euphorischen Stimmung" gewesen sei. Er zitierte aus dem Beschluss: „Unter uns ist eine Bewegung im Gange, die durchgreifende Reformen wünscht und den Zeitpunkt dafür für gekommen hält."[238]

Im Einzelnen nannte Vater in diesem Vortrag folgende Zielsetzungen für den geplanten Reformprozess:

- „die Vertiefung und Stärkung der bestehenden Gemeinschaft des Zeugnisses und Dienstes unserer bekenntnisbestimmten Kirchen";
- „die Herstellung einer engeren Gemeinschaft der Kirchen (Bundeskirche)";
- „eine ausgewogene regionale Gliederung";
- „bessere Wahrnehmung von Gemeinschaftsaufgaben";
- „Verstärkung der ökumenischen Gemeinschaft".

Er bringt das alles auf die Kurzformel: Stärkung der Gemeinsamkeit, Herstellung einer handlungsfähigen Gesamtkirche bei Erhaltung des föderativen Grundmusters.

In einem früheren, 1971 gehaltenen und ebenfalls unveröffentlichten Vortrag über „Lage und Reform der EKD" bekräftigt er als Vorsitzender des Ausschusses, dass „die Synode der Reform das Ziel gestellt hat, die EKD aus einem Bund von Kirchen zur Vollgestalt einer Kirche weiterzuentwickeln. Die bisherigen Gliedkirchen sollen zwar nicht in ihr auf- und untergehen, sondern wie in einem föderativen Staatswesen weiter bestehen, aber die EKD soll wesentlich mehr an Gemeinschaftsaufgaben in eigene Zuständigkeit übernehmen. Mit diesem Ziel ist zugleich die Aufgabe gestellt, die konfessionellen Trennwände niederzulegen, die seit der Reformationszeit auch innerhalb des deutschen Protestantismus bestehen und die Abendmahlsgemeinschaft ... bis zum heutigen Tag selbst zwischen Lutheranern, Reformierten und Unierten zum leidvoll ungelösten Problem machen. Damit wird deutlich, dass diese Reform sich nicht in organisatorischen Maßnahmen erschöpfen kann, sondern zu den Grundlagen reformatorisch bestimmten christlichen Glaubens vordingen und von ihnen aus die EKD als Kirche bauen muss."[239]

Er fährt dann in dem Text des Vortrages fort: „Man kann die organisatorische Seite der Reform, die sich hiernach in der Intention und im Vollzug von der theologischen nicht abtrennen, aber doch gesondert beschreiben lässt, unter das Stichwort der Straffung und Konzentration der Kräfte im deutschen Protestantismus, verbunden mit einer Verstärkung der Leitungsfunktionen der zentralen Organe der EKD bringen."

Er konzediert zwar, dass sich insbesondere die territoriale kirchliche Zersplitterung nicht mit einem einzigen Reformakt überwinden lasse. Aber „umso nötiger ist es, der funktionalen Zersplitterung Herr zu werden und die nur gemeinschaftlich und nach einer einheitlichen Konzeption wirksam zu erfüllenden Aufgaben der ordnenden und leitenden Hand der EKD als Gesamtkirche zu unterstellen, auch wenn die Ausführung weiterhin den Landeskirchen nach ihren regionalen Besonderheiten überlassen bleibt". Zu den hier angesprochenen Gemeinschaftsaufgaben gehörten nach Vaters Einschätzung die diakonischen und missionarischen Dienste, die Arbeit im Bereich der Publizistik und der Massenmedien, die kirchlichen Erziehungs- und Ausbildungsaufgaben und schließlich die Auslandsarbeit sowie die Vertiefung der Beziehungen zu anderen Kirchen im weiten Umfeld der christlichen Ökumene.

Er glaubte damals, dass aufgrund von Mitgliederschwund das überkommene volkskirchliche Konzept seine Überzeugungskraft verlieren werde und deutlich in Richtung auf eine Minderheitskirche, wie bereits in der DDR, modifiziert werden müsse. In dieser Situation werde die Zukunft der Kirche stark davon abhängen, ob es gelinge, sich von bürokratischen Strukturen zu lösen und beweglich auf die Lebenswirklichkeit in den Gemeinden einzugehen. Er bezog diese Einschätzung auch auf den Abbau der konfessionellen Unterschiede zwischen lutherischen, reformierten und unierten Landeskirchen samt den zugehörigen Strukturen und meinte, bei diesem Vorhaben auf eine kräftige Unterstützung durch die Gemeindebasis zählen zu können. „Der Mehrzahl der Gemeindeglieder sind jene alten Bekenntnisunterschiede allenfalls noch als Unterschiede in den liturgischen Formen des Gottesdienstes vertraut, die sie mit Recht nicht als kirchentrennend empfinden." Außerdem vertraute er auf die Überzeugungskraft der theologischen Lehrgespräche über Kirchengemeinschaft zwischen reformatorischen Kirchen in Deutschland und in Europa, die damals kurz vor der Einigung über die „Leuenberger Konkordie" standen.[240]

In einem ausführlichen Gespräch mit dem damaligen theologischen Assistenten Uvo Andreas Wolf hat Vater sein Verständnis der kirchlichen Reformaufgaben bald nach der Synodaltagung in Stuttgart noch weiter entfaltet.[241] Er wies dort darauf hin, dass es in den 25 Jahren seit dem Kriegsende zwar gelungen sei, eine stabile wirtschaftliche Basis aufzubauen. „Dagegen hat sich das geistige, auch das geistliche Leben und hat sich die soziale Struktur unseres Volkes mit den in ihr angelegten politischen Möglichkeiten nicht in der Weise entwickelt, wie wir uns das damals vorgestellt haben."[242] Die Neuanfänge speziell in der evangelischen Kirche nach 1945 standen noch lange im Bann der theologischen und kirchenpolitischen Gegensätze, die sich in der Periode des Kirchenkampfes herausgebildet hatten. Hinzu kam nach Vaters Einschätzung der Einfluss einer restaurativen Denkweise, die seit 1949 das ganze politische und gesellschaftliche, und damit fast unvermeidlich auch das kirchliche Leben beeinflusst habe.

Er bezog diese Beobachtung ausdrücklich auch auf die frühe Bildung der Vereinigten Evangelisch-Lutherischen Kirche (VELKD) als eines konfessionellen Blocks gegenüber der Evangelischen Kirche der

Union (EKU). Die EKD konnte daher 1948, trotz der Berufung auf die Barmer Bekenntnissynode in Art. 1.2 der Grundordnung, nur als ein Bund von lutherischen, reformierten und unierten Kirchen ohne eigene kirchliche Qualität gegründet werden. Für die angestrebte Reform im Sinne der Bildung einer „Bundeskirche" könnte man daher sagen: „Wir nehmen etwas auf, was man in Barmen oder was man 1945 oder 1947 gewollt hat und was sich damals dann als nicht vollziehbar erwiesen hat, weil die konfessionellen und andere innerkirchlichen Widerstände noch zu groß waren. Ich möchte meinen, dass die Widerstände heute geringer geworden sind."[243] Positiv gewendet, zeigte er sich überzeugt, dass es inzwischen aufgrund der lutherisch-reformierten Lehrgespräche in Deutschland wie in Europa („Leuenberger Gespräche") möglich sei, ein „Mehr an gemeinsamer theologischer Grundlage fest[zu]stellen. … Wenn sich das durchsetzt, so wäre damit schon der Grund zur Einheit nicht völlig hergestellt, aber jedenfalls sehr viel besser bereitet, als er es bisher in der Geschichte des deutschen Protestantismus war."[244]

In dem Gespräch wies Vater zusätzlich darauf hin, dass der Stuttgarter Beschluss, als er das Ziel einer „territorial gegliederten Bundeskirche" vorgab, den Begriff der „Bundeskirche" aus den Thesen des Planungsausschusses der VELKD übernommen hatte. Er fügte hinzu: „Im Übrigen stammt der Begriff natürlich aus dem Staats- und Verfassungsrecht mit seinem altbekannten Gegensatz von Staatenbund und Bundesstaat. Es war die Meinung, dass die EKD noch zu viel von einem Staatenbund an sich habe und dass es nun Zeit sei, entschlossen zum Typus des Bundesstaats, das heißt einer föderativ gegliederten, aber doch im Bund stärker zusammengefassten Kirche überzugehen. Dabei spielen die organisatorischen Dinge … schon eine wichtige Rolle. Es geht um die Übertragung von einer ganzen Reihe wichtiger Zuständigkeiten von den bisherigen Landeskirchen auf die künftige Bundeskirche. Das ist gewissermaßen der juristische und organisatorische Aspekt dieser Reform. Natürlich kann eine solche Veränderung nicht vorgenommen werden, wenn wir nicht zugleich bereit sind, diese künftige EKD auch selbst als Kirche zu bezeichnen – als Kirche in dem Sinn, dass sie auf einem gemeinsam zu sprechenden Bekenntnis beruht und dass es innerhalb der Gliedkirchen dieser Kirche künftig Abendmahlsgemeinschaft und Kanzelgemeinschaft geben soll."[245]

Seine Erfahrungen als Rektor in Tübingen hatten Vater freilich gezeigt, wie schwierig die Durchführung von Reformen sein kann, wenn sie in einer Zeit von allgemeiner Verunsicherung und grundsätzlicher, kritischer Infragestellung der institutionellen Rahmenbedingungen vorangetrieben werden müssen. Frühere Bestrebungen und Ansätze von Kirchenreform hatten sich letztlich nicht durchsetzen können angesichts der Spannungen zwischen beharrenden und vorwärtstreibenden Kräften. Ein zur Zeit der Stuttgarter Synode virulentes Spannungsfeld waren die Konflikte zwischen der Bekenntnisbewegung „Kein anderes Evangelium" und den Vertretern einer politischen Theologie. In den Jahren seit der Weltkonferenz für Kirche und Gesellschaft in Genf 1966 und der 4. Vollversammlung des Ökumenischen Rates der Kirchen in Uppsala 1968 waren die ökumenischen Herausforderungen zu aktiver christlicher Weltverantwortung dazugekommen. Vor allem das ökumenische Programm zur Bekämpfung des Rassismus wurde nahezu zeitgleich mit der Synode in Stuttgart zum Kristallisationspunkt heftiger kirchenpolitischer Kontroversen.

Vater war auf dem Hintergrund seiner Erfahrungen bei den beiden ökumenischen Konferenzen davon überzeugt, dass der Horizont und die Praxis öffentlicher Verantwortung der Kirche für die Fragen der weltweiten Ordnung menschlichen Zusammenlebens geöffnet werden müsse. Aber er sah auch, dass es in den deutschen Kirchen starke innerkirchliche Widerstände gegen jedes politische Engagement sowie gegen den aktiven Einsatz für soziale Gerechtigkeit gab. So hatte es im konservativ-lutherischen und im evangelikalen Umfeld Stimmen gegeben, die dafür eintraten, der drohenden Verwirrung des Glaubens durch eine neue Bekenntnissynode zu begegnen, statt sich jetzt auf eine Struktur- und Verfassungsreform einzulassen. Vater machte sich daher keine Illusionen über die Schwierigkeiten, mit denen der Reformprozess zu kämpfen haben würde.

In dem bereits erwähnten Vortrag von 1979 in Heidelberg vor der kirchenrechtlichen Arbeitsgemeinschaft sowie in seinen Zwischenberichten an die Synode skizziert er den Gang der Arbeiten des von ihm geleiteten Struktur- und Verfassungsausschusses, der im Mai 1970 von der Synode eingesetzt worden war. Der Ausschuss legte einer außerordentlichen Synodaltagung im Februar 1971 einen ersten Zwischenbericht vor, um zunächst Klarheit über eine Reihe von Grundsatzfragen zu gewinnen. Bei der nächsten ordentlichen Synodaltagung im November 1971 konnte der Ausschuss einen ersten „Roh-Entwurf" einer neuen Grundordnung der EKD präsentieren (EGO I). Der Entwurf enthielt noch eine Reihe von offenen Fragen bzw. Alternativ-Fassungen, die von der Synode diskutiert wurden. Danach beschloss die Synode, den so bereinigten Entwurf den Landeskirchen zur Stellungnahme innerhalb von sechs Monaten zuzuleiten.

Alle Landessynoden antworteten innerhalb der Frist und formulierten Änderungsvorschläge. Auch die Kirchenkonferenz und eine eigens vom Rat einberufene Theologische Arbeitstagung beschäftigten sich mit dem Entwurf. Keine der Landessynoden lehnte den Entwurf vollkommen ab; die Mehrzahl der Stellungnahmen bekräftigte das Ziel der Reform. Das war ermutigend angesichts von gleichzeitig schroff abweisenden Stimmen aus dem evangelikalen oder streng lutherischen Lager. Aber es zeigten sich zugleich deutliche Vorbehalte gegenüber einer Stärkung der EKD auf Kosten der Unabhängigkeit der Landeskirchen. Insbesondere zögerten die meisten Landessynoden, der EKD kirchliche Qualität zuzusprechen und sie als Kirche anzuerkennen unter der Voraussetzung, dass zwischen den bekenntnisverschiedenen Landeskirchen volle „Kirchengemeinschaft" hergestellt werde. Damit schien der Reformplan in seinem zentralen Ziel blockiert zu sein. Zusätzlich zeigte sich bei manchen ein schwer fassbares Misstrauen gegen die EKD, die als Quelle oder Kampfplatz immer neuer theologischer und politischer Streitigkeiten wahrgenommen wurde.

Gegenüber diesen mehr grundsätzlich kritischen Reaktionen stießen die organisatorischen Reformvorschläge auf weitgehende Zustimmung, wenn auch verbunden mit zahlreichen Änderungs- bzw. Verbesserungsvorschlägen. So konnte der Synode im Oktober 1972 ein vorläufiger zweiter Entwurf (EGO II) vorgelegt werden, der im Anschluss an die Synodaltagung durch den Ausschuss nochmals umgearbeitet wurde. Dieser dritte Entwurf der neuen Grundordnung (EGO III) lag dann der Synode bei ihrer abschließenden Tagung zum Ende ihres Mandats im Januar 1973 vor. Mit wenigen, von der Synode beschlossenen Änderungen wurde der Text (nunmehr EGO IV) durch den Rat den Gliedkirchen zur nochmaligen Stellungnahme zugeleitet und dann der neu gebildeten Synode im November 1974 in Berlin-Spandau zur abschließenden Beratung überwiesen. Die neue Synode hat diese neue Grundordnung in zwei Lesungen schließlich am 7. November 1974 verabschiedet. Im Zuge der Beratungsrunden mussten erhebliche Abstriche gegenüber den ursprünglichen Reformzielen gemacht werden. Dennoch verband sich mit dem Entwurf der neuen Grundordnung die Hoffnung, dass sie der Gemeinschaft der evangelischen Kirchen in Deutschland eine glaubwürdigere und handlungsfähigere Gestalt geben werde.

Dann folgte das abschließende Zustimmungsverfahren in den Landeskirchen. Die Mehrzahl von ihnen stimmte glatt zu. In der Württembergischen Landessynode allerdings erreichte der Zustimmungsantrag im Februar 1976 wegen einer fehlenden Stimme nicht die erforderliche Zweidrittelmehrheit. Damit war das Zustimmungsverfahren zunächst gescheitert. Die neue EKD-Synode setzte eine letzte Frist zur Zustimmung bis zum Ende ihres Mandats 1980, aber es blieb bei der Feststellung, dass das 1970 mit großem Einsatz begonnene Reformwerk nicht verwirklicht werden konnte. Für Vater, der sich mit großem Engagement und hohem persönlichen Einsatz um die Struktur- und Verfassungsreform der EKD bemüht hatte, war dies eine herbe Enttäuschung. Auch seine oft gerühmte Kompetenz in der Formulierung von Satzungen und seine weithin geachtete Autorität als Moderator von Verhandlungen hatten nicht vermocht, die Widerstände gegen die Reform zu überwinden.

Manche der damals entworfenen Regelungen sind seither verwirklicht worden. Im Jahr 1984 wurde der Bezug auf die Leuenberger Konkordie mit der Herstellung von Kirchengemeinschaft zwischen den Gliedkirchen der EKD in die Grundordnung aufgenommen. Seither besteht innerhalb der EKD Kanzel- und Abendmahlsgemeinschaft. Ebenfalls unter Berufung auf die Sprachregelung der Leuenberger Konkordie wurde 1991 die Bezeichnung der EKD als „Bund" ersetzt durch den Begriff der „Gemeinschaft". In Art. 1 der Grundordnung heißt es nun: „Die EKD ist die Gemeinschaft ihrer lutherischen, reformierten und unierten Gliedkirchen." Im Jahr 2015 schließlich waren auch die lutherischen Kirchen bereit, die EKD als Kirche anzuerkennen. Dem Art. 1 wurde der Satz hinzugefügt: „Sie ist als Gemeinschaft ihrer Gliedkirchen Kirche."

Auch die seinerzeit angestrebte regionale Neuordnung ist durch die Bildung der Evangelischen Kirche in Mitteldeutschland (2009) und der Nordkirche (2012) jedenfalls in Gang gekommen. Schließlich ist die gesamtkirchliche Arbeit im Feld der Diakonie und der Mission seit 1975 in mit der EKD verbundenen Werken zusammengefasst. Aber zu der seinerzeit vorgesehenen Übertragung von weiteren Zuständigkeiten an die EKD ist es nicht gekommen; nach wie vor dominiert das föderale Prinzip.

Emeritierung und Beginn der Altersphase

Mit der Tagung im Januar 1973 endete das Mandat der 4. Synode der EKD und damit auch Vaters Amtszeit als Präses. An dem hier kurz geschilderten weiteren Prozess der Arbeit an der Grundordnung war er nicht mehr beteiligt, da er sich für eine neuerliche Berufung in die Synode nicht zur Verfügung stellte. Zum Ende des Wintersemesters 1972/73 wurde Vater auch als Professor in Tübingen emeritiert und hielt am 12. Februar 1973 im Auditorium Maximum der Universität seine Abschiedsvorlesung über „Fünfzig Jahre Juristenleben", aus der hier immer wieder zitiert worden ist. Die Studenten ehrten ihn am

Abend des 12. Februar mit einem Fackelzug vor dem Haus in der Rappenberghalde.

Damit hätte ein mehr als wohlverdienter Ruhestand beginnen können, der Vater vielleicht erlaubt hätte, noch einige seiner seit langem geplanten juristischen Arbeiten in Angriff zu nehmen. Auch Mutter beendete ihre Beratungstätigkeit in Karlsruhe und hoffte darauf, noch ein paar ruhige Altersjahre gemeinsam mit Vater verbringen zu können. Zunächst aber beschlossen die Eltern, eine altersgerechtere Wohnung zu finden; das Haus in der Rappenberghalde, in dem sie fast 20 Jahre gelebt hatten, war nach dem Auszug aller Kinder zu groß geworden und zudem nur über eine lange, steile Treppe zugänglich. Von einem Universitätskollegen konnten sie ein Haus in der Bohnenberger Straße auf der Waldhäuser Höhe erwerben, das sich nach einigen kleinen Um- bzw. Ausbauten als geeigneter Alterssitz erwies und auch für die Besuche der Kinderfamilien genug Platz hatte. Es hatte den zusätzlichen Reiz der nahen Nachbarschaft zu einigen der Freunde aus dem Volkacher Bund. Die Eltern haben sich jedenfalls schnell eingelebt in dem neuen Haus und auch die Enkelkinder haben es noch als das Haus der Großeltern kennengelernt und angenommen. Vater hat alle sieben Enkelkinder noch erlebt und sich als ein sehr liebevoller und den Enkeln zugewandter Großvater erwiesen.

In diesen Jahren wurden auch die Möglichkeiten des geistigen Austausches mit den Freunden im Volkacher Bund noch einmal wichtig für beide Eltern. So übernahm Vater im Bundesjahr 1972/73, d.h. dem Jahr seiner Emeritierung, noch einmal das Amt des Sprechers des Bundes und Mutter unterstützte ihn als „Themarchin", d.h. Leiterin der Themenkommission. Das Thema „Die ethischen Traditionen" schloss in gewisser Weise an das frühere Thema von der Selbstbehauptung der Person an, wo es um die ethischen Fragen der rechten Lebensführung gegangen war. Diesmal begann die thematische Arbeit mit einer Besinnung auf die „Kardinaltugenden", die in der klassischen philosophisch-theologischen Tradition zentrale ethische Maßstäbe setzten. Vaters Beiträge befassten sich mit Fragen der sozialen Gerechtigkeit sowie mit dem biblischen Freiheitsverständnis im Vergleich mit der Tradition des Liberalismus. Er unterstützte Mutter bei der Einführung in eine Diskussion zu den sogenannten „Evangelischen Räten" in der katholischen Tradition und insbesondere zur Askese, also dem Verzicht oder Maßhalten als ethischer Maxime. Während dieses Bundesjahres starb im Februar 1973 sein älterer Bruder Rolf. Vater trug bei einer Gedenkstunde des Bundes eine bewegende Rede auf seinen Bruder vor.

Im Bundesjahr 1976/77 übernahm Mutter noch einmal die Leitung der Themenkommission zum Thema „Vorurteile" und konnte dabei ihre reiche Erfahrung in der Bemühung um vorurteilslose, verstehende Kommunikation in der Beratung einbringen. In zwei größeren Referaten über „Vorurteile im Alltagsleben" und über den „Umgang mit Vorurteilen" leistete sie einen wichtigen eigenen Beitrag zur Arbeit am Jahresthema.

Und noch ein letztes Mal wurde der Volkacher Bund wichtig im Leben der Eltern, und zwar in Mutters Todesjahr 1978. Der Bund hatte unter Otto Küsters Leitung das Thema „Serenitas" gewählt mit dem etwas prätentiösen Untertitel „Lebenskunst und abendländische Tugenden". Es gibt handschriftliche Aufzeichnungen von Vater mit Reflexionen zur Serenitas, die er wohl im Dezember 1978 vorgetragen hat.[246] Er versucht darin, sich dem Verständnis dieses eher ungewöhnlichen Begriffs anzunähern durch Vergleiche mit vertrauteren Begriffen wie Glück, Wahrheit, Schönheit oder durch Abgrenzung von Gegenpolen wie Angst, Unruhe, Unsicherheit, Selbstzweifel. Aber wichtiger ist ihm die Reflexion über Voraussetzungen und Grenzen der Serenitas. Er denkt an Menschen, denen ein in der Kindheit gebildetes Urvertrauen ermöglicht, auch Krisensituationen mit Gelassenheit zu begegnen. Darüber hinaus möchte er der Arbeit an sich selbst eine Chance geben in dem Sinn, dass man die Serenitas auch lernen kann. „In dieser, nicht auf Anlagen beruhenden Form ist S. allerdings wohl eher, wie die Weisheit, eine Frucht der reiferen Jahre, in denen der Mensch gelernt hat, seine Leidenschaften zu zügeln, Distanz zu sich selbst und zur Hast und Hektik der Umwelt zu gewinnen."

Und er denkt schließlich nach über den Bezug der Serenitas zur Religiosität, vor allem im Blick auf die dunklen Seiten des Lebens, wo Menschen an Grenzen der Serenitas stoßen. „Es war die ganze Menschheitsgeschichte hindurch die Aufgabe der Religion, den Menschen zu helfen, diesen Erfahrungen standzuhalten. Die Haltung der Serenitas, wie wir sie bisher beschrieben haben, ist dieser Aufgabe nicht gewachsen." Er fragt: „Macht nicht schon die Erfahrung fremden Leids, fremden Elends, der Ungerechtigkeit ringsum die Haltung der S. fragwürdig, als eine Art von Flucht aus der Realität? Muss sie nicht vollends bei der Erfahrung eigenen Leids, und jedenfalls beim Eingeständnis eigener Schuld zusammenbrechen? ... Ich will damit nicht alles ausstreichen, was bisher die ‚Heiterkeit des Geistes' als eine erstrebenswerte Tugend erscheinen ließ. Aber es zeigt sich, dass sie, wenn überhaupt dann nur als Heiterkeit auf dunklem Untergrund gelebt werden kann. Und es fragt sich, woher wir die Kraft nehmen, so zu leben. Auch der christliche Glaube, der von Versöhnung und Vergebung weiß und das Geheimnis der Überwindung des Todes durch den auferstandenen Christus bekennt, ist damit, wie die Geschichte des Christentums zeigt, keineswegs sicher in Besitz der Serenitas. ... Ohne die Krisen, die man in der Theologensprache Anfechtungen nennt, wird kein ernsthafter Christ im Stande der Serenitas leben und bleiben können." Diese Reflexionen wurden zehn Monate nach Mutters Tod zu einem eindrucksvollen Selbstzeugnis.

Aber damit wird dem Gang der Ereignisse vorgegriffen und die Erzählung muss noch einmal zurückkehren zum Beginn dieser für beide Eltern viel zu kurzen Altersphase. Nachdem sie den Umzug ins neue Haus bewältigt hatten, sah Vater sich in der Lage, einer schon länger bestehenden Einladung nach Brasilien nachzukommen. Im Mai 1974 reisten die Eltern für drei Wochen nach Porto Alegre im brasilianischen Bundesstaat Rio Grande do Sul. Vater war dort eingeladen zu Gastvorlesungen über Konzernrecht an der Bundesuniversität. Er konnte hier seine intime Kenntnis der Organisation von Großunternehmen und auch seine Vertrautheit mit den wirtschaftsrechtlichen Gegebenheiten in den USA und anderen europäischen Ländern einbringen in eine lebendige, auf English vorgetragene Vorlesungsreihe.

Die Eltern konnten die Rückreise zu Besuchen in São Paulo sowie in Boston und New York nutzen. Mutter hat diese Reise sehr intensiv miterlebt. Sie schrieb darüber in ihrem Freundesrundbrief am Ende des Jahres: „Jedem gewissenhaften Zeitungsleser sind die schrecklichen Probleme dieses Landes [Brasilien] einigermaßen bekannt: Militärregierung, Folterterror der verschiedenen Polizeiorganisationen, ein ‚Wirtschaftswunder‘, das aber doch vor allem einer kleinen Schicht mit fast widerwärtigem Reichtum zugutekommt. Daneben ein Heer von An- oder Halbalphabeten, die in einer sich überstürzt entwickelnden Industrie nur als Hilfsarbeiter einzusetzen sind. Der überscharfe Gegensatz zwischen dem Küstenstreifen mit Millionenstädten und einem völlig unterentwickelten Hinterland usw. Aber das alles in so raschem Wandel, dass schon heute nicht mehr gilt, was wir gesehen und erfahren haben. Besonders eindringlich sind uns in Erinnerung die sehr wichtigen Gespräche mit Männern aus der Ökumene, die uns Konrad vermittelte; aber auch sonst Begegnungen mit Menschen, die von der bei uns endemischen weltanschaulichen, kirchlichen und politischen Enge völlig frei waren.“

Präsident der Europäischen Rektorenkonferenz

Auch als Emeritus wurde Vater noch einmal in die Mitverantwortung für zentrale hochschulpolitische Entwicklungen hineingezogen. Damit schwand die Hoffnung auf einen einigermaßen ungestörten Ruhestand. Im September 1974 wurde er in Bologna für fünf Jahre zum Präsidenten der Europäischen Rektorenkonferenz gewählt (im Folgenden als ‚CRE‘ abgekürzt nach der offiziellen französischen Bezeichnung). Auch hier ist zum Verständnis der Wahl ein kurzer Blick in die Vorgeschichte nötig.

Die CRE ist entstanden aus einem zunächst informellen Verbund zum Austausch und zur Kooperation zwischen Universitäten in Westeuropa. Den ersten Impuls vermittelte eine von der Britischen Regierung und der Westeuropäischen Union (WEU) unterstützten Zusammenkunft in Cambridge 1955. Bei einer zweiten Zusammenkunft in Dijon 1959 einigten sich die Teilnehmenden darauf, eine politisch und finanziell unabhängige Vereinigung für die Kooperation zwischen Universitäten in Europa zu gründen. Die Gründungsversammlung fand 1964 in Göttingen statt, wo die Satzung der CRE verabschiedet wurde. Die organisatorische Verantwortung für die Vorbereitung und Durchführung der Gründungsversammlung war geteilt zwischen den Generalsekretären der französischen und der westdeutschen Rektorenkonferenz. Ab April 1965 befand sich das Generalsekretariat der CRE in Genf. Zwischen den alle fünf Jahre stattfindenden Mitgliederversammlungen lag die Verantwortung bei einem Ständigen Ausschuss (Permanent Committee) und einem Vorstand (Bureau) bestehend aus dem Präsidenten, dem Vizepräsidenten, dem Generalsekretär und fünf weiteren Mitgliedern.

Vater war indirekt bereits an der Gründung der CRE in Göttingen beteiligt und wurde nach seinem Rektorat in Tübingen von der Westdeutschen Rektorenkonferenz als Delegierter zur Mitgliederversammlung in Genf 1969 entsandt und dort zunächst in den Ständigen Ausschuss und danach als Vizepräsident auch in den Vorstand der CRE gewählt. Er war daher schon seit 1969 an allen Entscheidungen über die Arbeit der CRE beteiligt, einschließlich der Vorbereitungen der Mitgliederversammlung in Bologna, wo er dann auf Vorschlag und Drängen der Westdeutschen Rektorenkonferenz als Nachfolger des Engländers Prof. A. Sloman zum Präsidenten der CRE gewählt wurde.

Vaters Präsidentschaft stand ganz im Zeichen der Bemühungen, Universitäten in Mittel- und Osteuropa als Mitglieder der CRE zu gewinnen. In den Anfangsjahren war an die Mitgliedschaft von Universitäten aus den sozialistischen Ländern nicht zu denken, weil die CRE zu sehr Teil des westeuropäischen politischen Systems zu sein schien. Bei der Gründungsversammlung in Göttingen 1964 gelang es zum ersten Mal, eine Reihe von Rektoren osteuropäischer Universitäten als Beobachter zu beteiligen. Ein ausdrückliches Werben um Mitarbeit und Mitgliedschaft von osteuropäischen Universitäten begann nach der Versammlung 1969 in Genf unter der Präsidentschaft von Prof. Sloman. Jugoslawische, polnische, aber auch ungarische, rumänische und slowakische Universitäten wurden nun Mitglieder. Außerdem hatte die CRE sich als Nicht-Regierungsorganisation gelöst von der Anlehnung an westeuropäische zwischenstaatliche Organe wie den Europarat, die WEU oder die EG.[247]

Es bestand daher die Erwartung, dass die Ausweitung der Mitgliedschaft weiter vorangetrieben würde. Dann durchkreuzte jedoch ein unerwartetes Ereignis diese Pläne. In seinem im Oktober 1979 nach der Mitgliederversammlung der CRE in Helsinki verfassten Bericht mit dem Titel „Die Europäische Rektorenkonferenz und die Universitäten Osteuropas. Ein Bericht über die Jahre 1974-79"[248] schreibt Vater über die Vorgeschichte der Entwicklungen während seiner Präsidentschaft:
„Im November 1973 fand in Bukarest eine von der UNESCO veranstaltete Tagung der europäischen Erziehungsminister statt. Generalsekretär [der CRE] Nicollier nahm als Beobachter teil; die Tagesordnung ließ keine hochschulpolitischen Beschlüsse erwarten. Indessen wurde von der jugoslawischen Regierungsdelegation ein Antrag eingebracht, der die Empfehlung an die Teilnehmerstaaten, die UNESCO und die Universitäten enthielt, eine gesamteuropäische Vereinigung von Universitäten zu gründen. Das Bestehen der CRE wurde nicht erwähnt, nur bemerkt, die Neugründung könne sich ‚vorhandener Strukturen' bedienen. Zugleich wurde der Rektor von Bologna aufgefordert, anlässlich der bevorstehenden 900-Jahr-Feier seiner Universität zu einer Gründungsversammlung einzuladen. Der Antrag fand die Unterstützung anderer Delegationen und wurde zum Beschluss erhoben. Vermutlich hatten die meisten Teilnehmer vom Bestehen der CRE keine Ahnung, und weder Nicollier noch Prof. Carnacini, Rektor von Bologna und Präsident der italienischen Rektorenkonferenz, der als Begleiter seines Ministers gleichfalls anwesend war, hatten den Mut, auf die Brüskierung der CRE hinzuweisen."

Durch diesen Beschluss wurde die Leitung der CRE in eine schwierige Lage gebracht, zumal die nächste Mitgliederversammlung 1974 ebenfalls in Bologna stattfinden sollte. In den folgenden Sitzungen des Ständigen Ausschusses der CRE war es vor allem der Rektor von Warschau, Prof. Rybicki, der jetzt auf Mängel der Satzung sowie der Beratungs- und Entscheidungsprozesse der CRE verwies, die es osteuropäischen Universitäten schwierig bis unmöglich machten, Mitglieder zu werden, weshalb eine Neugründung notwendig sei. Davon freilich wollten die Vertreter aus Westeuropa nichts wissen. Schließlich einigte man sich bei der turnusmäßigen Mitgliederversammlung der CRE in Bologna 1974 darauf, eine Änderung der Satzung vorzubereiten, welche die Bedenken und Einwände der osteuropäischen Vertreter aufnehmen würde; sie sollte dann einer außerordentlichen Mitgliederversammlung vorgelegt werden.

Am Tag darauf folgte, ebenfalls in Bologna, die von Prof. Carnacini gemäß dem Beschluss von Bukarest einberufene Versammlung europäischer Universitäten, für die freilich nur ein Tag zur Verfügung stand. Bei dieser Versammlung war es nun vor allem der für internationale Beziehungen verantwortliche Vizerektor der Lomonossow-Universität in Moskau, Prof. Sergejew, der auf einer Neugründung bestand und vorschlug, diese aus Anlass einer großen Konferenz der mit der UNESCO verbundenen International Association of Universities (IAU) im August 1975 in Moskau durchzuführen. Die Vertreter der westeuropäischen Universitäten bekräftigten demgegenüber ihre Bereitschaft zu einer Änderung der Satzung (und sogar des Namens) der CRE, solange die Identität und Kontinuität der CRE gewahrt bliebe.

Das war der Konflikt, den Vater erbte, als er zum Präsidenten gewählt wurde. Dass die Wahl trotz seines vorgeschrittenen Alters auf ihn fiel, war wohl auch Ausdruck der Erwartung, dass es ihm gelingen könnte, diesen Gegensatz zu überwinden und eine konstruktive Lösung zu finden. Ein erster Schritt in diese Richtung war die Bildung einer Studiengruppe mit jeweils drei Personen aus Ost- bzw. Westeuropa, darunter die Professoren Sergejew (Moskau) und Rybicki (Warschau) sowie Vater und die Professoren Luchaire (Paris; Vizepräsident der CRE) und Sloman (Essex; ehem. Präsident). Wie Vater berichtet, einigte sich die Studiengruppe auf einige Prinzipien für die weitere Arbeit: „a) es sollte unter allen Umständen vermieden werden, dass zwei Organisationen nebeneinander bestehen und konkurrieren; b) die in Aussicht genommene Organisation sollte, entsprechend der Empfehlung von Bukarest, aus der CRE hervorgehen; c) sie sollte eine nongovernmental Organisation im völkerrechtlichen Sinn sein; d) sie sollte enge Kontakte mit der IAU und der UNESCO pflegen".

Damit schien sich eine Verständigung anzubahnen. Aber der Konflikt der Grundsatz-Positionen zwischen Neugründung einerseits und Wahrung der Identität und Kontinuität der CRE andererseits brach wieder auf, als es um die Formulierung der Satzungsänderungen ging. Es gelang schließlich in mühsamen Verhandlungen, den Entwurf einer entsprechend geänderten Satzung fertigzustellen und diesen, wie in Bologna beschlossen, einer außerordentlichen Mitgliederversammlung der CRE vorzulegen, die am 7. Juni 1975 in Wien stattfand. Bei dieser Versammlung, die unter großem Zeitdruck stand, wurden nunmehr von Vertretern westlicher Universitäten, insbesondere aus Deutschland, starke Bedenken vorgebracht und weitere Satzungsänderungen gefordert, die im Ergebnis dazu geführt hätten, dass die Satzung für die östliche Seite unannehmbar geworden wäre. Nachdem dann auch noch die Franzosen und Italiener, gefolgt von den Jugoslawen und Polen im Protest ausgezogen waren, musste die Versammlung wegen fehlender Beschlussfähigkeit ohne Ergebnis beendet werden. Das einzige Ergebnis war der inoffizielle Beschluss, den Vorstand und den Ständigen Ausschuss aufzufordern, die Verhandlungen mit den östlichen Partnern so bald als möglich wieder aufzunehmen.

Zwei Monate später fand in Moskau die Mitgliederversammlung der IAU statt, an der Vater als Beobachter teilnehmen konnte. Dort ergaben sich nützliche Gespräche, auch unter den Mitgliedern der Studiengruppe. Die östlichen Vertreter bestanden darauf, dass jetzt die westliche Seite die Initiative ergreifen müsse, denn sie sei für das

Scheitern des Prozesses der Satzungsänderung verantwortlich. Schließlich einigte man sich darauf, die organisatorischen und strukturellen Verhandlungen zunächst ruhen zu lassen und die Kontakte in anderer Form weiterzuführen. Als fruchtbar erwies sich der Vorschlag, die inzwischen verabschiedete Schlussakte von Helsinki in ihrer Bedeutung für die Universitäten in Europa zum Gegenstand von Konsultationen zu machen. Seminare zu dieser Thematik fanden 1976 in Triest, 1978 in Warschau und 1980 in Grenoble statt. Auch die Organe der CRE befassten sich mit diesem Thema und formulierten ein Memorandum für die Helsinki-Nachfolgekonferenz in Belgrad. Bei der Mitgliederversammlung der CRE in Helsinki 1979 blieb es freilich bei der Feststellung gegensätzlicher Positionen und Erwartungen von westlicher und östlicher Seite.

Vater war natürlich enttäuscht über dieses Ergebnis seiner intensiven Bemühungen um die Zusammenarbeit mit den östlichen Universitäten. Außerdem war es der dritte Fehlschlag bei dem Versuch, durch eine Grundordnungs- bzw. Satzungsänderung einen Reformprozess zu befördern. Aber auch hier musste er sich keine persönlichen Vorwürfe für das Scheitern der Pläne machen, denn er hatte immer im Einklang und mit Unterstützung der leitenden Organe der CRE gehandelt. Auf der anderen Seite hatten die fünf Jahre der Präsidentschaft der CRE einen großen Vorteil gegenüber allen früheren Ämtern: Er konnte die meisten der zahlreichen Reisen innerhalb Europas zu Tagungen der CRE mit Mutter zusammen unternehmen. Die komplizierten und mühsamen Verhandlungen mit den Osteuropäern führten zu gemeinsamen Reisen nach Warschau und Krakau, nach Sofia sowie 1975 nach Moskau und Leningrad und anschließend auch noch nach Armenien und Georgien. Mutter hat alle diese Reisen intensiv genossen. Nach dem vorläufigen Ende der organisatorischen Verhandlungen mit den östlichen Vertretern folgten noch zahlreiche weitere Reisen im Zusammenhang mit den halbjährlichen thematischen Treffen der CRE, z.B. nach Lissabon, Edinburgh, Dubrovnik, Athen, aber auch nach Kairo und Alexandria. Für beide Eltern bedeuteten die Reisen in diesen fünf

Jahren nach den langen Zeiten der periodischen Trennung noch einmal eine unverhoffte Chance, ihren Erfahrungshorizont gemeinsam zu erweitern und unvergessliche Eindrücke miteinander zu teilen.

Trotz der Rückschläge war Vater weiterhin von der Verhandlungsstrategie mit den osteuropäischen Universitäten und den damit verfolgten Zielvorstellungen überzeugt. Am Ende seines Berichts unterstreicht er vor allem den erhofften politischen Effekt einer solchen Zusammenarbeit. „Unsere Fenster und Türen ostwärts zu öffnen, sind wir nach meiner Überzeugung allen den Völkern schuldig, die als Folge des letzten Krieges – von den baltischen bis zu den Donau-Anlieger-Staaten – ohne eigenes Verschulden unter die unmittelbare oder mittelbare sowjetische Herrschaft geraten sind. Denn kulturell sind diese Völker, in einer deutlichen Distanz zum zaristischen Russland, immer ein Teil des alten Europa gewesen; sie haben sich nicht an Moskau oder Petersburg, sondern an Wien und Berlin, an Paris und London orientiert, in ihrer religiösen Substanz an Rom oder in Teilen an Wittenberg oder Genf. … Gewiss ist an eine Wiederherstellung des seit 1918 angeschlagenen, 1945 vollends zerbrochenen Mitteleuropa als politische Kraft für die heute lebende Generation nicht zu denken. Aber alle geschichtliche Erfahrung lehrt, dass auch Weltreiche, wie heute das sowjetische, keinen ewigen Bestand haben. Darum kommt es den alten kulturellen Institutionen mit Eigengewicht, wie den Universitäten oder auch den Kirchen, zu, den aus viel älteren geschichtlichen Kräften stammenden kulturellen Zusammenhalt auch über die Gräben hinweg weiter zu pflegen, die heute durch politische, ideologisch unterbaute Macht mitten durch Europa gezogen sind. Hier fällt auch der CRE eine wichtige Aufgabe zu. Sie sollte ungeachtet der Enttäuschungen der letzten Jahre nicht nachlassen, sich in ihren Dienst zu stellen." In diesen Sätzen kommt auch zum Ausdruck, dass Vater sich mit den mitteleuropäischen Ländern, „von den baltischen bis zu den Donau-Anlieger-Staaten", durch seine früheren Tätigkeiten besonders verbunden fühlte.

Es dauerte freilich bis zum Ende der sowjetischen Herrschaft über Mittel- und Osteuropa, dass eine Mitgliederversammlung der CRE in einem der östlichen Länder stattfinden konnte, und zwar in Budapest 1994. Im Jahr 2001 schließlich vereinigte sich die CRE mit der Rektorenkonferenz der Europäischen Union zur Bildung der Europäischen Vereinigung von Universitäten (EAU), nachdem durch die Bologna-Beschlüsse der europäischen Bildungsminister im Jahr 1999 der Europäische Hochschulraum geschaffen worden war.

Rückblick und Ausklang

Der in dieser Ausarbeitung unternommene Versuch, Vaters Lebensweg nachzuzeichnen, hat sich im zweiten Teil vor allem auf die drei Bereiche konzentriert, die im Zentrum seiner Arbeit und seines Nachdenkens standen: die Rechtsordnung, die Entwicklung der Hochschulen und die Wahrnehmung öffentlicher Verantwortung der Kirchen. Was ihn seit dem Neuanfang in Göttingen 1945 in allen drei Feldern antrieb, war die tief empfundene Verpflichtung zur Mitwirkung bei der Neugestaltung einer tragfähigen Ordnung des Gemeinwesens. In der Zeit unmittelbar nach dem Ende des Krieges, als die staatlichen Strukturen nur eingeschränkt leistungsfähig waren, bildete sich seine Überzeugung von der politischen Bedeutung der vor- oder überstaatlichen Institutionen heraus. Rechtsstaat, Universitäten und Kirchen waren für ihn Träger einer überstaatlichen „Idee"; sie repräsentierten die für die Ordnung des Gemeinwesens tragenden Wertorientierungen der Gerechtigkeit, der Wahrheit und der Liebe oder Solidarität. Sie wiederherzustellen bzw. zu stärken, war für ihn Ausdruck der „politischen Verantwortung des Nichtpolitikers"[249]. Dieser Verantwortung suchte er als Jurist und Lehrer des Rechts, als Hochschulpolitiker und als aktiver christlicher Laie und Mitglied der Synode der EKD gerecht zu werden.

Vater hat in den letzten Jahren seines Lebens zweimal öffentlich einen Rückblick auf seine Bemühungen in den 30 Jahren seit dem Ende des Krieges unternommen. Die erste Gelegenheit war seine Fest- und Dankesrede aus Anlass der Verleihung des Freiherr-vom-Stein-Preises in Hamburg 1976. Er stellte seine Rede dort unter das Thema „Universität und Kirche als Institutionen im Spannungsfeld von Restauration, Revolution und Reform"[250]. Der zweite auswertende Rückblick ist ein Gespräch mit dem Journalisten Dr. Hermann Rudolph aus dem Jahr 1979, das am 9. März 1980 unter dem Titel „Das Gespräch" im 1. Programm des Westdeutschen Rundfunks (WDR) gesendet wurde. Beide

Äußerungen können helfen, rückblickend noch einmal die Überzeugungen herauszuarbeiten, von denen er in seinem Wirken geleitet war. In seiner Rede zur Verleihung des Freiherr-vom-Stein-Preises verband er seinen Dank für die Ehrung mit dem Gefühl einer gewissen Beklemmung: „Es ist das Empfinden, dass ich in dem, was ich in den letzten 30 Jahren für das gemeine Wohl beizutragen versucht habe, nicht viele greifbare und dauerhafte Erfolge, wohl aber eindeutige Misserfolge geerntet habe."[251] Er nannte zwei Ereignisse aus der jüngsten Vergangenheit, nämlich die Ablehnung der neuen Grundordnung der EKD in Württemberg und damit das Scheitern der von ihm mit Überzeugung vorangetriebenen Verfassungsreform, sowie die Ablehnung der Satzungsreform der CRE, die den Beitritt der osteuropäischen Universitäten hätte ermöglichen sollen. Er hätte natürlich auch das Scheitern der Arbeiten an einer Grundordnung der Universität Tübingen erwähnen können. In seiner Rede fügte er jedoch dann hinzu: „Ich bin alt genug geworden, um zu wissen, dass jeder, der irgendwo politisch handeln will, auch Misserfolge hinnehmen muss und sich nur als Glied in einer geschichtlichen Kette verstehen darf, die vor ihm begonnen hat und die andere nach ihm aufnehmen werden."[252]

Vater knüpfte in seiner Rede an das Lebenswerk des Freiherrn vom Stein an, der den unter den Schlägen Napoleons zusammengebrochenen preußischen Staat zu reorganisieren suchte und dabei zunächst unterhalb der Ebene des Staates Institutionen mit Selbstverwaltungsrechten einrichtete, um selbständige und eigenverantwortliche Bürger heranzuziehen. Er geriet bei diesen Bemühungen freilich immer stärker ins Kreuzfeuer der Kritik: Er wurde „von den etablierten restaurativen Mächten des grundbesitzenden Adels und der Beamtenschaft als Jakobiner, d.h. als Revolutionär bekämpft, von den radikalen Neuerern im Geist der französischen Revolution als hochmütiger Reaktionär abgelehnt, während er sich selbst als Reformer verstand und mit dem Sinn für das praktisch Mögliche einen Weg suchte, der nach seinen eigenen Worten darin bestehen sollte, ‚das Gegenwärtige aus dem Vergangenen zu entwickeln'."[253]

Vater ließ sich durch diesen historischen Rückblick auf die Reformen des Freiherrn vom Stein die Stichworte geben, um seine eigenen Erfahrungen beim beharrlichen Einsatz für die Erneuerung der „alten, vor- und überstaatlichen Institutionen Europas", d.h. der Universitäten und Kirchen, zu formulieren. Er überging in diesem Zusammenhang sein unermüdliches Eintreten für die Wiederherstellung und Stärkung des Rechts- und Verfassungsstaates, obwohl diese Verantwortung in seiner Arbeit einen ebenso zentralen Platz einnahm. Vater war davon überzeugt, dass die Universitäten und Kirchen als Institutionen ihre öffentliche Orientierungsfunktion nur wirksam wahrnehmen könnten, wenn ihnen eine gewisse Distanz und Eigenständigkeit gegenüber dem modernen Staat, und d.h. eine rechtlich geordnete Selbstverwaltung eingeräumt werde. Daher lag der Schwerpunkt seiner Bemühungen um die Stärkung der öffentlichen Rolle dieser Institutionen auf der Reform ihrer Grundordnungen bzw. Satzungen. „Grundordnungen korporativer Institutionen [haben] die schöpferische Aufgabe, Ziele für künftige Entwicklungen festzulegen, Raum für Initiativen und verantwortliches Handeln zu schaffen und das Verfahren für notwendige Änderungen zu ordnen. Voraussetzung ist allerdings, dass die rechtssetzende Instanz der Versuchung zum Perfektionismus widersteht und bewusst offene Strukturen anlegt. Geschieht das, so ist das Recht, wie überall, ein Hindernis für Revolutionäre, aber eine wertvolle Hilfe für besonnene Reformen, denen es den Weg bahnt."[254] Damit ist das Spannungsfeld zwischen Restauration, Revolution und Reform angedeutet, mit dem Vater im Laufe seines Lebens vielfältige eigene Erfahrungen gemacht hat.

In seiner Rede räumte er ein, dass es Zeiten gebe, in denen Restauration im Sinne der Wiederherstellung einer zerbrochenen Ordnung das Gebotene sei; aber das eigensinnige Beharren auf der traditionellen Ordnung könne die Handlungsfähigkeit lähmen. Manchmal gelinge die notwendige Erneuerung einer Ordnung nur durch einen revolutionären Anstoß von außen. Die studentische Protestbewegung in den Universitäten könne im Rückblick als eine solche „jäh einsetzende, auf die Verwirklichung neuer Ideen gerichtete Bewegung [erscheinen], die eine Veränderung der bestehenden Ordnung und der von ihr legitimierten Machtverhältnisse bezweckt[e]". Auch wenn sie ihr Ziel nicht erreicht habe, so habe sie doch einen wichtigen Beitrag zur Erneuerung der Universität und ihrer öffentlichen Rolle geleistet. Vaters Rede macht freilich deutlich, dass sich sein politisches Handeln, wie das des Freiherrn vom Stein, an der Maxime der Reform ausgerichtet habe. „Ihre Eigenart ist es, evolutionäre Entwicklungen sei es zu sanktionieren, sei es vorausschauend durch Strukturveränderungen zu ermöglichen. Vergangenheit und Zukunft in der rechten Weise und im rechten Augenblick durch Reformen zu vereinigen, ist die schwerste, aber auch die schönste Aufgabe des Politikers."[255]

Vater schließt seine Rede mit einem durch seine internationalen und ökumenischen Erfahrungen bestimmten Ausblick. In der heutigen geschichtlichen Situation gehe es darum, „Universitäten und Kirchen als eigenständige Institutionen im Staat, aber auch über den Staat hinaus zu erhalten und sie dazu zu drängen oder zu erziehen, ihren alten Platz und ihre Aufgabe nicht nur im nationalen, sondern im weiteren europäischen und ökumenischen Rahmen zu sehen und bewusst neu zu bestimmen. In diesem Geist sind sie aufgerufen, eine alte Tradition so in die neue Zeit einzubringen, dass sie tragende Glieder einer wachsenden überstaatlichen Gemeinschaft der Völker werden können."[256]

Das Rundfunkgespräch mit Dr. Hermann Rudolph fand ungefähr ein Jahr vor Vaters Tod statt. Das Gespräch beginnt, nach einer kurzen Erwähnung der vielen Bereiche und Ämter, in denen Vater seit 1945 öffentlich gewirkt hat, mit der Frage: „Woher kommt dieses Engagement, das Sie seit diesen letzten 35 Jahren so stark geprägt hat?"[257] Vater antwortet darauf: „Ich habe nach dem Zusammenbruch aller alten Ordnungen im Jahre 1945, aus dem ich selbst heil ..., wenn schon von der Kriegsgefangenschaft etwas mitgenommen, entronnen bin, ... für mich die Konsequenz gezogen, dass nun jeder von uns an dem Ort, an den er gestellt war, die Aufgabe haben würde, mitzuarbeiten, um unsere Ordnung wiederherzustellen und die Institutionen, in denen wir zu leben haben, wieder aufzubauen. Und da ich ein Universitätsmann war, so habe ich meinen Platz zunächst einmal in der Universität … und im Wiederaufbau der mit der Universität zusammenhängenden gemeinsamen größeren Institutionen und Organisationen gesehen."

Das Gespräch blendet dann zurück in die Biographie, d.h. seine Herkunft, die Ausbildungsjahre, die Erfahrungen in der Zeit der Weimarer Republik und des NS-Regimes und seine Tätigkeit in der Versicherungswirtschaft. Es geht dann auf die Göttinger Jahre und die ganz praktischen Probleme des Wiederaufbaus der Universität ein. Vater berichtet, er habe sich damals gesagt: „Was unsere Kräfte jetzt erlauben, ist fürs erste nicht mehr als eine Wiederherstellung dessen, was vor 1933 gewesen war. An durchgreifende Reformen zu denken, war in diesem Moment noch zu früh."

Dann kommen die Interviewpartner auf die Gründung der Deutschen Forschungsgemeinschaft und die Anfänge des Wissenschaftsrates zu sprechen. Inzwischen war der Wiederaufbau einigermaßen gelungen; die Gesellschaft, und mit ihr auch die Universitäten, standen nunmehr vor der Aufgabe, einen gezielten Ausbau und die notwendigen Veränderungen der Strukturen zu planen. Dem waren weder die Kultusverwaltungen noch die Selbstverwaltungsstrukturen der Universitäten gewachsen. Vater formuliert seine Erfahrung: „Grundlegende Reformen [sind] von Selbstverwaltungskörpern schwer zu erwarten … Wenn man sich das geschichtlich überlegt, gilt das nicht nur für die Universitäten, sondern auch für Kirchen und andere Institutionen; die Anstöße müssen meist von außen kommen. … Die Universitäten waren zwar imstande, nach alten Maßstäben ihre Selbstverwaltung wieder in Ordnung zu bringen, aber sie hatten weder die Kraft noch die Impulse, darüber hinaus zu einer grundlegenden Reorganisation und Reform zu kommen."

Vater wird dann im Rückblick auf seine Verantwortung für die Forschungsgemeinschaft und den Wissenschaftsrates gefragt, welche Vorstellung von der Rolle der Universität für die Gesellschaft, für den Staat, für das Ganze ihn dabei geleitet habe. Seine Antwort ist sehr aufschlussreich: „Hier muss ich verschiedene Stadien unterscheiden. Ich habe in den ersten Jahren nach 1945 die Vorstellung gehabt, dass in der damaligen Zeit, in der ja der Staat im Grund noch nicht bestand, sondern die großen staatlichen Einrichtungen zusammengebrochen waren, dass die Universitäten zu denjenigen Institutionen gehören könnten, in denen sich ein erstes Stück gemeinsamer politischer Verantwortung wieder bilden könnte, die also so etwas wie Kernzellen und Ausgangspunkte für die Wiederbildung eines allgemeinen politischen Bewusstseins darstellen könnten. Ich bin in dieser Erwartung enttäuscht worden und sehe mittlerweile ein, dass ich damit offenbar die Universitäten und Professoren überfordert habe, die in ihrer weit überwiegenden Mehrzahl gerade nach den Erfahrungen des Dritten Reiches nichts sehnlicher wünschten, als zu einer unpolitischen Existenz der rein wissenschaftlichen Arbeit zurückzukehren ..., raus aus jeder Art von politischer Verantwortung."

Er fährt dann fort: „Nachdem ich eingesehen hatte, dass von solcher unmittelbaren politischen Verantwortung der Universitäten nicht mehr die Rede sein konnte, war meine Auffassung die, und das ist sie eigentlich bis heute, dass die Universitäten jedenfalls als Stätten der wissenschaftlichen Forschung und als Stätten der wissenschaftlichen Ausbildung der jungen Generation insoweit auch politische Verantwortung tragen und dass sie diese politische Verantwortung nicht einfach gewissermaßen auf Weisung des Staates wahrnehmen können, sondern in einer gewissen kritischen Distanz zum Staat wahrzunehmen haben, dass nur so ja auch die von uns gewünschte und geforderte Selbstverwaltung und Autonomie der Universitäten gerechtfertigt werden kann. ... Das, meine ich, müsste auch heute noch möglich sein, und das ist diese Art von eingeschränkter politischer Verantwortung, die ich heute noch den Universitäten zusprechen möchte und für die ich mich heute noch einsetzen würde."

Dann nimmt das Gespräch die Umstände in den Blick, die Vater dazu veranlasst haben, sich über die Hochschulpolitik hinaus in die allgemeine politische Debatte einzumischen, erst mit dem Tübinger

Memorandum und dann mit der Ostdenkschrift. Vater verweist auf die restaurative Grundtendenz der Adenauer-Zeit und bezeichnet das Tübinger Memorandum als Versuch, „ein Loch in die Wand von restaurativer Politik zu bohren". Im Blick auf die Ostdenkschrift ruft Vater in Erinnerung, dass es gar nicht in erster Linie um die Anerkennung der Oder-Neiße-Grenze, sondern um die Lage der Vertriebenen und ihre Integration gegangen sei, und damit verbunden um eine Auseinandersetzung mit der offiziellen Politik der Vertriebenenverbände, „die unter dem Gesichtspunkt des flagranten Unrechts, das durch die Vertreibung geschehen war, eine völlige Wiederherstellung, auch rechtliche Wiederherstellung des alten Deutschen Reiches in den Grenzen von 1937 verlangt" habe. Die Denkschrift sei zu dem Schluss gekommen, dass dies nicht die Lösung des Problems sein könne, „sondern dass hier neue Lösungen von den Politikern gesucht werden mussten. Und wir haben nur sehr vorsichtig angedeutet, dass es Aufgabe der Politiker sein würde, u.U. auch bis zu einem Verzicht zu gehen, freilich unter der Voraussetzung, dass auch von polnischer Seite das Unrecht, das durch die Vertreibung und durch die Art der Vertreibung der deutschen Bevölkerung angetan war, anerkannt wurde. Also, die Denkschrift war sehr viel differenzierter als das heute meistens der Erinnerung nach dargestellt wird."

Schließlich kommt das Gespräch noch einmal auf die Frage der Hochschulreformen zurück und auf die Rolle der studentischen Protestbewegung in diesem Zusammenhang. Vater berichtet: „In der Tat war für mich, der ich also in den 50er und der ersten Hälfte der 60er Jahre mich um viele Reformen bemüht habe, die damals auch in der deutschen Presse übliche Darstellung, ... dass es dieser studentischen Protestbewegung bedurft hätte, um das alles erst in Gang zu bringen, in meinen Augen eine völlige Verzeichnung der Dinge. Das ändert nichts daran, dass auch ich zugeben würde oder einfach einsehen muss, dass diese studentische Protestbewegung ... revolutionären Charakter hatte, so etwas wie eine Kulturrevolution war und damit Wirkungen hervorgebracht hat, die jedenfalls im Universitätsbereich bis heute nachwirken und die mit bloßen Reformbewegungen nicht hätten erreicht werden können. Ob alle diese Wirkungen glücklich sind, ob den Universitäten das alles zum Heil ausgeschlagen hat, ist eine andere Frage. Ich bin in manchen dieser Punkte sehr skeptisch und hoffe eigentlich, dass im Laufe der Zeit sich da wieder einiges zurechtziehen wird. Aber jedenfalls, das sollte man ohne weiteres anerkennen, dass im Hochschulbereich die studentische Protestbewegung nicht bloß eine gewaltige Unruhe und zum Teil sehr unerfreuliche Erscheinungen herbeigeführt hat, sondern auch eine sehr grundsätzliche strukturelle Veränderung."

Auf eine weitere Nachfrage fügt Vater hinzu: „Man kann vielleicht so sagen, dass die Reformen, die wir in den 50er und Anfang der 60er Jahre betrieben haben, vielleicht gerade seit der Arbeit des Wissenschaftsrats, deren Wirkungen sich von den 60er Jahren an dann bemerkbar gemacht haben, zu stark auf eine Expansion der Universitäten, auf eine quantitative Vermehrung der Studentenzahlen und … auch der Lehrkörper der Universitäten gerichtet waren. Und dass demgegenüber eher zu kurz gekommen ist der Gedanke, dass das ja nur erträglich war, wenn man sich einmal in Bezug auf die Organisation der Selbstverwaltung der Universität Gedanken machte, über die Art und Weise der Mitverantwortung dieser neuen Gruppen, die da in die Universität hineinkamen. Und zweitens auch Gedanken machte über die Frage, ob eigentlich bei einer so starken Vermehrung der Studentenzahlen und einem damit sich ausbildenden, man kann sagen, neuen Typus von Studenten, nicht auch eine andere Art von Universitätsausbildung eigentlich notwendig war, als wir sie traditionell nach dem Humboldt'schen System in der deutschen Universität hatten. Diese beiden Gesichtspunkte sind zu kurz gekommen in dieser reinen Expansionsbewegung der 60er Jahre, und sie haben sich nun eben gewaltsam gemeldet mit all den auch unerfreulichen Erscheinungen der studentischen Protestbewegung."

Auf die Frage, ob die zu kurz gekommenen Aspekte denn dann in der richtigen Weise aufgenommen worden seien, antwortet Vater: „Das kann ich nur mit Vorbehalten beantworten. Ich würde sagen: Dass die alte sogenannte Ordinarienuniversität nicht aufrechterhalten werden konnte, ist mir selbstverständlich. … Aber ich halte die Lösung der sogenannten Gruppenuniversität, wie sie dann eigentlich von den Parlamenten eingeführt worden ist, etwa dem baden-württembergischen Hochschulgesetz von 1968, für keine gute Lösung und meine, dass wir hier bessere Lösungen finden müssen. Und die Frage der richtigen Studienreform ist ja bis heute im Grund noch ungelöst."

Und er fährt fort: „Ich [habe] schon in meiner Arbeit im Wissenschaftsrat und seitdem immer wieder einmal die Vorstellung vertreten, dass doch bei der starken Expansion des Hochschulwesens wir stärker Lösungen von der Art anstreben müssen, wie sie in den Vereinigten Staaten bestehen, d.h. also doch eine stärkere Zweiteilung des akademischen Ausbildungswesens, eine Grundausbildung, kürzer, die aber einem großen Teil der jungen Menschen die Möglichkeit gibt, von da in die Berufe abzugehen und eine darauf aufbauende, dann stärker wissenschaftlich orientierte Ausbildung für eine sehr viel kleinere Gruppe, also für die Postgraduierten. Eine Zweiteilung, die ja das deutsche System nicht kennt und gegen die sich bis heute nicht nur der größte Teil meiner Kollegen, sondern auch die Studenten wehren, auch die radikalen Studenten wehren, weil sie darin einen Eingriff in ihre Freiheit sehen. Ich halte diese Lösung für unerlässlich. … Ich würde meinen, wir können gerade das, was ich die Identität der Universität nenne, im Rückblick auf die große europäische Tradition, die sie hat, wir können das für die Bundesrepublik nur retten, wenn wir solche verhältnismäßig tiefgehenden chirurgischen Einschnitte nicht scheuen. Sonst ist die Gefahr, dass die Universitäten degenerieren zu reinen Ausbildungsschulen, mehr und mehr mit praktischen Zwecken. … Es ist der Wunsch nach einer sehr tiefgreifenden Reform gerade der Art des Studiums, aber eine Reform, um die ursprüngliche Idee wieder besser herauszuarbeiten und zu erhalten."

Dann wendet sich das Gespräch Vaters politischem Engagement und dem Umstand zu, dass er ausdrücklich darauf verzichtet habe, die Politik zum Beruf zu machen. „Das hängt eben zusammen mit einem

Grundverständnis von Demokratie, das ich im Laufe meines Lebens in mir entwickelt habe. Dass es eine politische Mitverantwortung des Nichtpolitikers gibt und dass auch unsere Politiker im Grund ihre Aufgabe nur erfüllen können, wenn sie sich darauf verlassen können, dass es eben Menschen dieser Art gibt, die diese Mitverantwortung fühlen und sie gelegentlich auch öffentlich zur Sprache bringen, ohne selbst den Ehrgeiz zu haben, politische Ämter wahrzunehmen." Gefragt, ob diese Vorstellung von der politischen Verantwortung des Nichtpolitikers ein liberales Erbe sei, antwortet er: „Vielleicht. Der Begriff des Liberalismus ist heute ja so vieldeutig geworden, dass es nicht ganz leicht ist, das präzise den Liberalen zuzuordnen. Aber für mich wohl schon, ja. Doch."

Gefragt, woher er die Kraft nehme, neben einem voll ausfüllenden Hochschullehrerleben noch diese zweite öffentliche Existenz zu führen, sagt Vater: „Vielleicht sind es letzten Endes religiöse Kräfte. Also auch hier die gewissen Vorstellungen einer politischen Ethik, die für mich im Protestantismus verwurzelt ist und die, wenn ich es mit einem Stichwort andeuten soll, mit der Lutherischen Lehre vom Beruf zusammenhängt, die mich sehr stark bestimmt hat. ... Luther hat ja doch deutlich gemacht, gerade etwa auch in der Auseinandersetzung mit dem Mönchtum seiner Zeit, dass jeder einzelne Christ an der Stelle, an der er steht, ... mitwirkt am Schöpfungshandeln Gottes und dass wir als Menschen eine Verantwortung haben, die Welt in all ihrer Unvollkommenheit und Gefallenheit als ... Notordnung aufrechtzuerhalten und durchzuhalten. Und dass uns diese Aufgabe auferlegt ist und dass jeder an seiner Stelle in seinem Beruf seine Kräfte in dieser Richtung anzuspannen hat."

Auf die Einladung, zurückzublicken auf die 35 Jahre eines rastlosen Wirkens und das Erreichte einzuschätzen, sagt Vater: „Vielleicht zwei oder drei Bemerkungen nur. Das eine, dass ich natürlich, wie jeder, der an irgendeiner Stelle politisch zu wirken versucht, auch eine Reihe von für mich sehr bitteren Enttäuschungen erlebt habe, d.h. Misserfolge, Dinge, die nicht gelungen sind. Ich will das jetzt nicht ausführen, aber es gehört mit dazu, dass man imstande ist, diese Misserfolge gewissermaßen innerlich zu überwinden. Das zweite, was gesagt werden muss, ist dies, dass ich mich … als einer der mittragenden Faktoren in der Entwicklung der 50er und 60er Jahre durchaus empfinde. Das bedeutet, dass ich auf der einen Seite glaube, dass in dieser Zeit Wesentliches für die Weiterentwicklung unseres politischen Gemeinwesens erreicht worden ist, auch im Bereich der Bildungs- und Hochschulpolitik. Aber ich sehe zugleich, dass auch vieles versäumt worden ist und habe natürlich … auch immer wieder Veranlassung, mich selbstkritisch zu fragen, was ich und was meine Freunde und wir gemeinsam versäumt haben und rechtzeitig anders hätten anfassen sollen. Insofern kann ich also nicht davon sprechen, dass ich mit tiefer Befriedigung auf diese letzten 30 Jahre zurückblicke, sondern ich tue es mit sehr gemischten Gefühlen. … Was den gesamtpolitischen Zustand unseres Gemeinwesens im Ganzen angeht, so habe ich die Sorge, dass das Bewusstsein der Gemeinsamkeit in den Grundaufgaben und den Grundzielen uns verlorenzugehen droht und dass in einer allzu großen Geschäftigkeit … und einer Aufnahme von zu vielen gleichzeitigen Aufgaben eben die gemeinsame Grundhaltung leidet. … Ich habe es ja einmal in einem Vortrag in Loccum versucht deutlich zu machen: Eine pluralistische Demokratie, wie wir sie haben und wie ich sie in unserer historischen Situation für richtig halte, ist lebensfähig nur dann, wenn eine gewisse Grundübereinstimmung über das besteht, was man nun mit einem freilich sehr missverständlich gewordenen Ausdruck ‚gewisse Grundwerte‘ nennt. Und es ist mir fraglich, ob wir heute noch von einer solchen Übereinstimmung über die Grundwerte sprechen können. … Der Grundgedanke, dass eine Demokratie nur Bestand haben kann, wenn eine solche Grundübereinstimmung über gewisse gemeinsame Ziele und gemeinsame Wertvorstellungen besteht, den halte ich für richtig, und an diesem Punkt habe ich Sorgen.“

***

Mit den beiden hier zitierten Rückblick-Texten, und mehr noch mit dem zuvor erwähnten Bericht über die Bemühungen zur Ausweitung der CRE nach Mittel- und Osteuropa, ist bereits die letzte Phase in Vaters Leben in den Blick gekommen. Ab 1977 kündigte sich bei ihm ein beginnendes Lungenemphysem an, und zum ersten Mal begann Mutter sich Sorgen um seine Gesundheit zu machen. Mutter ihrerseits war gesundheitlich in besserer Verfassung als in den Jahren zuvor und genoss die Möglichkeiten, Vater auf seinen Reisen in die verschiedenen Länder Europas zu begleiten. Ende Januar 1978 waren sie zu einer CRE-Sitzung in Genf und wir haben bei diesem Besuch meinen (Konrads) 40. Geburtstag mit einem schönen abendlichen Essen in der Genfer Campagne gefeiert. Auf der Rückreise nach Tübingen erlitt Mutter beim Umsteigen in Horb einen Schlaganfall, von dem sie sich trotz Behandlung auf der Intensivstation in Tübingen nicht mehr erholt hat. Sie starb am 2. Februar 1978.

Ihr völlig unerwarteter Tod war für die ganze Familie, aber natürlich vor allem für Vater ein tiefer und schmerzlicher Einschnitt. Mutter hatte angesichts von Vaters gesundheitlichen Problemen immer wieder einmal davon gesprochen, dass sie Angst habe davor, allein zurückzubleiben. Aber weder Vater noch wir Kinder waren auf ihren vorzeitigen Tod vorbereitet. Nach ihrer Beerdigung am 8. Februar 1978 auf dem Bergfriedhof in Tübingen hielt Vater eine bewegende Rede zu ihrem Gedächtnis. Sie endete mit den folgenden Sätzen: „Seit ich vor etwa 5 Jahren die meisten meiner kraft- und zeitraubenden Ämter eins ums andere abbauen konnte und wir mehr Zeit füreinander gewannen, trat das, was uns verband, nicht bloß als müde Erinnerung, sondern als täglich frische Gegenwart wieder zutage. Wir haben es beide darum als unverdientes Geschenk empfunden, dass uns diese letzten, glücklichen und gelösten Jahre noch beschieden waren. Der Schmerz darüber, dass Renate jetzt unerwartet rasch von mir abberufen worden ist, mildert sich für mich einmal durch die Gewissheit, dass sie in ihrem christlichen Glauben wie wenige von uns auf ihren Tod hingelebt hat, noch mehr aber durch die Zuversicht, nach einer nur noch kleinen Wegstre-

cke, die ich nun allein auf mich nehmen muss, mit ihr in gleicher Ge-
löstheit wieder vereinigt zu sein."

Vater hat sein Witwerdasein tapfer ertragen und wurde dabei lie-
bevoll begleitet und hilfsbereit unterstützt von zwei jüngeren Freundinnen der Familie, Wiltrud Bälz und Ute Roesger. Seine durch das
Lungenemphysem gefährdete Gesundheit machte sich freilich zunehmend bemerkbar, vor allem durch wiederholte Lungenentzündungen,
die aber jeweils erfolgreich behandelt werden konnten. Im Oktober
1978 war er in den Tagen seines Geburtstages zum letzten Mal in dem
geliebten Haus in St. Luc. Dann verboten Atembeschwerden weitere
Besuche dort. Seinen 75. Geburtstag im Oktober 1979 haben wir noch
im Familien- und Freundeskreis gefeiert und er hat sich daran freuen
können.

Auch sonst schonte er sich nur wenig, sondern bewältigte ein immer noch eindrucksvolles Arbeitspensum. Bis zur Mitgliederversammlung im Oktober 1979 in Helsinki nahm er seine Aufgaben als Präsident der CRE wahr. Auch setzte er seine Mitwirkung in der Kammer
für öffentliche Verantwortung fort und blieb unverändert produktiv,
wie die Liste seiner Veröffentlichungen in den Jahren von 1977 bis 1980
zeigt. Das gilt z.B. für die Rede zum 25-jährigen Bestehen der Evangelischen Akademie Loccum über „Krise der Demokratie?" (1977), für
den Aufsatz zum „Radikalen-Erlass" als „Prüfstein des demokratischen
Rechtsstaates?" in der Zeitschrift für Evangelische Ethik (1978)[258], oder
den Aufsatz über „Gott im Grundgesetz" in den Evangelischen Kom-
mentaren 1980, sowie ein Reihe weiterer juristischer und kirchlich-
theologischer Beiträge.

Sein Lebensbericht über „Alltag im Dritten Reich" ist bereits
ausführlich zitiert worden. Er hat den Text, ein für ihn sehr wichtiges Selbstzeugnis, am 29.5.1980, zwei Wochen vor seinem Tod, im
Freundeskreis der Stuttgarter Privatstudiengesellschaft vorgetragen,
schon sehr deutlich gezeichnet vom Endstadium seiner Krankheit. Im
Volkacher Bund hat er im Februar 1980 noch ein Referat über den „Fall
‚Küng' als Beispiel der Voraussetzungen und Grenzen der Wahrung der

Person in unserer Zeit" vorgetragen und dabei Bezug genommen auf seine mehrfachen juristischen Interventionen zugunsten seines Tübinger Kollegen Prof. Hans Küng. Seine letzte schriftliche Äußerung, die er noch auf dem Sterbebett fertig diktiert hat, der Aufsatz über „Eigentum als Menschenrecht", ist ebenfalls bereits erwähnt worden. Am 13. Juni 1980 starb Vater an den Folgen einer letzten, schweren Lungenentzündung und Herzversagen. Wir haben ihn am 18. Juni 1980 auf dem Bergfriedhof neben Mutter begraben. Die Todesanzeige verwies auf den Satz aus Joh. 8,32: „Ihr werdet die Wahrheit erkennen, und die Wahrheit wird euch frei machen".

Nachwort

Dies Lebensbild hat offenkundig zwei Teile. Der erste, kürzere Teil stützte sich vor allem auf Vaters persönliche Briefe. Dabei standen das unmittelbare Erleben und die Verarbeitung der Erfahrungen während der NS-Herrschaft und des Krieges im Vordergrund. Der zweite Teil umfasst die Zeit vom Neuanfang in Göttingen bis zum Ruhestand und Ausklang in Tübingen. Er stützte sich auf Vaters Selbstzeugnisse in veröffentlichten Reden und Aufsätzen. Hier richtete sich das Interesse auf sein Wirken als juristischer Hochschullehrer, als Hochschulpolitiker und als engagierter politischer Zeitgenosse. Während er in seinen frühen Äußerungen in Göttingen noch durchaus emotional und offensiv reden konnte, treten persönliche Empfindungen und Einschätzungen später zurück hinter sorgfältig abwägender Analyse. Die von ihm selbst eindrücklich beschriebene Weise juristischen Denkens, Prüfens und Wertens (siehe die Einleitung zum Kapitel über „Leidenschaft für Recht und Gerechtigkeit") kennzeichnet auch seine eigene Arbeitsweise, in der die Person ganz zurücktritt.

Dennoch hat er sich der für seine Generation prägenden Erfahrung von mehrfachen Abbrüchen und Neuanfängen, blockierten oder gescheiterten Plänen und von schuldhaftem Versagen sehr bewusst gestellt. Die Tatsache, dass er ohne eigenes Verdienst den Krieg und den Zusammenbruch aller grundlegenden Ordnungen ohne Schaden an Leib und Leben auch für seine Familie überlebt hatte, enthielt für ihn die unabweisbare Verpflichtung, all seine Kräfte für den Neuaufbau der geistig-sittlichen und gesellschaftlich-politischen Existenzgrundlagen seines Volkes einzusetzen. Alles, was er juristisch, hochschulpolitisch und in der Wahrnehmung politischer Verantwortung geleistet hat, diente dieser Aufgabe, so bruchstückhaft es in seiner eigenen Einschätzung blieb. Er distanzierte sich deutlich vom Klima der bürgerlichen Restauration in den 50er Jahren, aber blieb ebenso skeptisch gegenüber großen theoretischen oder programmatischen Entwürfen. Er war sich bewusst, dass es sich bei dem notwendigen Neuaufbau um einen langfristigen politischen Such- und Lernprozess handelte, der von vielen Kräften und Interessen mitgestaltet wurde und nicht einfach abgeschlossen werden konnte, sondern weitergehen würde und musste. Entscheidend blieb die Orientierung an einer Wertordnung von Wahrhaftigkeit und Gerechtigkeit, die für ihn letztlich religiös begründet war.

Seine wissenschaftlichen juristischen Arbeiten und Veröffentlichungen, seine forschungspolitischen Vorgaben und seine Impulse für die Hochschulreform, aber auch seine Reflexionen zur politischen Ethik sind Zeugnisse gesellschaftlicher Debatten vor fünfzig Jahren. Der Umbruch 1989/90, die deutsche Vereinigung und die globale Ausweitung der Lebenswelt lagen noch außerhalb seines Denk- und Wahrnehmungshorizontes. Was jedoch mehr als eine Generation später nichts an Aktualität verloren hat, ist sein Beitrag zur Entwicklung demokratischer Kultur durch die Bekräftigung der politischen Verantwortung des Nichtpolitikers. Aus der kritischen Selbsteinschätzung, dass er sich in der Zeit des NS-Regimes als „machtloser Intellektueller" verhalten habe, zog er die Konsequenz, in Verbindung mit einem Netzwerk von Weggefährten der Rolle des „öffentlichen Intellektuellen" Gewicht zu geben, die bis dahin in der deutschen politischen Kultur kaum verankert war. Seine Begründung des Tübinger Memorandums 1962 mit der Forderung nach „mehr Wahrhaftigkeit in der Politik" ist ein überzeugendes Plädoyer für diese Form der Wahrnehmung politischer Verantwortung, ohne nach Teilhabe an der Macht zu streben. Diese Erinnerung gilt es wach zu halten.

Anmerkungen

Abkürzungen für häufig zitierte Werke:

Alltag	Wiltrud Bälz (Hg.), Alltag im Dritten Reich, Privatdruck, 1983
Aufgabe	Ludwig Raiser, Die Aufgabe des Privatrechts, Athenäum Verlag, Kronberg/Ts. 1977
Gebrauch	Ludwig Raiser, Vom rechten Gebrauch der Freiheit, Klett-Cotta, Stuttgart 1982
Gedächtnis	Ludwig Raiser zum Gedächtnis, Attempto Verlag, Tübingen 1982

[1] *Gebrauch*, 59-74
[2] *Alltag*, 119-136
[3] *Gebrauch*, 19-34
[4] *Aufgabe*
[5] Ludwig Raiser als Lehrer und Forscher der Rechtswissenschaft, in: *Gedächtnis*, 31 ff.
[6] *Alltag*, 122
[7] *Gebrauch*, 60
[8] *Alltag*, 22
[9] *Gebrauch*, 61
[10] Ebd.
[11] Ebd., 62
[12] Ebd.
[13] Die Wirkungen der Wechselerklärungen im Internationalen Privatrecht, Berlin/Leipzig 1931
[14] *Alltag*, 124
[15] Brief an das Kultusministerium in Stuttgart vom 29.9.1934

[16] *Alltag*, 124 f.

[17] Ebd., 125

[18] Ebd., 121 f.

[19] Beitrag von Hedwig Maier in: *Alltag*, 17

[20] *Alltag*, 126

[21] Ebd., 127 f.

[22] Zitiert nach Walter Jens, Eine deutsche Universität. 500 Jahre Tübinger Gelehrtenrepublik, München 1977, 337; s. auch Anna-Maria von Lösch, Der nackte Geist: die juristische Fakultät der Berliner Universität im Umbruch von 1933, Tübingen 1999, 229 ff.

[23] *Alltag*, 128

[24] Ebd., 125

[25] Ebd., 130

[26] Ebd.

[27] Ebd.

[28] S. England 1936, maschinenschriftliches Manuskript

[29] Ebd., 12 (Übersetzung K.R.)

[30] *Gebrauch*, 65

[31] *Alltag*, 131

[32] Ebd., 132

[33] Zu den Umständen und Hintergründen von Vaters Berufung nach Straßburg vgl. neuerdings: Herwig Schäfer, Juristische Lehre und Forschung an der Reichsuniversität Straßburg 1941-44, Tübingen 1999, bes. 95 ff.

[34] *Alltag*, 131

[35] Zusammenstellung nach Informationen der digitalen Bibliothek des Bundesarchivs sowie des von R.-D. Müller herausgegebenen Abschlussberichts des Wirtschaftsstabs Ost, Berlin 1991

[36] Die Wiederherstellung des Privateigentums in der gewerblichen Wirtschaft des Ostlandes, in: Zeitschrift für Osteuropäisches Recht, 11 Jg. Januar/Dezember 1944, Heft 1/12, 1 16

[37] Ebd., 13 f.

[38] *Alltag*, 34

[39] *Gebrauch*, 65

[40] Für Einzelheiten s. Birkenhain – ein historischer Ort. Schülerarbeiten zur Regionalgeschichte, Heft 3, Uckermärkischer Geschichtsverein e.V. 2007

[41] S. oben, Seite 85 f.

[42] *Gebrauch*, 67

[43] Entnazifizierung – Politische Säuberung oder Bestrafung?, in: GUZ II 3, 6

[44] Direktive 24 des Alliierten Kontrollrates vom 12.1.1946

[45] Entnazifizierung ..., a.a.O., 8

[46] Ebd.

[47] Ebd.

[48] Ebd.

[49] Nationalsozialistische Rechtspflege, in: GUZ II 14, 5

[50] Ebd., 6

[51] Ebd., 7

[52] Ebd.

[53] Der Rechtsstaat. Primat des Rechts vor staatlicher Gewalt, in: GUZ II 15, 10-12

[54] Ebd., 11 f.

[55] Ebd., 12

[56] Der Gleichheitsgrundsatz im Privatrecht, in: *Aufgabe*, 1-21

[57] Ebd., 16

[58] Standesprobleme, in: DUZ VI 11, 1 f.

[59] Kritik, in: GUZ III 12, 1 f.

[60] Berlin zwischen Ost und West. Als Gastprofessor an der Humboldt-Universität, in: GUZ II 21, 1 f.

[61] Wirtschaftsverfassung als Rechtsproblem, in: *Aufgabe*, 22-37

[62] Ebd., 27

[63] Ebd., 32

[64] Ebd., 35

[65] Initiative, in: GUZ III 14, 1 f.

[66] Ebd., 2

[67] Appell an die Alten, in: DUZ V 21, 1 f.
[68] Ebd., 2
[69] Zitiert als Manuskriptdruck
[70] S. Ludwig Raiser, Demokratie – streng akademisch. Eine Erwiderung, in: Neuer Vorwärts Nr. 1, Jan. 1949 (hier zitiert nach dem handschriftlichen Manuskript); der Beitrag von Büttner im Neuen Vorwärts Nr. 14, Dezember 1948
[71] Die Notlage der Universität Göttingen, November 1949, 1
[72] Ebd., 10
[73] Gedanken zur Hochschulreform. Neugliederung des Lehrkörpers, Hofgeismarer Kreis, Göttingen 1956
[74] Vgl. hierzu und zu den Erfahrungen in der Zeit des Rektorats seinen Vortrag Wiedereröffnung der Hochschulen. Ansätze zum Neubeginn, in: *Gebrauch*, 228-243
[75] Der Dienst der Studienstiftung für die Hochschule, Bad Godesberg 1959
[76] Vgl. Schmerzende Wahrheit in: forschung 1/2008 (Magazin der DFG)
[77] Vgl. L. Raiser, Organisierte Wissenschaft, in: DUZ V 11, 1 f.
[78] S. hierzu den Artikel Ein Feuer soll lodern in: Der Spiegel vom 15.6.1955, gelesen in: https://www.spiegel.de/spiegel/print/d-31970497.html
[79] *Gebrauch*, 69
[80] Vgl. hierzu: L. Raiser, Probleme der Forschungsförderung, in: *Gebrauch*, 279-285
[81] S. Organisierte Wissenschaft, a.a.O. (Anm. 77)
[82] S. L. Raiser, Falscher Föderalismus in: DUZ IX 17, 3 ff.; ebenfalls Staatliche Subventionen und akademische Freiheit, in: DUZ VIII 15, 7 ff.
[83] S. L. Raiser, Die Förderung der angewandten Forschung durch die Deutsche Forschungsgemeinschaft, in: AG für Forschung NRW Heft 47, 1954, 85-100
[84] *Gedächtnis*, 20

85 *Gebrauch*, 67
86 Ebd., 69
87 Enneccerus/Kipp/Wolff, Lehrbuch des bürgerlichen Rechts. 3. Bd. Sachenrecht, 10. Bearbeitung, in Gemeinschaft mit Martin Wolff, Tübingen 1957
88 Alle Zitate aus dem vervielfältigten Manuskript des Vortrags
89 Die Aufgaben des Wissenschaftsrates, Westdeutscher Verlag, Köln und Opladen 1963
90 Ebd., 7 f.
91 Ebd., 8 f.
92 Ebd., 11
93 S. dazu L. Raiser, Die Empfehlungen des Wissenschaftsrates zum Ausbau der wissenschaftlichen Einrichtungen, Vortrag im Niedersächsischen Landtag am 14. November 1961; gedruckt vom Büro des Landtages
94 Die Aufgaben des Wissenschaftsrates, a.a.O., 25
95 S. L. Raiser, Die Empfehlungen des Wissenschaftsrates als Appell an die Hochschullehrer, in: Bericht über den 11. Hochschulverbandstag am 16.6.1961 in Heidelberg; ebenfalls: L. Raiser, Die Reform des Studiums nach den Vorschlägen und Anregungen des Wissenschaftsrates, Vortrag an der Evangelischen Akademie Loccum 22. März 1963, in: Studium und Hochschule, Göttingen 1963, 9-31; außerdem abgedruckt in: Universitas 19. Jg. Heft 7, 1964, 673 ff.
96 S. Die Empfehlungen ..., a.a.O., 81
97 S. Reform des Studiums ..., a.a.O., 30 f.
98 Das Bildungsziel der heutigen Universität, Freiburger Universitätsreden, Neue Folge Heft 38, Freiburg 1965; hier zitiert nach *Gebrauch*, 306-323
99 Ebd., 316
100 S. Reform des Studiums ..., a.a.O., 22
101 S. Das Bildungsziel ..., a.a.O., 319 f.
102 Ebd., 323

[103] *Gebrauch*, 70; vgl. dazu auch seinen Vortrag über die Vorschläge des Wissenschaftsrates zur Studienreform: Die Reform des Studiums, in: Konstanzer Blätter für Hochschulfragen, Jg. II Heft 3, November 1964

[104] *Gedächtnis*, 18

[105] *Gebrauch*, 70 f.

[106] Ebd.

[107] Deutsche Hochschulprobleme im Lichte amerikanischer Erfahrungen, Veröffentlichungen der Schleswig-Holsteinischen Universitätsgesellschaft, Neue Folge Nr. 43, Kiel 1966

[108] Ebd., 14

[109] Ebd., 16

[110] Ebd., 17

[111] Ebd., 21 f.

[112] Carl Friedrich von Weizsäcker im Vorwort zu Gebrauch, 9

[113] Veröffentlicht in: Denkschriften der Evangelischen Kirche in Deutschland, Band 1/1, Gütersloh 1978, 77 ff.

[114] *Alltag*, 120

[115] Ebd., 121

[116] Ebd.

[117] Warum bleibe ich in der Kirche? Zeitgenössische Antworten, Hrsg. von W. Dirks und E. Stammler, Manz Verlag, München 1971, 136

[118] Ebd.

[119] Ebd., 137

[120] Ebd., 138

[121] Der Christ im Beruf, in: Christ und Beruf. Zwei Reden, Zweiter Villigster Studententag 1954. Als Manuskript gedruckt für Freunde und Förderer des Evangelischen Studienwerks

[122] Ebd., 9

[123] Ebd., 9 f.

[124] Zur inhaltlichen Ausrichtung und Arbeitsweise der FEST vgl. Claudia Lepp, Ein protestantischer Think Tank in den langen sechziger Jahren der Bundesrepublik: Georg Picht und die Forschungs-

stätte der Evangelischen Studiengemeinschaft, in: Mitteilungen zur kirchlichen Zeitgeschichte, Bd. 13 (2019), 109-132

125 S. hierzu Wolfgang Lienemann, Frieden. Vom ‚gerechten Krieg‘ zum ‚gerechten Frieden‘, Göttingen 2000, 95 ff.

126 Entschließung der Synode der Evangelischen Kirche in Deutschland zur Atomfrage, 30. April 1958, in: Kundgebungen und Erklärungen der EKD 1945-59, Hannover 1959, 286

127 Für die Heidelberger Thesen s. Atomzeitalter, Krieg und Frieden, hrsg. von G. Howe, Witten und Berlin 1959, hier zitiert nach W. Lienemann, a.a.O. (Anm. 125), 100 f.

128 Vgl. hierzu Claudia Lepp, Ein protestantischer Think Tank ..., a.a.O. (Anm. 124), 114f

129 Zur Zusammensetzung und Charakterisierung dieses Netzwerkes s. ebd., 128-32

130 R. Dahrendorf, Die wahre Revolution, in: Der Spiegel 1997, Nr. 0, 112–123, 112. Zu Dahrendorfs Einschätzungen vgl. auch: Franziska Meifort, Ralf Dahrendorf. Eine Biographie, München 2017, 111 f.

131 Claudia Lepp, a.a.O. (Anm. 124), 131

132 Tübinger Memorandum, in: *Gebrauch*, 41-47

133 S. Bestandsaufnahme. Eine deutsche Bilanz 1962, hrsg. von Hans Werner Richter, München/Wien/Basel 1962; dort das Nachwort von H. W. Richter 562 ff., bes. 568 f.

134 Tübinger Memorandum, a.a.O. (Anm. 132), 41

135 Ebd., 43

136 Ebd., 43 f. Zu den Hintergründen und zur Interpretation des Memorandums vgl. ebenfalls: Martin Greschat: „Mehr Wahrheit in der Politik!“. Das Tübinger Memorandum von 1961, in: Vierteljahreshefte für Zeitgeschichte, Jg. 48 (2000), Heft 3, 491-513

137 *Gebrauch*, 44 f.

138 Der Wahrheitsanspruch in der Politik. Zur Begründung des Tübinger Memorandums, in: *Gebrauch*, 48-53

139 Ebd., 49

140 Ebd., 50 f.

[141] Ebd., 52

[142] Ebd., 52 f. Zum Stichwort „Lobbyisten der Vernunft" vgl. den Aufsatz unter diesem Titel von Marion Gräfin Dönhoff in der ZEIT am 2.3.1962, in: https://www.zeit.de/1962/09/lobbyisten-der-vernunft/komplettansicht

[143] Vgl. dazu: Martin Greschat, Die ‚Ostdenkschrift' – Entstehungsgeschichte und Rezeption, in: epd-Dokumentation 52/95, 25

[144] Ebd., 27

[145] Zur Vorgeschichte und zur Intention der Denkschrift vgl. auch: Erwin Wilkens, Vertreibung und Versöhnung. Die ‚Ostdenkschrift' als Beitrag zur deutschen Ostpolitik, Vorlagen Heft 38/39, Hannover 1986

[146] Ludwig Raiser, Das ‚Recht auf Heimat' als Schlüssel zum deutschen Ostproblem? in: Zeitschrift für Evangelische Ethik (ZEE), Gütersloh, 7/1963, 384 ff.

[147] Ebd., 389 f.

[148] Die Lage der Vertriebenen und das Verhältnis des deutschen Volkes zu seinen östlichen Nachbarn. Eine evangelische Denkschrift, in: Die Denkschriften der Evangelischen Kirche in Deutschland, Band 1/1, Gütersloh 1978, 77 ff.

[149] Ebd., 109

[150] Ebd., 110

[151] S. Junge Kirche 1963, Heft 12

[152] S. Ostkirchen-Informationsdienst, Hannover, Januar 1965

[153] Die Lage der Vertriebenen …, a.a.O. (Anm. 148), 111

[154] Ebd., 118

[155] Ebd., 119

[156] Ebd.

[157] Ebd., 122

[158] Ebd., 123

[159] Ebd., 123 ff.

[160] Die Erklärung ist abgedruckt in: Denkschriften der EKD Band 1/1, a.a.O. (Anm. 148), 127 ff.

[161] Ebd., 128
[162] Ebd., 130
[163] Ebd., 132
[164] Martin Greschat, a.a.O. (Anm. 143), 32
[165] Für beide Texte s. die Denkschriften der EKD, Band 1/1, a.a.O. (Anm. 148), 9 ff. und 43 ff.
[166] S. seinen Vortrag 1964 über „Politische Verantwortung des Christen", in: *Gebrauch*, 367 f.
[167] S. den Vortrag in: *Gebrauch*, 369-79
[168] Ebd., 375
[169] Ebd., 378
[170] S. Die Lage der Vertriebenen ..., a.a.O. (Anm. 148), 122
[171] S. „Versöhnung", in: Politik für Nichtpolitiker. Ein ABC zur aktuellen Diskussion. Hrsg. von Hans Jürgen Schultz, Stuttgart 1969, hier: dtv München 1972, 623-30
[172] Ebd., 624
[173] Ebd.
[174] Ebd., 627
[175] Ebd., 629 f.
[176] S. hierzu oben Seite 116 ff.
[177] S. *Aufgabe*, 32
[178] *Aufgabe*, 190 ff.
[179] Ebd., 191
[180] Ebd., 196
[181] In: *Aufgabe*, 208 ff.
[182] Ebd., 214
[183] Ebd., 215
[184] Ebd., 216 f.
[185] Ebd., 217
[186] Ebd., 219
[187] Ebd., 220
[188] *Aufgabe*, 162 ff.
[189] *Aufgabe*, 179

[190] *Gebrauch*, 134
[191] Band III, Berlin 1929, 772 ff.
[192] *Gebrauch*, 189-201
[193] Ludwig Raiser, Das Recht der allgemeinen Geschäftsbedingungen, Hamburg 1935; Neudruck Homburg v. d. Höhe 1961
[194] S. in: *Aufgabe*, 38 ff.
[195] *Aufgabe*, 62 ff.
[196] *Gebrauch*, 148 ff.
[197] Ebd., 149 f.
[198] Ebd., 150
[199] Ebd., 166
[200] Ebd.
[201] Ebd., 167
[202] Das Recht der allgemeinen Geschäftsbedingungen, a.a.O (Anm. 193), 17 f.
[203] S. besonders ebd., 277 ff.
[204] *Aufgabe*, 42 f.
[205] Ebd., 48
[206] Ebd., 50
[207] *Aufgabe*, 64
[208] Ebd., 87 f.
[209] Ebd.
[210] Ebd., 89 f.
[211] Über den rechten Gebrauch der Freiheit, in: *Gebrauch*, 54-58; ursprünglich in: Vom rechten Gebrauch der Freiheit. Veröffentlichung der Stiftung Theodor-Heuss-Preis e.V., Tübingen 1965, 21 ff.
[212] Ebd., 55 f.
[213] Ebd., 56 f.
[214] Vgl. dazu L. Raiser, Krise der Demokratie? In: *Gebrauch*, 91-100
[215] Vgl. seine Aufsätze über die „Rechtsgeltung der Menschenrechte" sowie über „Soziale Grundrechte", beide in: *Gebrauch*, 177 ff.
[216] In: Denkschriften der EKD, Bd. 1/2, a.a.O. (Anm. 148), 88 ff.
[217] *Gebrauch*, 189 ff.

218 *Gebrauch*, 178
219 Ebd., 179
220 Ebd.
221 Ebd., 177
222 Ebd., 171
223 Ebd., 172
224 Ebd., 174
225 Ebd., 188
226 *Aufgabe*, VI
227 In: Juristenzeitung, 35. Jahrgang, Heft 14, 18. Juli 1980, 486 f.
228 Ludwig Raiser als Lehrer und Forscher der Rechtswissenschaft, in: *Gedächtnis*, 42 f.
229 Bericht aus Uppsala 1968, Genf 1968, 60
230 Sonderdruck aus: Wissenschaft an der Universität heute, Attempto Verlag, Tübingen 1977, 20
231 *Gebrauch*, 71
232 Rechenschaftsbericht Rektor Prof. D. Dr. jur. Dr. phil. h.c. Ludwig Raiser, Universität Tübingen 58/59, 18
233 A.a.O. (Anm. 227), 487
234 Rechenschaftsbericht, a.a.O. (Anm. 232), 19
235 Ebd., 20
236 Ebd., 13 f.
237 Ebd., 22
238 Zitiert aus dem unveröffentlichten Manuskript
239 Zitate ebenfalls aus dem unveröffentlichten Manuskript
240 S. dazu auch seinen Aufsatz über „Kirche und Kirchengemeinschaft", in: *Gebrauch*, 392 ff.
241 S. Ludwig Raiser antwortet Uvo Andreas Wolf. Welchen Weg geht die Evangelische Kirche Deutschlands? Lage und anstehende Reformen, Patmos Verlag, Düsseldorf 1970 (Reihe: Das theologische Interview)
242 Ebd., 10
243 Ebd., 29

[244] Ebd., 30
[245] Ebd., 32
[246] Die folgenden Zitate aus dem handschriftlichen Manuskript
[247] Vgl. hierzu den Aufsatz „Aufgaben der Universität im europäischen Vergleich", in: *Gebrauch*, 324 ff.
[248] Die folgenden Zitate aus dem nicht veröffentlichten Manuskript
[249] S. oben, Seite 140
[250] Stiftung F. V. S. zu Hamburg: Freiherr-Vom-Stein-Preis 1976, Hamburg 19. März 1976, 17 ff.; hier zitiert nach dem Abdruck in: *Gebrauch*, 75 ff.
[251] Ebd., 75
[252] Ebd., 76
[253] Ebd., 76f.
[254] Ebd., 89
[255] Ebd., 79
[256] Ebd., 90
[257] Alle Bezüge und Zitate aus der unveröffentlichten Transkription des Gesprächs
[258] Beide Texte in: *Gebrauch*, 91 ff.

Bildnachweise